未名社科·传播学论丛

数字传播与出版转型
Digital Communication and Publishing Transformation

周蔚华 等 著

北京大学出版社
PEKING UNIVERSITY PRESS

图书在版编目(CIP)数据

数字传播与出版转型/周蔚华等著. —北京:北京大学出版社,2011.9
(未名社科·传播学论丛)
ISBN 978-7-301-19552-9

Ⅰ. ①数… Ⅱ. ①周… Ⅲ. ①数字技术-应用-传播学-研究 ②电子出版物-出版工作-研究 Ⅳ. ①G206-39 ②G237.6

中国版本图书馆 CIP 数据核字(2011)第 193001 号

书　　　　名：数字传播与出版转型
著作责任者：周蔚华　等著
责 任 编 辑：谢佳丽
标 准 书 号：ISBN 978-7-301-19552-9/G·3225
出 版 发 行：北京大学出版社
地　　　　址：北京市海淀区成府路 205 号　100871
网　　　　址：http://www.pup.cn
电　　　　话：邮购部 62752015　发行部 62750672　编辑部 62765016
　　　　　　　出版部 62754962
电 子 邮 箱：ss@pup.pku.edu.cn
印 　刷 　者：北京宏伟双华印刷有限公司
经 　销 　者：新华书店
　　　　　　　730 毫米×980 毫米　16 开本　18.5 印张　316 千字
　　　　　　　2011 年 9 月第 1 版　2011 年 9 月第 1 次印刷
定　　　　价：36.00 元

未经许可,不得以任何方式复制或抄袭本书之部分或全部内容。
版权所有,侵权必究
举报电话：010-62752024　电子邮箱：fd@pup.pku.edu.cn

目录

导 言 /1

第一章 技术进步与出版发展 /1
第一节 出版史：从技术发展的观点看 /1
第二节 出版业：从多层次变化看科技与出版的互动 /8
第三节 数字出版的互动特征与机制 /20
第四节 现实互动障碍及对策 /32

第二章 数字传播与阅读方式的变化 /39
第一节 网络出版兴起与出版范式转换 /39
第二节 后现代阅读方式的兴起与出版转型 /48

第三章 数字传播与传统出版物 /60
第一节 数字传播对报纸的影响 /60
第二节 数字传播技术对期刊的影响 /69
第三节 数字传播技术对图书的影响 /77
第四节 数字传播技术对传统出版物的共同影响 /91

第四章 数字出版与出版流程 /95
第一节 传统的出版业务流程 /95
第二节 数字传播技术对选题策划的影响 /99
第三节 数字传播技术对编辑流程的影响 /104
第四节 数字传播技术对印制流程的影响 /110
第五节 数字传播技术对营销的影响 /114
第六节 数字传播技术对反馈环节的影响 /120

第五章 数字传播与出版管理 /124

第一节 数字出版传播管理现状 /124

第二节 数字出版传播法律管理 /127

第三节 数字出版传播行政管理 /134

第四节 数字出版传播产业政策 /141

第五节 数字出版传播行业自律 /147

第六节 数字传播企业管理 /152

第六章 数字出版与赢利模式 /162

第一节 数字出版产业链结构 /162

第二节 数字出版赢利模式 /171

第三节 数字传播中学术出版的商业模式 /186

第七章 数字传播与著作权保护 /191

第一节 数字版权及其特点 /191

第二节 数字版权保护面临的问题 /198

第三节 数字版权保护的中外应对 /203

第四节 解决数字版权保护主要问题的措施和建议 /213

第八章 北京市数字出版业现状、问题和对策 /227

第一节 北京市数字出版业现状 /227

第二节 北京市数字出版业存在的问题 /240

第三节 北京市数字出版业发展的对策建议 /248

第四节 案例分析 /260

结束语 通过加快改革解决我国数字出版的发展障碍 /272

参考文献 /281

后 记 /291

导　言

　　当前出现的信息化、网络化、全球化的发展趋势,一方面给出版产业带来了难得的发展机遇,另一方面也使出版产业遇到了前所未有的挑战,即来自数字传播的挑战。数字传播方式正在改变出版的形态。有人把它看作是继造纸术、印刷术之后的第三次书业革命。正像人类历史上蒸汽机和电力的发明曾经改变世界一样,数字传播技术的出现和广泛应用正在使世界发生根本性变化,一个全面E化的时代正在来临,出版业也不例外,而且出版业被认为是受到数字传播冲击最大的行业之一。因此,冷静分析数字传播对传统出版形态的影响,探讨数字出版与传统出版的关系,找出它们不同的传播模式和运行范式,对于出版业就显得极其重要。这一研究不仅对我们认识传播发展的趋势和规律具有理论价值,而且对出版业的进一步发展更具有现实意义,可以为出版业的发展指明方向,从而促进出版业从传统出版向数字出版的顺利转型。当前,出版业正在面临着出版转企改制、数字传播转型、国际化等多重压力,政府提出了要在2020年将我国建设成为出版强国的目标。在此背景下,探索我国数字传播的发展及其对出版转型的影响,对促进我国出版产业的持续、快速、健康发展,有着很强的现实意义。

　　目前,数字传播方式的快速变化和飞速发展引起了国内外传播界的广泛关注。国内外主要的传播学教材和研究著作都对数字传播给予重视,也出现了一些专门的研究著作,如《信息高速公路与大众传播》(明安香等著)、《网络传播概论》(彭兰著)、《网络传播理论与实践》(谢新洲著)、《网络媒体与艺术发展》(黄鸣奋著)、《网络新闻采编评》(陈斌著)、《网络传播学·一种形而上的透视》(吴风著)、《中外网络新闻业比较》(张咏华著)、《网络信息优化传播导论》(戴维民著)、《中国网络新闻事业管理》(杜骏飞主编)、《数字新媒体概论》(张文俊编著)、《数字传媒概论》(冯广超著)、《网络出版》(周荣庭著)、《网络互动——意义诠释与规则探讨》(孟威著)、《网络出版及其影响》(赵东晓著)等等。与此同时,一批国外学者的著作也得以翻译出版,如〔日〕桂敬一的《多媒体时代与大众传播》、鲍德温等的《大汇流:整合媒介信息与传播》、菲德勒的《媒介形态变化:认识新媒体》、斯特劳巴哈的《信息时代的传播媒介》、冈特利特的《网络研究》、卡斯特的《网络社会的崛起》、多米尼克的《大众传播动力学:数字时代的媒介》、卡斯多夫主编的《哥伦比亚数字出版导论》等。国外有一些研究成果,包括 D. M. Eisenhart, *Publishing in the Information Age: A new management framework for the digital era*; G. Ward, *Publishing in the Digital Age*; F. J. Romano, *Digital Media: Publishing Technologies for the 21st Century*;等等。应该说,目前对这个问题的研究已经取得了很大进展。本书是在前人研究成果的基础上,从一个更为广阔的视野,结合科学发展史和人们阅读方式的变化历程,从传播学、管理学等方面对数字传播与出版转型进行的综合性研究。

　　本书主要研究的问题包括:1. 技术与出版的互动研究,主要从科学发展史的角度考察技术变化对出版的影响;2. 人们阅读方式的变化对出版转型的影响,主要考察不同的出版形态对阅读方式的影响;3. 数字传播对不同出版媒介以及出版各个流程的影响,考察在数字传播条件下这些出版媒介以及出版流程的不同阶段产生了哪些新的变化;4. 考察数字转型中的困扰出版业的三个最主要问题——管理、赢利模式以及版权保护在数字传播条件下所发生的变化、目前存在的问题以及解决问题的对策和建议;5. 对北京市数字传播的现状、问题以及对策进行了综合考察分析,为发展北京市的数字传播、促进出版转型提供决策参考;6. 简要分析了制约我国数字出版发展的因素以及对这些问题的解决办法,作为本书的结束语。

　　本书的创新之处在于结合传播技术变化的特点和人们阅读方式的变化,系统探讨数字传播条件下不同出版媒体以及出版各个环节的变化发展规律和特点,包括对不同出版物的选题策划、编辑流程、市场营销和物流、出版宏观和微观管理等环节所带来的影响,客观分析出版转型所面临的问题与挑战,找出阻碍发展的制约因素和解决问题的办法,为政府管理者和出版社的发展提供借鉴。

第一章 技术进步与出版发展

出版业作为一个兼具文化性与商业性、意识形态属性与产业属性、商品性与公共物品性这双重属性的行业,担负着传播信息、传承文化和经营赢利等多方面的责任。这些属性的形成经过了一个历史发展的过程,自古到今,出版的性质、功能也在不断变化,这些变化离不开它所依存的社会环境,而技术进步对推动出版的发展和演变起到了关键作用。可以说,技术进步是出版变革的发动机;反过来,出版的变革又促进了科学和技术知识的传播,推动了技术向更高层次迈进。

第一节 出版史:从技术发展的观点看

在人类社会的发展历程中,技术扮演了至关重要的角色。与人类文明的演进相适应,出版技术也经历了一个漫长的发展过程。出版技术的发展,提高了人类社会中信息的传播能力,增强了信息的可获得性,从而极大推动了人类社会文明的进化。

此前研究表明,社会发展的历史背景与传播方式的转变存在很大程度的相关性。[①] 基于技术进步与出版发展互动的命题探讨,这里将以出版技术或称传播技术发展为轴,将出版行业置于社会的大背景中,对人类社会的出版史作一简要梳理。

一、出版业发展的三个阶段

从造纸术、雕版印刷术、活字印刷术的发明,到机器印刷、照相制版以及数字

---

① 〔日〕箕轮成男:《从西方出版史看出版兴盛的条件》,杨贵山译,《出版发行研究》1992年第4期。

出版技术的出现,技术革命一次次推动出版业向前发展。传播领域中的技术变化如何产生？技术对传播的内容、后果有何影响？这两个问题相互联系。前者是历史问题,技术决定论者认为技术是推动媒介变化发展主要的、决定性的因素；文化决定论者则更强调社会经济因素,认为技术是在被影响的同时也影响社会、经济、文化的因素。要了解技术对传播内容的影响,最主要的判断方法在于比较技术应用之前和之后的传播内容及形态有何不同。因此,后者实际上也可以被认为是历史问题。[①]

人类传播史上,传播手段的演变往往带来传播范围、传播功能的变化。目前学界公认的因技术发展导致的传播手段的变革大致有五次,其中至少有三次与出版变革密切相关。

1. 农业社会：文字与古代书籍出版的形成

第一阶段与农业社会相适应,是文字的产生和古代书籍出版的形成阶段。这一阶段的社会以农业经济为主导,从出版技术来看,文字的出现、造纸术和印刷术的诞生是其典型标志。

根据《中国大百科全书》的定义,农业社会的特征大致可归纳为：(1) 以家庭为基本生产单位、以手工为主要生产方式的自给自足的小农经济在社会中占主导地位,生产的目的主要是为满足家庭生活需要而不是交换。(2) 社会分工不发达,社会分化程度低下。(3) 社会流动性弱,各阶级阶层之间壁垒森严,社会关系以血缘和地缘关系为主,个人的发展受到极大限制。(4) 社会管理原则是家长制,人治为政治系统运行的基本方式。(5) 人们的思想观念陈旧,迷信权威,惧怕变革。(6) 竞争机制不健全,生活节奏缓慢,因而,社会的变革和进步也非常迟缓。

在这样的生产力和生产关系条件下,文字的出现与应用,使语言信息得以准确、完整、形象地再现,为以后刻石、刊木、抄书、印书以至现代的数字化信息打下了基础,创造了便捷条件,促进了印刷术的诞生。

文字的产生意味着创造书籍基本条件的具备,与此同时,社会生活的丰富使人们开始有意识地将文字写在各种材料上,用以记录事件和表达思想。当这种记录与表达产生进一步的传播需求,真正的书籍呼之欲出。

公元前3000年,古埃及人曾发明了用莎草造纸的工艺,但由于莎草本身的地理限制,这一工艺并没有在其他地区推广开来。直到公元105年,中国东汉蔡

[①] 〔美〕布里恩·温斯顿：《技术发展的原因及其对传播内容的影响》,来丰译,《新闻大学》2001年第4期。

伦造出廉价、便于制作、有普及意义并完全适用于书写和出版的"蔡侯纸",当时书籍的最佳载体才算真正出现。

不同于现在的功能,文字和书籍最初的目的是记载占卜、宗教仪式以及社会生活中的重大事件,并为上层社会所垄断,即所谓"学术在官",教育只为少数人服务,且被历代帝国的、王朝的、封建的和贵族的社会所肯定和采用。到封建社会初期,这种局面逐渐被打破,开始了"学术下移"。造纸术和印刷术的发明,恰恰对其起到了加速的作用。因其能在较短时间内大量复制,两者的推广使得图书渐渐进入了流通领域,并初步具备了商品的性质。

与此同时,书籍推广的速度和广度又与其承载的功能相关。尽管图书的流通领域不断扩大,但其内容仍然仅限于唱词、日历、韵书、佛经等市民阶层和宗教界需求量大的信息,直到后期被用于印制儒家经典,出版基本上也只是起到一种教化的功能。

社会功能的限制、生产力和整体文化需求水平的限制决定了当时并不具备信息大范围传播的条件。此外,出版在经济发展中的影响力和规模也都很有限。然而,从产业经济的视角看,图书出版从这时起已经开始作为社会公共事业、一种手工业体系和文化的积累手段,从其他门类中相对独立出来,形成了独特的形式、机构、格局和人员建制。[①] 而且,自宋代以后,在长期的图书交流中还形成了较为完备的工价和图书定价制度。

2. 工业社会:活字印刷术与电子技术的应用

第二阶段与工业社会相适应,是活字印刷、电子出版技术的应用及其与现代大工业的结合阶段。这一阶段以工业生产为社会经济的主导成分,从出版技术来看,活字印刷术的出现和普及、电子出版技术的诞生和运用是其典型标志,且出版技术与社会生产力发展实现了有机的结合。从出版发展的特点来看,大众传播体系日趋成熟,信息传播效率提高、规模化形成,出版内涵扩大、形式改变,书籍得以广泛传播,并出现了模拟式的音像与电子出版物。

一般认为,工业社会具有以下特征:(1)以大机器的使用和无生命能源的消耗为核心的专业化社会大生产占据了社会经济的主导地位。(2)科学技术高度发达,生产效率全面提高。(3)社会分化剧烈,社会分工精细。(4)社会流动性增强,业缘关系取代了血缘和地缘关系而成为人们社会关系的主要形式,个人发

---

① 周蔚华:《从出版发展历程看出版功能转化》,《出版发行研究》2006 年第 9 期。

展的机会增多,和自主程度增强。(5)法治取代人治成为政治系统运行的基本方式,社会的民主化程度提高。(6)城市数量增加、规模加大,农业人口的比重降低至半数以下。(7)交通运输工具和通讯联络手段高度发达,个人、群体、组织、区域、国家日趋开放。(8)人的思想观念充分更新,竞争意识和时间观念加强,崇尚科学、信服真理、追求变革成为人们基本的行为或价值取向。①

如果说公元1041到1048年间,中国北京平民毕昇发明的活字印刷术在技术上进一步提高了出版传播的效率,那么15世纪以后,随着德国人古登堡把活字印刷变成实用的技术,印刷和出版才真正进入到一个新的发展时期。

以欧洲为例,此间宗教传播的大量需求使得活字印刷术迅速推广开来,出版行业显现出专业化的特征,出版者、印刷者、售卖者之间分工逐渐明确。市场的旺盛需求和行业的繁荣推动了出版机构的集中化。到16世纪,在意大利的威尼斯、米兰、佛罗伦萨,法国的巴黎,英国的伦敦,德国的莱比锡,奥地利的维也纳以及荷兰的安特卫普等地形成了若干出版中心。然而,出版行业的发展仍然受到内容的限制。此间出版物多为圣经、弥撒书和祈祷书等宗教读物,受众范围和需求的局限造成了书籍生产的局限。这种状况到了18世纪以后才有所改变,传播科学知识成为大学的主要任务,与科学相关的教科书以及学术著作开始涌现。

出版的真正繁荣发生在19世纪以后。一方面,社会结构的变化、出版功能的转向以及市场需求的扩大,使出版的真正繁荣具备了"软件";另一方面,随着工业革命的成果在出版印刷方面的应用和推广,铅字、蒸汽机、机械植字和排版等"硬件"也都极大地促进了工艺的改进和效率的提高。在上述两方面因素的推动下,大型出版公司开始崛起,以英国的 Thomas Nelson & Son(1798)、William Blackwood & Son(1804)、William Collins & Son(1819),德国的 C. H. Beck(1763),法国的 Garbuer(1833)等为代表,其中很多公司一直延续到现在并具有世界影响。②

这里要提及的是,19世纪50年代以后,电子通讯技术成为又一个重大发明。这一技术使得电报、电话等在通讯中得到了广泛应用,但并未对出版显示出太大影响。然而到了20世纪20年代至50年代,电影、无线电广播、电视、录音录像技术等一系列模拟式电子传播方式相继诞生、应用和推广普及,使得人类信息的传播空间覆盖到全社会。其速度之快、范围之广、内容之丰富、复制和存贮之方便前所未有,人类进入到以模拟式电子传播为代表的大众传播阶段,并进一

---

① 中国大百科全书在线查询,http://www.cndbk.com.cn/show_jm? q=工业社会。
② 周蔚华:《从出版发展历程看出版功能转化》,《出版发行研究》2006年第9期。

步跨越空间限制,向国际传播延伸。这一时期的传播特点是以电磁介质为载体,以声音图像传播为主体。这些传播方式影响了出版的形式,扩大了出版的外延。

综上所述,第二阶段的最显著特征在于,出版已经和现代大工业紧密结合在一起。一方面,工业革命促进了印刷技术等科学技术在出版领域的广泛应用;反过来,出版的发展促进了科学技术的迅速传播,又进一步推动了工业革命的进步。在这一阶段后期,尤其是二战之后,出版业的快速成长吸引了大批投资者和冒险资本家。随着现代企业制度的兴起和发展,在出版领域也形成了一些和大工业公司规模相当的大出版公司。西方很多大传媒公司甚至可以左右整个社会的舆论格局。出版功能由此发生变化,从原来的信息传播逐渐泛化,成为现代经济的有机组成部分,从而具备了产业的功能。近几十年来,西方发达国家一直把出版作为一个独立的产业来发展。

但是,也应看到,在工业社会,知识和信息还未成为生产的一个环节,人们还只是通过知识的中介功能在生产中发挥作用,知识和信息还外在于生产过程,知识的生产、传播只是以消费品的形式进入经济活动。

3. 信息社会:全球化、网络化、数字化的出版

从20世纪80年代末开始,随着电子技术尤其是网络技术在出版中的广泛运用,人类出版进入到第三阶段,即与信息社会相适应的新的现代网络出版阶段。在出版领域,数字网络出版技术打破了传统的时空界限,出版也进入了以全球化、网络化、数字化为标志的新阶段。

在信息社会中,信息成为比物质和能源更为重要的资源,以开发和利用信息资源为目的信息经济活动迅速增加,逐渐取代工业生产活动而成为国民经济活动的主要内容。信息技术从根本上改变了人们的生活方式、行为方式和价值观念,具体到出版业,也呈现出功能转变和产业化提升两大特点。

首先,除了将网络出版纳入出版的范畴中来,出版在功能上发生了巨大的变化——如果说工业社会是人的肢体的延伸,那么信息社会则是人的大脑的延伸。在技术更新提速、社会多元发展趋势不断增强的背景之下,全行业呈现出以大众传播为主体,传播方式趋向个性化与多样化的特点。传播模式改变、媒介融合增强、传统的出版边界渐趋模糊。出版业的责任也从意识形态和宣传扩大到信息服务领域中来,承担起知识的传播、积累和开发的任务。

其次,从产业角度来看,与信息相关的一切行业都被纳入了知识经济的产业范畴。在知识经济中,知识作为信息本身就是经济过程中的要素。这就使作为

知识和信息载体提供者的出版本身也成为了一种产业。由此,信息时代的出版也就从原先的文化范畴进一步扩大,成为兼具社会属性、文化属性和经济属性的重要产业。

二、人类出版介质的更迭

上文将出版行业置于社会生产力发展的宏观视野中进行梳理,三个社会时期分别对应了出版史上三个重要的历史阶段。在几大关键技术的推动下,出版行业与之产生有效互动。而在行业内部,出版介质作为外化的重要因素,也被众多学者进一步细化,并试图从量化的时间和质化的特征向度上来寻求社会发展过程中技术进步和出版发展的互动规律。

根据介质的不同,可以将人类出版史的演进过程归纳如下:

表1-1 出版介质的演变历史①

介质	发明时间	从发明到普及间隔	介质特点
简策	商朝	近1000年	少数知识精英使用
纸张	东汉	约300年	大众媒体,图文阅读
唱片	19世纪后半叶	约30年	可以实现音频输出
磁带	20世纪30年代	约20年	录像带的出现包容了单纯的音频介质(第一次出现一种介质包容另一种介质功能的情况)
光盘	20世纪70年代	约10年	第一次出现了多媒体出版物,集音视频、数据库、软件为一体;第一次出现了数字化产品
互联网	20世纪90年代初	约5—6年	不仅集成了电子出版物的功能,还通过在线实时播放的流媒体,集成了广播、电视、电影的功能
手机	发明于20世纪70年代,90年代末开始从通讯工具向出版介质转变	从2004年首张手机报《中国妇女报·彩信版》至今,全国已经有30多个省市推出手机报;约2年	集浏览、通话、便携于一体
电子纸	已研制出样品,正在改进和推广中	是否有一天会部分或完全取代传统纸张尚不可知(目前,纸张已退出北京公交地铁月票、全国机票系统)	

---

① 郝振省主编:《2005—2006中国数字出版产业年度报告》,北京:中国书籍出版社2007年版,第10页。

三、互动的根本原因——社会生产力发展和需求提升

综上所述,语言的产生为人类提供了最基本的沟通工具,使人类从动物中独立出来;文字的产生保障了信息传递的准确性和延续性;印刷术和造纸术的发明提高了印刷效率,并为信息传递提供了低廉便捷的载体;电在通讯中的应用和推广在一定程度上克服了传播在时空上的障碍;现代信息技术所引起的交往方式的变革,完全打破了时空界限,人类的生产方式、生活方式、消费方式、文化艺术活动方式以及受教育方式发生改变,社会有了一种全新的运行方式。

表1-2 人类文明不同阶段的特点①

		农业社会	工业社会	信息社会
生产力结构	生产力的方式	土地生产力 物质生产率	动力生产力 蒸汽机物质生产率	信息生产力 知识生产率
	生产力的特点	自然现象的有效再生产 增加生物再生产	自然现象的和扩大的有效变革替代和扩大体力劳动	各种自然功能和社会功能系统化替代脑力劳动
	产品方式	增加农产品和手工业再生产	工业品、交通运输和能源	信息功能和信息系统
社会结构	人和生产的关系	人在土地上 强制劳动	人在劳动场所雇佣劳动	人在社会系统中合同劳动
	社会方式特点	闭关自守的农村社会家长式社会	集中的城市化社会、社会福利支配的社会	分散的网络社会、多功能社会
评价标准	价值标准	自然法则维持生命	实用主义为主	创造知识,社会需求多元化
	思维标准	宗教	自然科学	自然科学与社会科学
	伦理标准	上帝的意志	自由民主 基本人权和所有权	促进公开、公平和自律

上表揭示了人类文明的几个阶段所呈现的不同特点:

从传播技术革命与社会进步的互动关系来看,前者对后者具有巨大的推动作用:每一次传播革命的发生,都为人类的生存与发展带来新的机遇,开拓了新的空间;人类传播革命与社会文明进步不仅互相促进而且步调一致,在步幅和步

---

① 《信息社会与农业社会、工业社会的比较》,http://hi.baidu.com/vhion/blog/item/cf-bd3397470e516d54fb9605.html。

频上基本成正比;传播上的优势地位必然会导致文化上的优势地位。①

　　反观之,出版行业的发展同样得益于社会生产力的提高。出版活动是适应人类纵向(时间)与横向(空间)传递信息、知识和其他精神产品的需要而产生的。从美索不达米亚的泥版书、古埃及尼罗河畔的莎草纸卷,直到1890—1920年间的报纸、期刊,出版经历的是一个萌芽,成熟(形成行业),分蘖(报纸、期刊出现)的上升过程。这一时期的出版是相对自足的。其后,与电影、无线电收音机、电视等媒体之间既竞争又互补的关系使出版得以在一个更大的社会系统及传播系统中发展。数字传播技术打通各种媒介的可能性则使一个更加庞大的内容产业渐渐浮出水面。这无疑为出版提供了更为广阔的想象空间和表演舞台。有学者曾以德、法、英、美、日等几个出版大国为例,通过案例研究将出版兴盛的条件归结为五个重要因素,即科学研究的发展、社会的经济发展、技术革新、出版机制和阅读环境的改善。其中,社会的经济发展与技术革新占据了更重要的位置,而技术革新归根结底,同样有赖于社会生产力的提升和社会环境的认可。②

　　对比产业革命发生的规律,也可以得出这样的初步结论。

　　产业革命最明显的表现之一,就是技术创新的规模化和集中化。但是,突破性的创新技术组群只是引发一场产业革命的必要条件,而非充分条件。纵观工业革命以来的技术发展进程可以明显看出,突破性的创新技术组群是否能演化为一场新的产业革命,关键在于这群创新技术能否坚实地"嵌入"现实经济生活的市场运行系统之中,能否被市场肌体吸纳,并被市场机制融合。也就是说,技术创新能否演化为产业革命,取决于创新技术自身的市场吸融力。

第二节　出版业:从多层次变化看科技与出版的互动

　　技术进步与出版发展两者不存在谁决定谁的问题,而是互相作用、螺旋上升的关系,其共同作用的根本原因在于社会因素。技术进步根源于社会需求的形成;而出版发展同样有赖于各种社会条件的成熟。因此,讨论两者的关系,必须将技术与出版行业两者置于社会的宏观背景中。

　　前文的史料梳理大致展现出技术进步与出版发展两者互动的基本原因,即社会生产力的发展和社会需求的提升。而两者互动所带来的现实影响,最明显

---

① 邵培仁:《论人类传播史上的五次革命》,《中国广播电视学刊》1996年第7期。
② 〔日〕箕轮成男:《从西方出版史看出版兴盛的条件》,杨贵山译,《出版发行研究》1992年第4期。

地外化为出版业的格局变化,其中既包括出版概念的转变、传播方式的更替,也包括出版流程的革新等等。这里将从出版业的宏观、中观和微观三个层面描述这种外在表征,从而对两者互动产生的影响(主要是行业影响)作出梳理。

从出版发展史的角度来看,行业格局的变化主要是围绕出版物的形态、载体、阅读方式、交易方式、生产者与消费者的互动方式的变革展开,也有学者将其归纳为技术基础的变化、工作流程的变化、产业结构的变化。[①] 尤其是进入到信息社会即第三阶段以后,这种变革更为强烈,在具体环节上表现为产品数字化、流通无纸化、交易电子化和出版交互性等方面。

一、宏观层面

在行业的宏观层面,出版业的变革表现为出版概念的扩大与出版导向的变化。从概念来看,传播手段和生活方式的创新使得出版活动逾越了生产印刷物的狭窄范畴,成为一种在多媒体层面上的内容生产、加工和营销活动。从出版导向来看,由于技术发展和人们主体地位的上升,出版越来越趋向于成为一种需求导向型的活动。

1. 外延扩大:"大出版"与产业化的形成

出版是一个古老而历久弥新的行业。从农业社会至今,它由一个独立的行业不断地被纳入更庞大的产业之中并得到新的发展。出版业的发展历史,遵循了"出版业——传播业——内容产业"的三级演进模式。[②] 农业社会到工业社会时期的出版是一个自组织系统,它通过本身的发展和进化来满足人类不断变化的传播需要;音频、视频技术的出现使出版业必须在传播业这一产业框架内考虑问题,但传播业内部各子系统之间差异性较大,各自分别演进,形成了不同的文化、技术和渠道;网络时代,数字传播技术打通了各种媒介的隔阂,并且实现了双向互动交流的功能。原来各自为政的媒体企业从载体的束缚中解放出来,看到了彼此之间更多的共同点:以内容为主要资产,以比特(bit)为共同手段,以注意力为追逐对象。

基于上述变化,出版行业的外延不断扩大,尤其是数字出版,随着产业链的逐渐形成,其所带来的行业变化已从简单的介质革命转变为出版流程乃至整个出版业的革命。传统意义上互相分离的作者、出版者、销售者、读者融为一体,出

---

① 黄先蓉等:《出版学研究进展》,湖北:武汉大学出版社 2006 年版,第 310 页。
② 徐丽芳:《产业背景变迁与网络出版的必要性》,《电子出版》2003 年第 4 期。

版的概念也由此发生根本变化,进入了"大出版"的时代。

"大出版"的概念是21世纪出版产业形态的核心概念,它揭示了21世纪出版产业的两个重要特征:一是出版产业的组织形态和经营规模不断扩大;一是传统出版业与其他知识传播业日益融合,其外延不断扩大。[①]

首先,随着出版技术形态的变化,出版逐渐变单纯传播知识为工业社会的发展动力之一,并上升为一个独立的产业部门即出版产业,其组织形态和经营规模日益壮大。根据不同学者对出版产业的概念界定,有人明确了"出版产业"的三个要点:(1)以知识、信息为核心内容,具有文化产业和信息产业的双重属性,是国民经济的重要组成部分;(2)以市场为纽带,具有较强的经济性和广泛的传播性;(3)以现代化为显著特征。出版产业依托电子计算机技术而逐步发展,互联网技术、多媒体技术、按需印刷将成为其支撑技术;同时要求出版企业建立现代化的企业制度。[②]

从无形到有形的竞争,使得整个出版产业的集中度不断提升。尤其是数字出版产业,在某些方面已经大大领先于传统的出版社。四大电子图书技术平台商(北大方正、书生、超星、中文在线)占据了全国电子图书市场90%以上的份额,拥有上百万种图书资源,具有极强的消费主导性;四大互联网期刊技术平台商(清华同方知网、万方数据、维普资讯、龙源期刊)占据了全国互联网期刊市场90%以上的份额。尤其是中国知网,在10年左右的时间里,基本将学术期刊的整体资源,甚至从创刊号开始至今的全部期刊整合到平台中。在资产规模上,平均一家涉及互联网业务的网站总市值是一家出版社的几十倍;在生产方式上,数字出版企业掌握技术进步的主动权;在股权结构上,相比传统出版清一色的国有股构成,数字出版企业大多拥有海外及香港等地的资金背景,融资手段也更多样。技术、资金、机制方面的优势使得许多新兴的互联网企业开始对传统出版业进行整合,特别是新兴的数字媒体提供商(数字内容平台提供商),在占有技术和平台优势的同时,正迅速向内容提供商转型。

其次,媒介的更迭不仅导致互相之间的融合,而且在这种高速转型过程中,原有的行业分工正在被打破,全社会正在向着一种高度融合又高度个性化、高度交互化的方向发展。从产业角度来看,信息、媒介和通信等相关产业也趋向融合。随着产业间的关系越来越紧密,其产品之间的传统界限也逐渐被打破。因

---

① 刘拥军:《21世纪出版产业形态——再论大出版概念》,《出版广角》2002年第1期。
② 黄先蓉等:《出版学研究进展》,湖北:武汉大学出版社2006年版,第16页。

此,媒介融合也是当前通信、计算机和媒体产业中大量兼并和联合出现的直接原因。

2. 导向变化:需求导向的凸显

消费刺激生产的经济学规律同样适用于出版业。出版业要获得持续快速的发展,就必须有持续快速的消费拉动。由于出版形态的多元化,出版媒介越来越多样化,信息来源越来越丰富,读者的选择空间越来越大,这使得读者的需求显得越来越重要,出版越来越成为以需求为中心、由用户需求驱动的市场化活动。①

就信息量而言,早期的人类社会主要面临的是信息不足的问题。进入 20 世纪 90 年代以后,随着信息技术的发展,人类正从信息不足向信息爆炸、信息过剩转化。据有关资料显示,全世界现在每年出版近 70 万种期刊、60 余万种图书,登记 40 多万项专利,编写 25 万份学术报告与学位论文,互联网和万维网的兴起,更加剧了这一趋势。② 在媒体选择极其丰富的年代,出版将会成为一个越来越以需求为中心的市场。因此,出版企业必须准确地把握读者需求和行为的变化。

就人们在不同阶段所具有的主体特点而言,阶段性的转变也呼唤全新的出版方式和阅读方式。以信息社会为例,虽然此前的现代出版也强调客户导向,但由于环节繁多,真实的需求信息常被扭曲。而网络出版的出版者、中介、读者、作者共处于一个平台之上,主客体之间可以实现有效的互动及角色转化,因此真正实现了以顾客为中心的所谓客户导向或读者导向。

二、中观层面

在行业的中观层面,我们主要关注传播载体、传播方式的变迁以及出版主客体的关系变化。在下一章我们将会详细论述:在出版范式的转换过程中,基本载体(material)实现了从有形到无形的转换;传播形式(medium)及传播手段(means)实现了实体产品虚拟化或虚拟产品实体化,在时空上又实现了从横向传播到立体式传播的范式转换。至于主客体的关系,则明显地表现为互动增强和个性凸显。

---

① 魏玉山:《阅读不足是出版业发展的最大制约》,《出版参考》2004 年第 19 期。
② 徐丽芳:《读者需求的变化及其对出版业的影响》,《图书情报知识》2002 年第 4 期。

1. 传播载体:更替加速与"扬弃"式演化

人类出版的历史一直昭示,技术发展在相当大的程度上影响了出版发展的速度乃至走向。在大工业生产出现之后,传播载体的发展呈现出更替加速与"扬弃"式演化的特点。

人类出版史上的传播载体大致有简策、纸张、唱片、磁带、光盘、互联网、手机、电子纸等几种。从前文中提到的出版介质演变的时间间隔来看,简策从发明到普及大概用了近千年的时间,纸张用了300年的时间,唱片用了30年的时间,磁带用了20年,互联网不到10年,手机作为出版物发展到今天不过几年的时间。这说明新介质的发明速度越来越快,互联网的出现使数字出版得到发展,新介质的集成度亦越来越高。

从出版载体的演变过程可以看出:第一,介质的演变过程是从平面媒体向声视频媒体演变;第二,从单一媒体向多媒体的转变;第三,新媒体出现的频率加快,技术的发展基本以加速度的方式进行。[1]

速度和形态改变之外,也应看到出版载体的演变并非是完全转变的过程,而是载体、内容、读者三者互相适应、有所取舍的"扬弃"过程。扬弃是黑格尔解释发展过程的基本概念之一,指新事物对旧事物的既抛弃又保留、既克服又继承的辩证过程,即在事物的发展过程中,发扬旧事物中的积极因素,抛弃旧事物中的消极因素,从而实现由低级到高级的发展。

具体到传播领域也是如此。正如邵培仁在《论人类传播史上的五次革命》中所总结的,从传播革命的历程所呈现的状态来看,有四个特征:人类传播革命的步伐一直呈加速度状态发展;传播符号、传播媒介和传播科技始终呈叠加性状态发展;叠加性状态又导致了整合性状态;信息和知识的增长和积累呈金字塔状态发展。这种叠加与整合,正说明了新陈代谢过程中既抛弃又保留、既克服又继承的关系。[2]

在出版技术的演化过程中,"扬弃"的特点在纸张的留传和新技术的发展两方面表现得极为明显。

东汉至今,纸张一直作为最适合记录和传播知识的载体而存在。原材料容易获取、制作加工相对简便、书写和印刷几乎没有障碍、便于装订成册、便于携

---

[1] 郝振省主编:《2005—2006 中国数字出版产业年度报告》,北京:中国书籍出版社 2007 年版,第 12—13 页。
[2] 邵培仁:《论人类传播史上的五次革命》,《中国广播电视学刊》1996 年第 7 期。

带、便于阅读等特点,使其成为出版界中的常青树。而随着成本的降低和工艺的改善,以及社会对于传统文化和思想的重新关注,这一载体还将在未来显示出极大的生机。

新媒体技术蓬勃发展之后,与传播载体发展方式有关的两个特点逐渐进入人们的视野,即媒介形态的互相融合渗透与新媒体的涌现,也就是前面所说的媒介的叠加和整合。

美国马萨诸塞州理工大学教授 I. 浦尔(I. Pool)认为"媒介融合"(convergence of media)就是各种媒介呈现出一体化多功能的发展趋势。数字传播技术条件下媒介融合,是对传统大众媒介众家之长的兼收并蓄和传播观念、传播技术的突破,并在此基础上生成综合性的、功能得到提高的、更加完善的新媒介。

从后果看,数字传播技术的应用导致的媒介融合现象并不意味着人类的传播形态越来越少,相反,"传播的历史是越来越多的历史","新的形式往往是偏离或增加媒介大家族的品种,而不是巩固或替换旧的形式。"[1]现在,基于数字传播技术的新传媒及新技术手段层出不穷。不管出版媒介以何种形式、向什么方向演变,其发展的共同特点都在于社会传播功能的不断实现、出版功能的不断强化、新形式的涌现以及载体的融合。

2. 传播形式:立体化与细分化加强

建立在载体演化的基础之上,传播形式也不断向多样化发展。这不仅体现为技术含量的提升,其内容与呈现方式的匹配度也不断提高,表现为传播形式的立体化、细分化趋势增强。

新媒介的产生虽然使得各种传统媒介面临挑战,但"新媒介不是要淘汰以往的媒介,而是要开拓新的需要。如果说,需求个别化、多样化是现代社会的特征之一,那么,新媒介正是为了能更加细分化地适应社会的多样化需求而大大丰富人们的选择余地"[2]。为了适应新的传播需求,现有的传统媒介必然将会进一步发展,从而与新媒介一起,构成多元化的传播新环境。

立体化主要表现为媒介的整合和时空范式的整合。在现实的出版格局中,已经显露出这样的发展路径。

传统的出版以文本传输为主,进入信息社会以后,转向文本、动态图画、声音

---

[1] 〔美〕罗杰·菲德勒:《媒介形态变化:认识新媒介》,明安香译,北京:华夏出版社2000年版,第22页。
[2] 崔保国:《技术创新与媒介变革》,《当代传播》1999年第6期。

等的综合传输。图书、杂志、报纸、电视等媒体都可以借助网络实现良好的展示，文字、声音、画面等内容及其功能被有机地整合到一起，同时也克服了声音画面等不易保存和不可复制的缺陷，大大扩展了出版的边界。

信息社会的网络出版和传统出版相比，还实现了时空上的范式转换。一方面，它克服了图书等与其传播对象在空间上的共存缺陷，使其得以传之宽广；另一方面，它克服了电视、广播等在时间上的共存缺陷，使之得以传之久远。立体化的传播方式使得任何人在任何时间、任何地点都可以向任何对象传递和获取任何信息，从而极大促进了社会生活方式的转变。

与此同时，依照不同媒介功能特点和表现手段的不同，传播形式也出现了细分化的趋势。例如，21世纪，数字传播技术的进一步发展使得出版领域的变革进入了一个新的阶段，出现了一些新的出版模式和出版技术，主要包括手机出版、电子纸与电子墨水的发展孕育的新出版载体等，以适应现代人便捷高效的生活需求；又如，纸质媒体适合思想性较强的传统文化传承、网络媒体适合快速消费类的声画传播，按需出版的模式日益兴盛，而涉及学术出版以及工具书的保存，数字出版技术显示出极大的优越性。

数字传播技术及其对人类信息传播的革命性影响，不仅影响到信息、媒介和通信等相关行业从业人员的工作方式，对人类社会传统的传播观念、传播手段以及媒介文化也提出了挑战，更将对人类社会政治、经济、文化、生活等各个方面产生重大作用和影响。

3. 主客体关系：互动加强与个性提升

技术进步与出版发展的互动，给出版主客体关系带来的最大变化就是使两者互动的加强，由此导致个性化的提升和两者边界的模糊。

（1）出版主体：机构多元和个人参与

一方面，传统的出版业主体即作为机构的出版社在经营思路、战略格局上都发生了变化，放宽到出版行业内部，其他领域的企业也纷纷进入分一杯羹；另一方面，以数字网络为代表的新技术改变了传统出版环境下作者的弱势地位，导致互联网个体出版的繁荣，反过来也成为推动当前出版组织变革的主要动因。

由于新媒体技术的进入，出版物产品本身从有形实体向虚拟数字化内容转变，又带动了出版供应链的变革。数字出版过程中各个环节的参与者因为工作流程与技术基础的变化，使得出版业的结构与资源发生重组，最明显的特征就是主体的多元化。

根据《出版管理条例》，我国传统的印刷出版行业实行严格的前置审批准入制度，以传统出版单位为出版主体，边界清晰，对出版单位和出版内容的行政管理也较明晰。数字化出版形态出现后，很多非传统出版单位也以提供技术方案或供应服务的形式参与到数字出版的活动中来，主要包括电信基础设施运营商、软件开发商、互联网企业、金融系统、广播电视系统、有国外资本投入背景的企业及网站等。

上述非传统出版单位大多拥有信息技术优势或网络客户资源，甚至集传媒经验与电信资源于一体，对文化、技术资源进行整合，向网络出版这一信息内容产业领域伸展；一些在特定领域有一定影响力的新型网络出版企业，利用自身优势形成产业链，进一步介入内容资源生产领域，收益可观。总体上看，这些机构开展网络出版没有资金和技术的瓶颈，进入门槛低于传统出版单位。同时，灵活的运行机制也保证其在数字出版领域迅速占据一席之地。

从长远看，在数字条件下，出版传播各环节的参与者及相互关系发生了改变，出版业的产业链发生了显著变化，这些机构与传统的专业出版商的业务边界有趋于模糊的迹象。

与不同机构纷纷介入出版行业相呼应的是个体参与出版活动的热情。随着博客、播客、换客、威客、闪客、微博等概念被热炒，"客文化"在网络生活中蔚然成风。

在网络出版和数字出版的环境下，阅读者的个性化和数字化空前加强。这使得大规模的个性化、分散性的创造和劳动成为可能，从而明显地改变了传统的劳动知识和财富的占有状态，个人出版成为一股热潮。

在印刷领域，出现了"印客"的新名词。印客凭借"个性印书，一本起印"的口号，受到了许多文人墨客和有闲时尚阶层的欢迎。尽管这一模式遭到了政府主管部门的明令禁止，但其带来的影响不言而喻。技术的进步在无形中突破了现有管理法规的界限，也给我们的主管部门提出了新的课题——如何有效地堵疏结合，加以正确引导，规范其经营方式。这才是最终的目的。

因此，可以这么说，随着数字传播技术的飞速发展以及传播形式的多样化，传统的出版主体概念已经不能适应数字传播和出版转型的要求，需要对出版主体这一出版领域最核心的概念加以重新界定、重新认识和重新规范。

（2）出版客体：窄众、细分趋势不断显现

在出版传播发生变革的同时，作为受众的读者也在发生变化，而读者的需求的变化直接关系着出版消费环节的变局,反过来又影响了生产的布局。进入信息社会,互联网的深刻影响使出版产业赖以存在的内容空前聚集。各种出版活动越来越受制于互联网的发展,也正因如此,形成了一种新的市场霸权。各种图书和服务都空前集中地摆放在所有的客户面前,受他们的选择,商品的特殊性往往会被消费者的个性化所代替。①

首先,读者的选择权进一步增强。数字传播技术的发展使得新的出版形态不断出现,并直接使得读者可选择的出版媒介形式和出版内容形式日益多元化和多样化。电子出版的发展首次打破了纸质出版物单一占据出版物市场的局面;接下来的网络出版突破了人们的线性阅读模式,使其可以根据阅读和思考的需要自行确定阅读的进程和路线,进一步拓展了阅读空间;近年来,随着数字传播技术的进一步发展,手机出版等新的数字出版形态的出现又增加了新的阅读途径。

阅读选择的多样化使得读者可以根据自身的情况和需要进行个性化阅读。在媒体消费总量相对平衡的前提下,读者将重新分配阅读的时间和资金。网络阅读便是一例。早在1996年底,IDG所做的一次研究就表明,美国计算机杂志有11%左右的读者由于互联网的存在而减少了杂志阅读时间,这种趋势此后一直在出版领域继续着。

其次,读者的阅读习惯发生变化。随着信息技术的发展,一方面,读者阅读的娱乐化倾向增强,他们比以往更希望能够从文字以外的媒体符号如声音、视频等来获取信息,同时,他们对于能够自由地在不同媒体间切换、跳转的期望较从前要强烈;另一方面,读者获取信息的技能也发生了改变。在信息社会,社会需要和教育的导向使得读者选择新的出版传播媒介进行阅读的可能性更大。

再次,读者的阅读需求发生变化。虽然传统的图书、报刊在传播知识文化和生活服务等方面仍有着不可替代的功能,但新兴的数字化的出版形态在信息传播、休闲娱乐以及快捷便利的沟通和交流方式方面正在越来越深入地融入人们的生活,其发展已对传统出版媒介形成了严峻挑战。总的说来,出版传播的数字化变迁使得读者的阅读需求正在发生着巨大变化,各种出版形态的市场占有率也随之相应改变,数字化出版形态的不断涌现使得出版消费趋于个性化、细分化,从而对出版业的格局产生了深刻影响。

---

① 贺耀敏:《数字化生存与网络出版——新经济下的出版产业发展思考》,http://guide.ppsj.com.cn/art/6174/rdcbsschymskwlcbcy/http://guide.ppsj.com.cn/art/6174/rdcbsschymskwlcbcy。

三、微观层面

在行业的微观层面,具体的出版流程、赢利模式都发生了改变,随着出版业的特征更迭,其内部从业人员的结构、素质也随之变化。此外,在高等学校,编辑出版专业教育也不断调整着教育理念和培养方向,以保证与实践的有效对接。

1. 出版流程变化:工作简化与链条缩短

在出版史的每一个阶段,技术进步都在改造着人类社会的出版传播方式。与此同时,在具体的出版流程,专业化的分工管理、设备的进步也使得效率大大提升。如果说在农业社会和工业社会出版流程的效率提升是量变的话,步入信息社会,数字传播技术的发展则使出版流程的性质和运作方式实现了质的飞跃。传统印刷出版建立在模拟生产方式基础上,而数字出版的生产方式则主要基于以计算机和网络技术为主的数字传播技术,其发展和应用渗透到了出版价值链的方方面面。从内容创作与传递、编辑加工、排版印刷到销售等每一个环节的数字化,都极大简化了出版流程,提高了效率,降低了成本。

具体说来,数字出版技术直接导致了传统书籍的出版和发行模式的变革。传统的"作者—出版社—印刷厂—发行(批发、零售)—读者"的模式被"作者—数字出版平台—读者"的模式所替代,许多中间环节得以简化。值得一提的是,作为图书走向市场、实现价值的关键一环,图书发行环节也因互联网的应用而有所改变。互联网的发展使得网络营销和电子商务成为现实,这种以数字化技术建立起来的网络营销和电子商务平台改变了传统的贸易关系和店铺买卖观念。传统出版中的物流被数字化信息传递的现实所取代,由于没有仓储、运输、销售网点的限制,信息传播速度得以大大提升。

除了上述提及的出版和发行环节,互联网的应用也为我国出版社的版权贸易提供了高效便捷的平台,大大促进了我国出版社的图书版权贸易工作。

2. 赢利模式变化:谁是真正的"王者"?

目前,到底谁是数字传播的关键或者"王者"?关于这个问题,存在几种不同看法。长期以来,我们习惯的是产品为王,我有好的产品我就是传播的主宰者。

但也有的学者从一个新的角度论述"产品为王",认为产品概念远大于内容概念,它包括三要素,即载体(聚合、承载、传播内容的媒介形式,包括渠道、外观、形式、功能特性以及技术性能等)、资讯(传统意义上的内容)和规则(内容与内容、内容与载体、功能流程、传播者与受众或用户之间的关联方式)。他进一步指出,从"内容为王"到"产品为王",这是我们对于媒介产业发展逻辑的一种深化。① 可以看出,这里的产品已不是传统意义上的产品概念,它几乎包含了传播的所有内容。

也有研究者认为目前是"渠道为王"。这种观点在营销学界比较流行,认为得渠道者得天下,由于渠道掌控着信息流量以及流向,对上游产品和内容具有主导权和控制权,因此,渠道和平台是传播的关键,"渠道为王"顺理成章。

而业内人士认为,在资源集中后,内容整合、再开发能力成为关键,"结构为王"可能会比"内容为王"更重要。如何对元数据进行标记、实现索引和便捷搜寻等,将是关系数字出版产品质量的重要要素。②

还有人认为,对于数字传播来说:短期看渠道,中期看平台,长期看内容,看内容最根本的是看内容的创新能力和整合能力。对这种观点我比较认同。就核心竞争力来看,作为传播业,内容是核心和根本,产品是对内容的加工产品,规则是对内容运行的规范,渠道必须有内容才有价值,"结构"也是对内容的整合,离开内容就无所谓产品、渠道和"结构",内容像一条主线贯穿传播的始终,因此,从本质上看,还是"内容为王"。

在商业模式上,数字出版已从传统的物流转变为信息流,从单向传递转变为双向互动,从以产品为主转变为以产品和服务为主,从基于形式的转变为基于内容的。随着计算机网络的出现,出版业已从传统的图书产业转变为现代 IT 产业,而且由于网络的发展,IT 产业的重心已发生转换,即从 T(技术 Technology)转换为 I(信息 Information)。③ 因此,网络出版将成为未来的信息产业的中心。内容服务提供者将成为未来的最主要赢利点。现实层面,上游的内容提供商的意识普遍成熟:谁的内容资源具有更强大的集约整合能力,谁就有更大的市场控制力。以前外包业务的出版社们纷纷开始紧缩腰包,迈出产品和资源库建设的数字化脚步。因此,从这个意义上可以说"内容为王"。

3. 从业人员:非职业化与职业化

出版业是知识密集型、智力密集型产业。尤其自 20 世纪 90 年代以来,新技术革命所带来的影响渗透进社会的方方面面,给以知识经济为主导的出版业更带来了革命性的影响。

---

① 喻国明:《中国传媒业 30 年:发展逻辑与现实走势》,《青年记者》2008 年第 2 期(下)。
② 任殿顺:《07 数字出版年度报告》,《中国图书商报》2008 年 1 月 4 日。
③ 周蔚华:《网络出版的兴起与出版的范式转换》,《出版工作》2003 年第 1 期。

随着我国的出版组织和管理体制逐步完善,出版工作者、科研人员及组织管理人员数量也日益增多,研究水平不断提高。从历史上看,出版从业人员经历了从非职业化到职业化的更迭;但与此同时,随着出版外延的扩大和商业利益的驱动,越来越多的非职业出版人加入到大出版的行列中来,给行业带来活力的同时也显露出文化生产导向与质量方面的隐忧。

出版是一种创造性劳动,人才作为知识的创造者、传播者和使用者,在出版的各个环节中起着至关重要的作用。出版的产业性质和特点要求出版业必须建立以人力、人才为主导的出版运行机制。但目前仍然单一型人才多,复合型人才少;文字编辑多,策划人才少;编辑人才多,经营人才少;优秀人才外流严重等缺陷。在当代,出版的网络化和多媒体化需要大量懂得现代出版技术的人才;出版的国际化需要懂得版权贸易和对外交流的人才;出版的产业化需要懂得管理和出版的复合型人才;出版物的品牌化需要大量的策划创新人才。

4. 出版教育:从理念到课程的创新

出版教育在当代的特征最明显地表现为充分适应技术发展,在理念和课程的创新上都紧紧围绕对新技术的把握、理解和应用展开。

继1983年武汉大学设立图书发行管理学专业后,1985年,我国编辑出版学教育在胡乔木同志的建议下拉开序幕,首先在北京大学、南开大学和复旦大学建立编辑学专业并开始招生。其后的十多年间,坚持常年办学的院校由几所到十几所稳步发展。教学层次由大专、本科到研究生不断提高,教学课程体系由不完备到逐年走向成熟。1988年,国家教育部调整高校本科专业目录,在一级学科新闻传播学之下,将编辑出版学列为二级学科。从此以后,编辑出版专业教育得到了迅猛的发展。

进入21世纪,科学技术的加速发展和国际间文化产品的激烈竞争使现代出版业呈现出产业化、国际化、集约化、数字化的特征,这直接影响到出版人才培养的基地——编辑出版学教育的模式亦由传统向网络时代迈进。北京大学肖东发教授在听取业界呼声后,曾在研究生课堂上提出我国编辑出版业急需10种人才:选题策划人才、经营管理人才、版权贸易人才、媒体营销人才、出版经纪人、古籍整理及传播中国传统文化人才、网络出版人才、文化产业通才、图书艺术设计和出版专家等。[①] 也有学者提出了全球化背景下编辑出版人才培养的四个导

---

① 肖东发、张文彦:《由传统出版走向跨媒体时代——探讨我国编辑出版学教育的发展之路》,《国际新闻界》2006年第11期。

向：宏观导向——教育不应成为经济的"奴婢"；实践导向——编辑出版教育要与出版产业革命紧密结合；教育导向——编辑出版教育要提高教师群体的素质；服务导向——全球化背景下编辑出版教育对学生的责任。[①] 这在一定程度上反映了出版教育理念的转变和课程的调整思路。

第三节 数字出版的互动特征与机制

前面已经从历史维度纵向梳理了人类出版的进程，归纳出技术进步和出版发展两者的根本动因都在于社会生产力的进步和需求提升；继而以出版行业为切面，从宏观、中观、微观三个层面的几个主要指标入手，描述了两者互动带来的行业格局变化。通过面的梳理，技术进步与出版发展之间的互动特征逐渐明晰，两者在社会因素影响下的互动机制也逐渐呈现。下面将以数字出版为例，总结技术进步与出版发展互动的基本特征，并概括两者的互动机制。

一、基本特征：与社会系统协调一致

在技术进步与出版发展的互动中，最明显的特征是它们与社会系统的协调一致性。这里所说的社会系统，既包括以国家意志和宏观政策为代表的政治系统，也包括以生产力发展水平为代表的经济系统，还包括体现软实力的文化层次、国民素质等其他系统。

鉴于上文提及出版行业的双重属性，在该领域内，无论是技术进步推动出版行业思索变革，还是出版行业影响技术发展趋势走向，都无法绕过社会发展的生产力条件、社会中群体的层次形态以及整个社会的政治文化状况等因素。

通过梳理，我们可以得出这样的结论：无论是技术进步还是出版发展，都与它们和社会系统间的协调程度呈正相关。只有与社会环境协调一致，技术才可能找到生长和延伸的土壤，通过提高与社会环境及行业需求的吻合度，使其使用价值和社会价值最大化。与之类似，只有充分考虑一个社会的政治文化生活传统和现实客观条件，作为子系统的出版行业才可能充分反映社会的内在需求，并利用技术进步所提供的便利解决实践中的问题，从而通过准确定位发展路径，形成良性循环。

---

① 李建伟：《全球化背景下编辑出版人才培养的四个导向》，《编辑之友》2006年第1期。

1. 技术进步与社会系统协调一致

社会系统对出版技术的选择过程就是对出版技术的认同和接受过程。社会的政治、经济和文化条件，物质与精神的资源等共同构造技术发展的可能性空间，也具体制约了现实技术的演变轨迹。在这个意义上，可以把技术看作社会行为和结构的特殊形式。技术能否被社会所认同和接受，关键在于技术的功能和特点能否与它的使用环境相适应，也就是"技术性格"与"技术风土"是否相适应。[①]

从国家的层次来说，技术的使用环境可被视作"技术国情"，它由技术发展的社会制约因素构成，是技术选择的立足点，也是由一个国家的自然和社会条件所决定的技术选择的范围。表现在技术引进方面，就是基于一个国家技术发展的国情而选取最适用的技术，即从本国的技术基础、生产水平和经济文化环境等方面考虑，选择既适应本国条件又能取得最大成效的技术。技术与使用环境的对接过程也就是技术与社会的相互整合过程。技术发展不仅改变了社会，使社会表现出适应技术发展的变化，而且发展了的技术也必须适应于社会，力图使自己能够整合到已有的社会系统当中。

与之类似，法国年鉴学派代表人物费夫贺(Lucien Febvre)在其经典著作《印刷书的诞生》中也阐释了这样一个观点：技术只是一种技术，真正的推广使用与采纳需要与历史社会的背景相结合——"印刷术是一种技术，所以我们就不可能认为印刷术给当时的社会造成了立竿见影而且是翻天覆地的变化，在最开始，印刷术的很多方面都延续了手抄本图书的运作逻辑，只不过是一种可以投入更加大规模生产的技术——比如仍然延续手抄本的页码系统（现代的数字页码系统是在 16 世纪中期才得到普及的）；在装饰上，印刷本也多有延续手抄本风格的。但是久而久之，印刷书籍确实给社会带来了剧烈的影响。"[②]

从技术进步的角度来说，社会对技术的选择从某种意义上来说也是技术对社会的选择。这是一种双向性的互相认同活动，也是互相间根据对方的要求调适、改变自身的过程。在此过程中，技术进步与社会系统两者实现对接。

有学者在此前的研究中谈到，就实践过程而言，出版技术也确实在以它自身

[①] 〔日〕森谷正规：《日本的技术——以最小的消耗取得最好的成就》，徐鸣等译，上海翻译出版公司1985 年版，第 48 页。

[②] 〔法〕费夫贺、马尔坦：《印刷书的诞生》，李鸿志译，桂林：广西师范大学出版社 2006 年版。

的逻辑,演绎着与社会发展或同步或异步的变奏曲。① "一种技术通常被嵌入到一个社会结构之中,这一社会结构影响技术的发明、发展、扩散,影响技术对于社会的作用,但是,技术的这一社会嵌入,并不诋毁以下事实,即技术可能成为社会变化的一种动力,只是它并非成为唯一的动力。"② 换言之,既遵循社会需要又遵循自身发展逻辑的出版传播技术,在顺应和满足人的社会需要的同时,也在以其固有的张力,规约着人类思考问题的路径以及行为方式的选择。

2. 出版发展与社会系统协调一致

早在60余年前,我国第一部以出版史为名的著述《中国出版界简史》(1945)便抓住了出版史研究中的一个关键问题:出版活动与社会的关系。该书从社会情势对出版业的影响推及出版影响下的中国社会与文化,将出版技术的进步、出版业的发展与社会变革紧紧联系在一起,并寻求两者间的相互作用。这其实也是出版活动的基本规律:出版是社会大系统中的一个小系统,它不能离开具体的社会环境独立发展。因此,可以说一部出版史也就是一部出版发展与社会系统的互动关系史,出版活动受到政治、经济、文化等社会因素的极大影响,而出版的价值也正在于随时对社会给予积极或消极的反作用。

阅读方式的变化从一个侧面反映了出版行业积极对接社会系统的行为。前文提到,目前我国大致存在传统、现代和后现代三种阅读方式,这与我国社会现有的三元结构大体上有一种对应关系。以后现代阅读为例,没有信息的高度发达,没有网络社会的兴起,就不会形成后现代阅读方式;反过来,后现代的阅读和欣赏方式也扩散到社会生活的各个方面,影响了人们的生活方式和思维方式,影响了出版产业的发展走向,促进了出版从现代出版向后现代网络出版的根本转型。

进入当代,这一观点则主要围绕着需求导向的变化展开。

消费拉动生产、消费刺激生产是经济学的一个基本观点。对于出版业来说,也是如此。出版业的生产也必须有消费的拉动,出版业要获得持续、快速甚至是超常规的发展,就必须有持续、快速或超常规的消费拉动。而对于出版业的具体实际来说,随着社会条件的变化和人们主体意识的增强,出版业的生产已经进入

---

① 孙瑞祥:《对传播技术作用力的社会学认识》,《北京理工大学学报(社会科学版)》2002年第3期。

② 〔美〕罗杰斯:《传播学史——一种传记式的方法》,殷晓蓉译,上海:上海译文出版社2002年版,第510页。

了消费主导的阶段。出版业的消费直接由阅读需求决定,读者需求由此成为出版业发展的原动力。

由于出版形态越来越多元化,出版媒介越来越多样化,信息来源越来越丰富,读者的选择空间越来越大,这使得读者的需求显得越来越重要,出版成为越来越以需求为中心、由用户需求驱动的市场化活动。除了数量上的变化之外,数字条件下出版传播的变迁也使年轻阅读群体的阅读习惯发生了根本改变,这导致了出版业读者需求结构的变化,并最终会影响到出版业格局的变化。

二、直接互动:基于社会系统的影响

在社会系统的影响下,两者的互动呈现出直接的推动力和间接的影响力两种形式。直接的推动力具有时效快、强度高、指向明确等特点;间接的影响力则表现为长时间、渗透式的潜移默化的作用。在两者的直接互动关系中,政治、经济、文化等社会因素既作为技术与出版两者发展的生态存在,又作为影响两者互动关系的一个重要因素存在。大体看来,技术进步对出版发展作用的过程中,社会的经济因素发挥着主要影响;出版发展对技术进步作用的过程中,政治、人文以及其他宏观导向性的社会需求影响更大。

1. 技术进步对出版发展的作用

技术进步在出版业乃至整个社会中的实现可以大略划分为经济实现、政治实现和文化实现三种。其中,经济实现是最重要的实现:一方面,技术发展的一般目的就是要产生效用,为用户所使用,尤其是从经济角度上要有助于出版主体获取一定的商业利益;另一方面,只有这种实现才能提高全行业的生产力水平,提高产业的市场竞争力,从而增加社会物质财富的总量。因此,技术进步对出版发展的推动也就主要表现为一种经济利益的推动,社会经济因素从中发挥着较大影响。正如北京大学新闻与传播学院师曾志教授所说,科学技术的高度发展和广泛应用是促进现代出版学、出版业产生和发展的重要因素。① 这种作用主要体现为:

(1) 技术进步推动出版活动向低成本、高效率转化

技术进步对于出版业最直接的推动是引起了物质性的改变。数字出版与传统出版之间的最大区别之一,就在于技术因素在出版活动中的地位和作用被大

---

① 师曾志:《现代出版学的建立及其影响因素》,《出版发行研究》2001年第6期。

大强化,由此推动了具体出版活动向低成本和高效率转化。

社会系统对技术发展利弊的评价是动态发展和不断综合化的,即不但关注技术带来的经济收益,也关注其对环境和安全等多个方面的影响。一方面,在出版生产过程中,科学技术与物质生产紧密结合,科学技术成为推动出版活动发展的第一生产力,设备更新、流程变革和平台提升都大大提高了生产效率,由此带来了出版物中科技含量的提升和质量的提高;另一方面,当前国家对建设资源节约型、环境友好型社会的倡导,使得人们对于环境、安全等方面的关注力度大大加强。作为信息时代的一个典型技术,数字出版技术无纸化、无物流的特点使它不仅节省了纸张,缓解了森林资源短缺问题,减少了污水排放,而且节省了制作、流通环节中的能源和其他材料,几乎做到了零污染,体现出低能耗、高产出的环保特点。

但与此同时,技术本身的不确定性也制约着具体出版活动的发展前景。一种新技术的最终影响力不仅与技术在物理性能上的绩效有关,而且与其是否具有经济价值相关。这种不确定性增加了其下游活动的选择难度。以数字出版为例,目前在数字出版技术方面存在着两方面难点:一是数字出版的技术标准,包括硬件标准和软件标准难以统一;二是数字版权的保护技术,即 DRM 系统的开发存在诸多问题。如果这两个技术瓶颈不突破,则数字出版就难以实现新的跨越。

(2) 技术进步推动出版行业管理的科技化

如前所述,出版技术的进步不但改变了出版产品的生产方式,提高了生产效率,也推动了出版界内部的管理革命。20 世纪 90 年代以来,计算机与网络技术的发展与应用为我国出版企业强化决策准确性、改善管理并进而提升自身竞争力提供了强大的动力。

目前,出版企业日益重视采用数字传播技术手段进行信息资源管理,实现出版经营与管理的信息化。所谓信息化,就是信息的收集、储存、检索、查询、传播实现数字化、网络化、系统化,从而保证这些信息的即时性及增值功能。企业不断应用信息技术、深入开发运用信息资源的过程即为企业信息化的过程,其核心是企业管理的信息化,信息化可以有效提高企业的运营效率和竞争力。出版企业经营管理的信息化主要有两种方式:应用出版信息管理系统,实现出版企业管理的信息化、决策的信息化、信息传播的网络化;构建以供应链管理为核心理念的 ERP(Enterprise Resource Planning,即企业资源计划)系统,全面提高企业的整体竞争力。①

（3）技术进步推动出版产业向知识技术密集型转变

前文提及，技术的一个中心课题就是推动经济发展，将科技优势转化为经济优势。技术经济一体化因此成为技术进步推动出版发展的最显著特征，主要表现为：技术进步在经济增长中的作用占绝对优势，智力密集型产业在产业结构中占主导地位、产业结构和产品结构可以快速调整、知识市场及知识产业蓬勃发展。

具体到出版领域也是如此。随着信息技术的发展，信息内容本身成为了出版产业的核心竞争力。在这样的主题下，出版产业也从劳动密集型、资本密集型向技术密集型、知识密集型转变，经济增长方式由粗放型向集约型转变。近年来，出版产业在品种规模、资产规模、生产规模、销售状况、利润状况、人力资源状况等方面均越来越体现出信息社会的特点。尤其是数字出版领域，经过多年发展，技术提供商上连作者与出版单位，中连运营商，下端则直接面对消费者，一个新兴的产业链正在形成之中。与此同时，数字出版产业规模不断扩大，新技术在市场中的运用效率得到了迅速提升。

2. 出版发展对技术进步的作用

出版发展对技术进步的作用主要体现为行业需求的引导和促动。在社会系统之下，出版行业的需求又是社会需求的具体反映。这种社会需求，不但表现为个体的阅读需求，更表现为国家层面的宏观导向需求和整个社会的文化需求。因此，相比经济因素，政治和文化因素在其中发挥了更大的影响力。在这样的背景之下，出版发展对技术进步的作用主要体现为：

（1）出版行业的需求变化促进技术发展创新

数字出版技术的发展是在社会中形成的，其首要含义就在于，只有在社会中才能说明这项技术为什么会发展，即数字出版技术发展的动力问题。"社会一旦有了技术上的需要，这种需要就会比十所大学更能把科学推向前进。"②恩格斯的论断同样适用于说明数字传播技术发展的动力。因此，需求是行业及社会对技术发展的一种根本性影响，也是促进技术发展创新的根本动力所在。

对于数字出版技术的社会需求是多维的。从纵向来看，社会需求是一个长链，个体用户对技术提出要求，而技术的真正发展又直接取决于企业的推动；从

---

① 汪曙华：《数字环境下出版传播的变迁研究》，北京印刷学院 2006 年硕士学位论文，第 60 页。
② 《马克思恩格斯选集》第 4 卷，北京：人民出版社 1995 年版，第 732 页。

横向来看,在技术形态的演变上,经济需求(自发的必然力量)、政治需求(自主的调节力量)、文化需求(传统的精神力量)等又互相联系作用,勾勒出社会需求推动数字出版技术多层次发展的图景。但归根结底,最根本和最易考察的,都源自于人的需求,即出版对象的阅读需求。

信息时代受众阅读的最显著特点在于更加关注自身利益和兴趣更趋于多元。后现代阅读有以下十个方面的特点:(1)以读者为中心;(2)感性的、享受的;(3)非线性的、跳跃式的、破碎的;(4)海量的、浏览性的浅阅读;(5)调侃的、消解(解构)的和颠覆传统的;(6)多元、时尚、不确定;(7)我行我素、率性而为,打破传统审美模式;(8)偷懒的,具有惰性的;(9)趣味指向;(10)交互的、互动的、对话式的。[1]

以上几点不仅反映了后现代阅读的文化特征,也对现代出版的形式和内容提出了要求,这种受众特点反映在对出版技术的需求上,就表现为信息传播的高效率:(1)信息能够被迅速地传播与接受;(2)传播范围尽可能地突破时间和空间的限制;(3)获取信息的便捷性;(4)资金和时间成本较低。

出版行业的上述需求为技术部门的设计开发提供了一种想象空间,推动其将理想转化为现实。技术的发展只有较好地适应了行业需求,才能获取源源不断的动力。因此,出版行业如果对技术有强盛的需求,而技术的研发者也保持了与这种需求的对接,那么从行业方面来说就存在着技术发展的强大动力,从技术发展部门来说便有效地获得了这种动力,从而构成了技术发展动力上的理想状态。

(2)出版行业的格局变动拓展技术应用的广度深度

在市场经济条件下,商品的需求决定供给。来自行业需求的动力决定了供给方,即研发机构的发展思路,进而为出版技术的发展注入动力。由此,出版业的主体格局发生了改变,传统的出版单位正感受着来自IT、通信等其他部门的强大竞争。一方面,这种行业格局的改变,进一步拓宽了数字出版技术的应用广度;另一方面,在传统出版单位内部,从流程到管理的科技化,又大大加深了新技术的应用深度。

由于数字出版的显著特征是以数字传播技术为核心,因此数字传播技术提供商在出版业的数字化过程中一直居于主导地位。"由于通信公司、IT 公司、数

---

[1] 周蔚华:《后现代阅读方式的兴起与出版转型》,《中国人民大学学报》2007 年第 2 期。

字传播技术提供商的开发研制过程深入到了出版业,出版业才不得不看到这个现实,被动进入到数字出版领域。在引进、消化、应用、创新方面,我国科技、信息、互联网界对数字出版做出了巨大贡献,功不可没。"[1]在数字出版产业的形成过程中,传统出版业被技术公司步步领入。目前,数字传播技术企业成为引领出版业数字化的主导力量,并形成了一些科技支撑体系。此外,科研机构在出版业数字化的转型中扮演了重要角色,在政府的政策和资金推动下,出版科研单位已经成为数字出版产业发展的纽带,起到了连接传统出版和数字出版、连接政府与企业的桥梁作用。[2]

但反过来说,行业格局的不确定性也会影响技术的应用推广。这种不确定性主要表现在行业主体和行业客体两方面。

从行业主体来看,选择主体对技术进行社会选择时,有出于政治、经济、社会发展等多种考虑的选择。就数字出版来说,目前的国内数字出版产业链存在明显的"下游热,上游冷"情况。数字出版物的制造商、销售商和数字图书馆的经营者是数字传播技术的新兴代表,他们对产业前景充满信心,为了培育市场乐此不疲;而作为上游的作者、出版社等则对数字出版仍存疑虑,不愿授权给数字出版商,数据显示,目前正式成立数字媒体出版物研发部门的出版社2004年有6家,2005年为24家,2006年增长到80家。虽然增幅较大,但仍远落后于上千家涉及数字媒体出版技术的公司规模,一定程度上造成了数字内容的缺失。有学者将其原因归为以下三点:一是传统出版业的状态和观念难以改进;二是传统出版业对数字媒体出版物是否会冲击纸质或电子媒介出版物心存担忧;三是数字媒体出版领域的版权保护问题成为制约出版社和作者进入的主要障碍。[3]出版主体和出版客体对于发展数字出版技术的不确定性,加剧了该技术进一步推广应用的复杂性。

(3)科技知识的出版传播直接推动出版技术进步

科技出版是指通过出版物进行科技传播的活动,是体现一个国家、一个民族经济、科技、教育发展水平和社会文明进步的重要标志。信息社会的重要特点在

---

[1] 柳斌杰:《用数字化带动我国出版业的现代化》,http://media.people.com.cn/GB/22114/79563/79929/5495910.html。

[2] 郝振省主编:《2005—2006中国数字出版产业年度报告》,北京:中国书籍出版社2007年版,第24页。

[3] 张立:《2005—2006中国数字出版产业报告》,http://www.techweb.com.cn/news/2006-10-17/107633.shtml。

于知识密集、智力密集,科学技术知识的传播质量和传播效率在国民经济生活中的作用越发重要。作为科技知识的传播载体,科技出版在当前也进入关键发展期,肩负起传播先进文化、促进科技进步、提高公民素质的特殊使命。

首先,科技出版保证了科技工作的顺利进行。在科学发展和技术进步的过程中,知识积累和传播至关重要,这种积累与传播主要通过科技出版来实现,即利用科技出版,传承之前的科技成果、思维模式、研究方法,推动后续的科学研究和技术探索。其次,科技出版加速了科技成果的转化,大多数科技成果的开发、利用都要经过科技传播的过程。再次,科技出版的时间性要求出版者采用先进的出版技术,缩短出版周期,科技成果的强主体性又要求强大的专利保护和版权保护,这同样推动着先进出版技术的开发应用。

综上所述,作为出版行业重要门类的科技出版,对出版技术的提升起到了直接的促进作用。不断增加科技出版的内容和扩大其范围,不断推动出版技术的进步,也成为当代科技工作者以及出版者的任务和责任。

(4) 出版行业的社会导向昭示技术发展方向

从哲学高度看,技术的社会实现不仅有具体的技术能否获得经济效益的问题,也有对社会整体产生何种效果的问题。尤其是出版业,由于其兼具经济属性和社会属性,探讨其整体实现就显得尤为必要。

因此,促进国家政治利益和社会整体效益的发展,促进社会个体自由价值的实现,也就成为当下中国技术发展的重要指向。无论采取什么形式,这三种宏观层面的引导都落脚于国家关于出版行业发展的政策思路和相关行为。

以数字出版为例,近年来,政府通过直接介入、制定规划、创新政策和健全法制四个途径对出版业实施管理,昭示了出版技术的发展方向。

在当前的数字出版领域,国家层面高度重视新媒体公共平台的建设,组织实施重大工程推动广播、电视、出版、数字出版等新媒体平台的建设,为发展新媒体创造了积极有利的因素。"十一五"期间,政府将重点推动数字化多媒体研发工程、国家数字复合出版系统工程等八项数字出版工程。在政府的推动下,数字出版产业也已成为我国出版业"走出去"战略的重要组成部分。

近年来,国家先后公布《中华人民共和国国民经济和社会发展第十一个五年规划纲要》、《国家中长期科学和技术发展规划纲要》和《国家"十一五"时期文化发展纲要》、《文化产业振兴规划》、《关于加快我国数字出版产业发展的若干意见》等重要规划,其中都把数字出版技术、数字化出版印刷、复制和发展新媒体列为科技创新的重点。《国家"十一五"时期文化发展规划纲要》更明确指出,要推动出版业的产业结构调整和升级,加快从主要依赖传统纸介质出版物向多种介质形态出版物共存的现代出版产业转变。行业政策的支持为技术发展提供了直接动力。《关于加快我国数字出版产业发展的若干意见》强调,要以数字化带动新闻出版业现代化,形成一批发展思路清晰、内容资源充沛、立足自主创新、出版方式多样、营销模式成熟、市场竞争力强、产品影响广泛的数字出版龙头企业,把数字出版产业打造成新闻出版支柱产业。《意见》对加快数字出版产业发展的主要任务进行了详细阐述,主要包括:加快推动传统出版单位数字化转型,加快推动音像电子出版单位数字化升级,加快推动传统印刷复制企业数字化改造,大力增强网游动漫出版产品的创作和研发能力,切实加强新闻出版公共服务项目的数字化建设,加快国家数字出版重点科技工程和重大项目建设,加快推进数字出版相关标准研制工作,推动数字出版产业聚集区建设,支持非公有制企业从事数字出版活动,推动数字出版"走出去"等10个方面。这些都表明国家对数字出版的重视。

技术政策的创新与支持对数字出版产业发展起到了决定性的推动作用,也使得数字出版产业地位得以提升。中华字库工程、国家数字复合出版系统研发工程、中国知识资源数据库、数字版权保护技术研发工程四大数字出版工程可行性论证启动,动员的力量之巨、层次之深、标的之高均前所未有。[①] 但涉及其他政策如科技政策、财政政策等,对于数字传播技术乃至整个新闻出版业的关注则显示出明显的不足。"十五"期间,国家的科技发展规划中,没有新闻出版这一领域。因此,在国家科技总体规划层面仍然要加大对数字出版技术及其研发的政策支持,使之更好地发展。

数字出版领域的法制工作则主要围绕版权来展开。在数字化时代,版权战略成为国家的核心战略之一。近年来,中国内地的数字版权保护快速进步,初步形成了立法、司法和行政层面的数字版权保护体系。在立法方面,《2006年中国保护知识产权行动计划》中提及的"立法计划"、"执法计划",对与数字传播相关的知识产权保护问题进行了明确的阐述。2006年7月1日,国务院颁布的《信息网络传播权保护条例》正式施行。在数字版权行政保护方面,2005年5月30日,我国第一部网络著作权行政管理规章《互联网著作权行政保护办法》正式实

---

① 任殿顺:《07数字出版年度报告》,《中国图书商报》2008年1月4日。

施。2006年,国家版权局又发布了《著作权行政投诉指南》,为著作权人及与著作权有关的权利人向行政机关投诉提供了有效的途径,也为有关部门高效处理著作权纠纷提供了依据。与此同时,执法力度也有所加强。新闻出版总署、国家版权局、公安部、信息产业部、文化部、国家工商行政管理总局等相关部门多次采取联合行动,有效地保证了数字版权保护工作的成效。

此外,社会整体利益的提升还包括对人本、民主、自由等价值观的促进。正因为出版业承担着传播文化内容与文化方式的责任,出版产品和内容就要做到坚持正确导向之下的多样化、高品质以及使用便捷。行业的这种社会导向进而对技术发展提出要求,数字出版的蓬勃发展也正体现了技术与行业导向的适应性。依靠数字出版技术,更广泛的个体得以主动参与到社会的出版活动中,个人出版、按需出版等纷纷发展,技术的发展为代表不同利益的个体表达意见、传播思想提供了相对平等的平台和渠道,从而也促进了社会个体对于人本、民主、自由等价值观的追求。

三、间接影响:潜移默化的方式

技术进步与出版发展,这两者也受到间接的影响力作用,即社会因素对其长时间、渗透式的潜移默化的影响。

1. 社会因素对技术进步的影响:塑造与形成

对于数字出版技术的国内研究,目前显示出较为狭窄的视角和技术决定论的取向,与传播学研究应有的态度存在不相适应的一面。与之形成对比,20世纪80年代以来,爱丁堡学派的一些学者在"技术转向"的过程中,运用科学知识社会学的方法观察和分析技术与社会的关系,并提出了SST(The Social Shaping of Technology)理论。其理论生长点即是对技术决定论的批判,学者们通过案例表明,技术并非按照一种内在的技术逻辑发展,而是社会的产物,由创造和使用它的条件所规定;一种技术的特质和形式是技术的形成过程中多种社会条件共同作用而形成的结果。这些社会性的条件,包括体制、习惯、价值、组织等等,它们以其独特的方式塑造了我们的技术。

技术的社会形成论对技术与社会的关系进行了详细考察,开辟了研究技术与社会关系的新视角。这种观点只将"形成"(shaping)理解为造就、影响、规定、制约等作用,有着潜移默化的历时性特征。这样,对技术与社会之间的关系的理解,也就得以从技术决定论那种终点的、外在的和单向的视界走向全程的、内在的、双向的视界。

将数字出版技术置入这个理论框架中,可以分析其从动力来源到实现方式、评价选择到调节方式等的多向度问题。通过梳理可以发现,社会需求、研发机构需求和政府需求共同构成其动力来源;经济、政治和文化的三个维度分别对应其三种实现方式;物性向度和人文向度构成了评价选择的方式;国家层面的直接介入、科技规划布局、法制健全和政策创新又实现了对数字出版技术的多样化调节。

2. 社会因素对出版发展的影响:反映与具化

社会因素对出版发展的影响力主要体现为:(1)社会中各种具体因素影响出版行业发展走向;(2)社会文化需求在出版行业进一步体现。

首先,出版作为国家社会生活运行的一个重要部门,在其发展过程中受到相关产业、政策、法律、经济、文化等多方面的影响。相关产业的发展昭示出版行业的市场前景,其发展过程中的经验教训也成为本行业的有益借鉴;国家层面的高度重视和文化体制改革的日益深入,为其提供了良好的政策环境;相关法律法规的健全、执法力度的强化和执法手段的多样化,有效维护了出版行业的市场秩序;良好的经济发展态势和相关优惠政策保证了出版行业的竞争优势;教育事业的发展、多元文化需求的产生以及受众阅读习惯的改变,使图书出版市场发展的同时也面临新的挑战。与此同时,出版行业是承载文化传承责任的重要部门,社会文化生活中对于内容品质、消费方式的新需求也不断体现在出版行业的发展变革中。

其次,在社会生活中,对于文化品质和消费方式的需求直接反映到与之密切相关的出版行业,而对于在其他领域得到的体验,也会催生使用者在文化精神产品方面的新需求,从而间接地反映到出版业的实际当中。类似于其对技术进步的作用方式,社会因素对于出版发展的影响也要经历润物细无声式的漫长过程。

四、互动机制:社会因素影响下的双向互动

由此,我们可以将社会系统之下技术进步与出版发展两者的互动关系置于图1-1中:

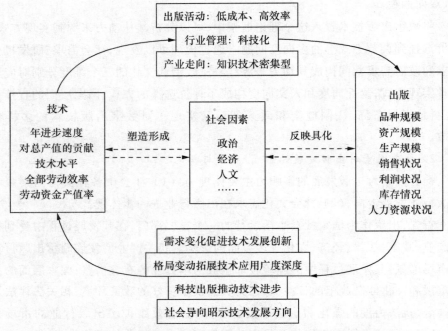

图 1-1 社会环境下技术进步与出版发展两者的互动关系图

第四节 现实互动障碍及对策

进入信息时代以来,出版业的格局发生了巨大变化。全行业都在思考追求新媒体技术与出版行业的良性互动,以期出现社会效益和经济效益的有机结合。无论是技术进步还是出版发展,都不能超越社会资源或社会条件的制约。在这个意义上,认清对二者发展的制约要素,寻找并扫除现实互动中存在的障碍,就有其必要性和紧迫性。

一、现实互动障碍

尽管近年来我国数字出版产业发展速度惊人,但与国内其他行业相比仍显滞后,与国外同行业相比差距尚大。这主要表现在传统出版限于体制保护等原因,观念陈旧、整个行业科技投入不足、标准滞后、数字出版人才匮乏、对新媒体监管困难、数字版权保护技术亟待加强和推广、传统出版的专业分工面临严峻挑战等问题。① 综合而言,主要存在物质基础、制度环境、人文条件三方面的障碍。

1. 物质基础障碍

任何行业都不能脱离一定的物质条件而存在和发展。从最基本的意义上说,物质基础构成一切发展形式的基础,是一种"硬性"的制约。在我国目前新媒体技术与出版行业的互动关系中,仍然存在资金投入少、内容浪费多、产业链缺失和电子纸未普及等物质基础障碍。

(1) 资金投入少

相比医药、生物、金融等其他行业,我国新闻出版业的科技投入一直不足。从出版社内部来说,资金的限制一定程度上导致其数字化程度较低,与整个社会存在硬件(IT 设备和数字网络)和软件(使用意愿及操作能力)方面的鸿沟。新闻出版总署网站的行业动态显示,新媒体在近年来呈现出迅猛的发展势头,手机报、手机杂志、数字出版等新兴事物不断涌现。但也不难发现,这些新媒体的研发单位多是数字传播技术开发商、软件平台提供者、网络服务企业,出版单位和新闻单位自主研发的却很少。几大通讯公司都在办手机报、手机刊、手机电视,而几大传统的主流传媒单位鲜有参与。二者之间形成的鲜明反差,既与思想观念有关,也与资金实力及资金自由度有关。

(2) 商业模式存疑

传统出版单位大都拥有大量的内容资源,但所谓知识分子的精英意识和对于技术的惯有惰性,导致其无法迅速掌握先进的数字化技术和手段,因此无法将丰富的内容资源开发成可以再利用的数字内容产品;而技术提供商虽然掌握技术和资金,但不掌握内容资源,必须与出版单位合作,出于利益关系的不同,这种深度的合作仍然难以彻底,从而造成巨大的内容资源浪费。

以电子书为例,出版社与技术商的合作慎之又慎。出版社经常拿过去 10 年中期刊社的教训自我警示——提供内容却无收益。他们对技术商的定价机制、分成比例质疑不断,也不愿将内容提供给技术商,这让很多技术商的数据库被"垃圾书"所充斥。而技术商在与出版社的合作中,也无不抱有复杂心态——需要优质内容,又怕触动出版社的敏感神经。尽管技术商们已经开始了向内容聚合者、内容提供者的身份转变,但在与传统出版商合作时,他们却仍然只称自己

---

① 郝振省主编:《2005—2006 中国数字出版产业年度报告》,北京:中国书籍出版社 2007 年版,第 34 页。

是"技术提供商",并一再强调"不涉足内容"。

这场内容与技术利益博弈的结果是出版商与技术商之间的恶性循环。出版社不拿出优质产品,技术商没有好的内容,难以形成销售规模,不足以给出版社足够的利益刺激,出版社更不愿意提供内容……业内人士分析,问题的根源在于我国电子书阅读的 B2C 市场并未真正开启,以往以机构用户为主的 B2B 销售模式,显然不足以支撑起整个产业的繁荣。①

(3) 产业链缺失

作为产业,数字出版还远未形成经济规模,而仅仅形成了产品内容规模。

在产业链上游,技术厂商对数字出版期待过热,传统出版单位态度漠然,新闻出版总署提供的数据所显示,2006 年我国数字出版产业 200 多亿元收入中,与传统出版业和出版企业直接相关的不过 6.5 亿;在中游,几家大的数字提供商的数据整理业务,无论在方法还是内容方面都存在很大相似性,缺乏自身特色,开发浪费严重;在下游,电子图书、数字期刊等营销过于依赖机构投资者,尚未完全形成一般读者的自觉性消费。

此外,电子纸等产品及其定价的垄断问题、版权对接问题以及格式兼容问题,都成为影响产业健康发展的因素。

2. 制度环境障碍

社会制度是社会要素之间的关系和安排,是社会运行的规程和秩序,广义的制度不仅有区分社会形态层次的社会制度,还有社会各个领域中的管理体制和组织形式。在我国目前新媒体技术与出版行业的互动关系中,仍然存在标准化问题、内容监管问题、版权保护问题以及新媒体管理问题等制度障碍。

(1) 行业技术标准滞后

技术标准滞后是当前引导新媒体发展最大的问题。在互联网领域,中文标准严重缺失,4000 项国际标准中只有 3 项由中国制定。除上述互联网基础性标准外,数字出版产业的标准化具体还包括出版元数据的标准化、网络出版的标准化、出版物流系统的标准化等。互联网的特点就在于互联互通、大容量、大规模,而在目前,互联网时代的信息化跟传统体制下的信息化却通常被混为一谈。由于缺乏统一的标准和文本格式,各数字媒体提供商生产的电子阅读设备在文本格式上不能兼容,这既不利于数字出版机构开发通用格式的数字化出版物,也不

---

① 任殿顺:《07 数字出版年度报告》,《中国图书商报》2008 年 1 月 4 日。

利于读者选购。近年来,我国出版业的标准化工作正在展开,相关标准化制定工作也在进行中,但仍然与快速发展的数字出版产业不相适应。

(2) 数字内容监管复杂

数字出版在带来阅读革命的同时,也带来了数字内容的监管问题。新兴的数字出版形式层出不穷,阅读方式也日新月异,数字内容发布的个性化、便捷化,阅读器和阅读方式的多样性,都为内容的监管带来极大困难。

(3) 数字版权保护困难

数字出版的一个突出特点是海量信息,同时也就意味着数字出版机构必须在短时期内获得众多作者的一一授权。而实践证明,一一谈判的版权授权模式不仅成本高昂,而且缺乏可行性。此外,在维权实践中,也有以下几方面的困难:侵权者手段比较隐蔽,极力通过技术手段来规避法律;有的侵权者身份隐蔽,特别是未经备案的网站或资金少的公司,采取维权措施得不偿失,但内容一经传播,危害严重;网络数据易删除,对发现盗版、快速取证的要求比较高;质证、认证过程复杂,需要法律专业知识;侵权者滥用诉权、找寻公证瑕疵,甚至通过申请撤销公证程序等方式拖延责任认定和赔偿;权利人权利意识淡薄,或者因维权程序复杂被动放弃;申请行政执法,涉及工商、公安等多个部门,头绪多,难落实等。[①]

(4) 管理亟待加强

由于认识的不统一和对新媒体技术的陌生,业界对新媒体的管理严重落后于技术发展。过去的准入制度是否有效?传统的国有出版单位是否能够进入新的传媒体系? IT 产业中的公司基本上都有国际背景或属于股份制和民营领域,它们通过新媒体技术介入新闻出版行业,管理制度应发生怎样的变化? 这些都是需要认真研究的问题。以法制为依据建立新媒体管理体系的尝试也仍处于探索阶段。近年来,政府部门虽然出台了一些互联网新闻、出版、版权管理办法,但在新媒体的管理方面,仍急需建立与之相适应的法规体系。

3. 人文条件障碍

技术进步与出版发展的互动,不仅要受到物质和制度条件的制约,还要受自身条件和人的状况的制约,统称为"人文条件"制约。这是一种比前两种制约更为隐性的制约。在目前出版业转型的过程中,仍然存在观念和阅读习惯两方面的障碍。

---

① 郝振省主编:《2005—2006 中国数字出版产业年度报告》,北京:中国书籍出版社 2007 年版。

传统出版单位的从业人员对数字出版仍然缺乏研究和认识,在出版单位内部运用数字传播技术的意识普遍滞后,习惯于旧有业态,对数字出版持观望态度。由于历史和体制等原因,相比新兴的数字出版,出版社在传统出版方面占有较大的优势。而如果对这些优势认识及利用不当,正可能成为其转型的阻力。因此,新闻出版行业急需统一思想认识、分析利弊,看清新媒体发展的必然趋势,增强运用现代技术改造传统媒体的紧迫感,加快发展新媒体。

数字出版物在视觉效果上与纸质图书仍存在很大差距,容易导致视觉疲劳。目前,数字出版往往只适合于一些对检索性有较高要求的工具书,而很难成为人们享受阅读乐趣的日常手段。电子纸的推出,试图将新兴的数字媒体与传统的阅读方式相结合,但目前市场上推出的电子纸还不能完全达到传统纸张的阅读效果。这也是数字出版在普及过程中所遇到的数字瓶颈。此外,从网络消费习惯来看,目前80%的人的网络阅读都是以消遣找到免费的信息为主。相比大量使用付费数据库的专业受众,中国网民还沉浸于免费使用的消费习惯中,这对于产业的进一步发展可能产生不利影响。

二、扫除障碍的途径:努力增强协调性

置于社会系统的大背景下,技术进步与出版发展存在千丝万缕的联系。在社会因素的作用下,两者互相影响,互相促进,并形成一种螺旋式的社会选择过程。我们追求技术进步、出版发展和社会系统间的良性互动,其动态表现就是增强三者间的协调性。在协调发展的格局下,技术、出版乃至社会系统都可以走向繁荣,而如果它们的发展不能彼此协调,则三者都会受挫。探讨技术进步与出版发展互动关系的全部意义也就在于对这种协调性的追求和实现。对于出版行业来说,针对自身特点和行业发展的走势,积极思考如何利用好技术,促进技术与行业的互动,使其更好地服务于文化产品的制作、传播和营销,也是当前应予以重视的问题。

1. 国家层面:制度先行、加大投入

首先,结合中国现实来看,从国家层面进行制度推动,建立良好的社会环境,对于眼下的技术和行业发展具有至关重要的意义。有学者认为,当今的互联网技术和数字传播技术已经足够推动数字出版的发展。数字出版的主要障碍不是技术不成熟,而是出版业的抵触或者是漠视。因此,从政府管理部门到出版从业人员都要有更加开阔的胸怀,以更为开放的视野面对新的挑战。① 在国家层面,应尽快制定并落实促进数字出版产业发展的政策措施,以数字出版为主线,全面推进新闻出版业向数字出版转型。

其次,要加大对新闻出版业的科技投入。鉴于新闻出版行业的特殊性和占领文化阵地的重要性,建议国家逐年加大对新闻出版行业的科技投入,把科技投入作为预算保障的重点,并加大对科技成果推广和运用的力度。

除此之外,还应大力推进以下几方面的工作:(1)建立和完善科技发展的组织措施,其核心是要建立国家数字出版发展中心和企业数字出版技术中心,打造自主创新的基础支撑平台;(2)支持行业重大专项的研发,从规范标准、改革体制、科学管理等方面入手,尽快健全出版业全国统一的内容资源管理、信息服务管理、新一代技术平台等全国统一体系;(3)加快文化创意产业的发展,培育大量内容提供商;(4)高度重视知识产权保护,营造良好的法治环境,建立数字出版权保护体系;(5)加强新闻出版科技人才培养和队伍建设。

2. 传统出版单位:解放思想、提高内部信息化程度

首先,新媒体对传统新闻出版业来说是机遇也是一种挑战,因此全行业都要解放思想、把握潮流,积极应用新媒体和新技术,避免出版业边缘化。

其次,传统出版单位要进一步重视技术投入,尤其是在硬件建设上加大力度。传统媒体发展新媒体有其天然的优势:一是传统的出版单位是国家新闻出版的阵地,在信息拥有量方面大大领先于新型的技术公司;二是出版业长期培养出了一批优秀的文化人才,在文化创新和政治把关方面具有核心竞争力。因此,传统出版业应该争取主动参与技术研发,主动进行体制变革,从而使新闻出版业能够更好地适应新技术革命的要求。

除此之外,在以下几方面也应适当加大力度:(1)建立数字化工作流程,提高内容的数字化水平,占领内容产业制高点。(2)做好数字版权的获取和保护工作,积极开展数字出版实践。(3)积极利用数字出版资源,分享数字化成果。(4)尽快向跨媒体出版转型。

3. 技术开发商:加强内容管理与平台建设

内容是新闻出版业的灵魂,没有好的内容就没有好的新媒体。对于技术开发商来说,要解决内容的瓶颈,就必须加强与传统媒体的互动,并在信息资源的

---

① 贺耀敏:《数字化生存与网络出版——新经济下的出版产业发展思考》,http://guide.ppsj.com.cn/art/6174/rdcbsschymskwlcbcy/http://guide.ppsj.com.cn/art/6174/rdcbsschymskwlcbcy/。

整合与再加工方面多下苦功,开发内容管理系统,发掘并管理好适宜用新技术展示的内容,实现真正意义上的跨媒体出版,尤其要避免出现文化层离现象。

有关学者还提出,技术开发商要积极利用其在技术与资金上的优势,加强建立一个支持决策的权威性文献检索平台、智能化知识仓库与知识服务平台、大规模增值性整合出版传播平台等,实现技术平台与内容产品的有效互动。

此外,建立可支持二次开发利用的战略馆藏,建立以知识为元素的全新的搜索引擎,建立基于移动通讯网络,以手机搜索引擎、手机二维条码为技术的手机出版系统等,也是此间学界业界所关注的问题。

第二章 数字传播与阅读方式的变化

出版的消费者是读者,因此读者阅读方式的变化对出版的发展有直接的导向作用。近些年来,国内出版界对国民阅读与人们视觉欣赏方式的变化趋势给予了高度关注,中国出版科学研究所等机构还专门组织力量定期对人们的阅读趋向进行大规模调研,应该说这些工作都很有意义。但是如何从文化变迁的角度来分析人们(尤其是青少年)视觉欣赏尤其是阅读方式的变化趋势,及其对现代出版所造成的影响,在数字出版转型中找出应对快速变革的对策,对出版界和读书界都具有很强的现实意义。

第一节 网络出版兴起与出版范式转换

一、科技进步与传播手段的变革

11世纪40年代,我国宋代的毕昇发明了活字印刷术。与过去一直延续的手抄和雕版印刷相比,该技术极大地提高了信息传播的效率和速度,使人类第一次具有了大批量、高速度复制信息的能力。1456年德国人谷腾堡把活字印刷变为实用的技术,从此以后印刷技术得到了快速发展,书籍、报纸和杂志等印刷品得到普及,尤其是18世纪产业革命后,蒸汽机的发明及其在出版印刷机械上的运用,更使得人类信息传播的数量、质量、速度和范围迅速提高和扩张。这一时期传播的特点是以纸介质为载体、以文字传播为主体。

19世纪50年代以后,电子通讯技术出现,电报、电话在通讯中获得应用。电子通讯技术虽然在通讯中得到了广泛应用,但它们却未对出版显示出太大的影响。

20世纪20年代至50年代,电影、无线电广播、电视、录音录像技术等一系列模拟式电子传播方式相继诞生并被应用和推广普及,使得人类信息的传播空间覆盖到全社会,其速度之快、范围之广、内容之丰富、复制和贮存之方便,前所未有,人类进入到了以模拟式电子传播为代表的大众传播阶段。这一时期的传播特点是以电、磁介质为载体,以声音、图像传播为主体。这些传播方式已经影响到了出版的形式,音像与电子出版物的出现扩大了出版的外延,改变了出版的形式。

从20世纪80年代尤其是90年代以后,人类进入到了人类传播史上一个崭新的时代,即数字化、网络化的传播时代。它融合了印刷媒体和模拟电子媒体的所有长处,而克服了它们的弱点,使文字、声音、图像、动画等等方式通过数字传播技术得到大融合,把图书、报纸、杂志等第一代载体和广播、电影、电视、音像、磁带等第二代载体在网络中统统数字化,把它们之间的界限完全打破,使得它们之间的差别变得模糊而不可辨认(见图2-1)。数字传播技术和以前所有媒体技术之间的另一个差别,还在于由于网络的交互性,它把延续了几千年的单向传播变为双向传播,实现了传播者与接受者之间的互动,把传播者和接受者的地位相对化,使得原来的大众传播理论需要重新进行建构。正因此如,它改变了"出版"的概念,使得原来意义上的出版变得狭隘和过时。① 它使得出版作为"信息内容提供者"成为信息产业的一个重要组成部分,直接成为经济过程中的一个环节,形成了出版产业。网络传播使得人们的生产方式、生活方式、思维方式和行为方式都发生了质的变化。一句话,网络开辟了一个新时代,网络造就了一个新世界。

二、数字网络技术的发展与出版的网络化

数字网络技术的发展及其对出版的影响经历了一个逐步演变并呈现加速度发展的态势。这里,我们对它的发展过程做一个简要的回顾,有助于我们分析它对出版的现实影响。

---

① 如把出版定义为"把书刊、图画等编印出来"(《现代汉语词典》);"现代出版工作泛指出版、印刷、发行三方面的工作"(《辞海》);"书面作品的选择、制作与发行"(美国《不列颠百科全书》);"指发行和向公众提供用抄写、印刷或任何其他方法复制的书籍、地图、版画、照片、歌篇或其他作品"(《牛津英语大词典》);"用印刷或其他机械方法将文字、图画、摄影等作品复制成各种形式的出版物并提供给众多读者的一系列活动"(日本《出版事典》);"可供阅读或视觉可以感知的著作以有形的形式复制并向公众普遍发行"(《联合国版权公约》)等。

第二章 数字传播与阅读方式的变化

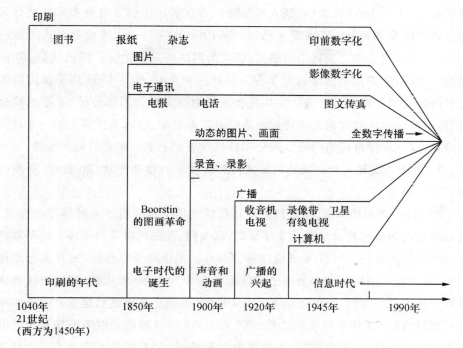

图 2-1 不同传播媒体的发展与融合示意图

注：参见 Eisenhart, D. M. *Publishing in the Information Age*, p. 22, London：Praeger Publisher, 1996。

笔者根据数字网络技术应用的范围和趋势，把现代网络出版分为三个阶段：

1. 电子网络出版的探索阶段(20 世纪 40 年代中期—20 世纪 60 年代末)

有两件大事对电子网络出版具有巨大影响：1945 年，布什(Vannevar Bush)在 *The Atlantic Monthly* 杂志上发表了一篇著名论文，该文设想了一种能根据人们所需信息来压缩整理、检索与使用的设备"Memex"，它具有模拟书籍读本的桌面，可以将输入或扫描信息缩成胶片和转成资料库，并可作高速的语意串联检索从阅读桌面上输出，他把该文的题目定为《所想即所做》("As We May Think")。这一理念的提出，标志着媒体、信息和传播的大融合的开始，因而是现代意义上的电子网络出版概念的首倡者。差不多与此同时，1946 年，世界上第一台计算机在美国诞生，使得布什提出的理念有了转变为现实的可能。这一时期的标志性事件还包括：1950 年 J. W. Perry 等人利用孔卡卷纸为储存媒体开发索引摘要检索机器；60 年代中期系统发展公司首次利用电脑建立书目资料库的信息查询系统(后来的 ORBIT 网上资料库)；1962 年 MIT 的李克里德(J. C. R. Licklider)

和克拉克（W. Clark）发表《在线人机交流》，首次提出了包含有分布式社交行为的全球网络概念；1964年保罗·巴伦（Paul Baran）发表题为《论分布式通信网络》的报告并资助包交换网络的研究，该文为网络的发展提供了理论依据；20世纪60年代后期美国对网络进行了深入的研究和探索，到了1969年美国国防部远景研究规划局进行了组网研究并成功地将加州大学洛杉矶分校、圣巴巴拉分校、斯坦福研究所和犹他大学通过网络结点联系起来，建成了世界上第一个计算机网络，这一事件也成为网络发展史和科技发展史上里程碑式的重大事件。

2. 电子出版技术的广泛运用以及与网络技术的结合阶段（20世纪70年代初—90年代初）

20世纪70年代早期，远景研究规划局的网络主机开始使用网络控制协议，随后开始发布远程登录规则及文件规则，以太网、互联网以及网关体系的基本概念得到发展和推行。1977年威斯康星大学开始提供电子邮件服务，并发布邮件规则，这是较早由网络提供的电子邮件服务。20世纪80年代初，网络协议和网络服务体系（如TCP/IP等）初步建立。1983年美欧一些地区已建立桌面工作站和局域网络；1984年全球主机达到1000台；1985年全球电子网络连接开始提供服务；1986年SFnet建成（主干网速率为56K bps），NSF在美国建立了五个超级计算中心，为所有用户提供强大的计算能力，从而掀起了一个与Internet连接的高潮，尤其是各大学更是如此；1987年9月，中国向国外发出了第一封电子邮件："越过长城，通向世界"，这一年，互联网的主机超过10000台；1989年，主机超过10万台，已初步在全世界形成了一个网络热潮；1991年广域信息服务器由思想机器公司发布进入公共领域，它可以使用自然语言查询不同计算机平台上所存储的不同种类的信息，标志着信息检索方式质的飞跃。

就电子信息技术与出版的关系而言，1978年4月，在卢森堡举办的题为"科技社会下的出版未来"的研讨会上，厄夸特（J. A. Urqart）第一次提出了"电子出版"（Electronic Publishing）的概念。此后，不断有文章探讨电子出版的含义及其范围，学者们从不同角度提出了从传统纸本形式向微缩出版和电子出版过渡，传播领域开始探讨音像信息、影像信息与电子媒体的结合等问题。从实践上看，从20世纪70年代开始，西方开始用激光照排技术取代传统的铅排技术，并将计算机编辑照排技术运用于出版，实现了从录入、修改、存储到编辑组版以及异地传输的自动化。我国在20世纪80年代也引进和自行开发了先进的激光照排系统（我国激光印刷技术的变革是从王选教授主持的"748工程"开始的），使计算机技术在印刷和出版领域得到广泛应用,印刷和出版从此"告别铅与火,迎来光与电"。与此同时,由于出版的印前过程实现了计算机操作,就可以通过检索软件把数字化了的信息存储在软磁盘(FD)、只读光盘(CD-ROM)、交互式光盘(CD-I)、图文光盘(CD-G)、照片光盘(Photo-CD)等中供再次使用,从而形成了一种新的出版物,即电子出版物。电子出版物在20世纪90年代与网络出版相融合,成为网络出版的重要组成部分。1987年,尼尔森(T. H. Nelson)继60年代提出"超文本"(Hypertext)和"超媒体"(Hypermedia)的概念之后设计了名为"Xanadu"的机器及其功能。他认为,这种机器是高效能的超文本文件、具有可容纳无限人数的广阔双向通道、具有版本和著作权管理能力,包括网上资料的引述使用权、引述的付费机制、被引用资料必须可链接回原资料出处、每种文献都可以自由在出版等等。因此,到了这个时候,无论是从理论还是实践上看网络出版都已是呼之欲出。

3. 网络出版与多种媒体大融合形成所谓"大媒体"阶段(20世纪90年代初到现在,并且还在延续)

从传播的角度看,1992年是一个重要转折年,在这一年有三件事具有重要意义:第一件事是互联网的主机超过100万台。第二件事是欧洲粒子物理实验室的欧洲核子中心成功开发了万维网(WWW, World Wide Web)。它以超文本链接的方式存取互联网的信息文档并支持图形、声音和视频以及文本,这就为声音、图像、动画以及文本等相互分割的媒体的融合提供了技术上的支持。果然,之后不久发生了第三件令人激动的事:第一个广播级基干网问世,并在当年相继开通了音频广播和视频广播。1993年,白宫和联合国相继联入互联网,同时伊利诺伊大学开发的马赛克浏览器软件风靡互联网,使互联网得到极大推广。1994年中国加入国际互联网。同年,出现了网上购物商城、网上广播站、网上银行等,对图书电子商务具有里程碑意义的网上书店——亚马逊书店(Amzon. com)也在这一年开张。1995年,使用音频流技术的Real Audio使人在网上可以收听到接近于真实的声音。第一家可在Internet上播出的24小时不停机的商业电台Radio HK开始播音。1997年,中国公用计算机互联网(CHINANET)实现了与中国其他三个互联网络即中国科技网(CSTNET)、中国教育和科研计算机网(CERNET)、中国金桥信息网(CHINAGBN)的互连互通。同年,我国第一家网上书店开业。与此同时,杂志上网(影响最大的是清华光盘中心的"中国学术期刊")、报纸上网(各大报业网站)、图书上网、电视上网,以及数字化图书馆、网络学院等等，几乎每年甚至每月都有新的技术、新的经营方式、新的理念和新的网络业务产生，已到了让人们应接不暇的地步。人们用三个法则来描述信息技术的加速度发展：一是穆尔法则，即计算机处理器芯片的处理能力在同一价格下每18个月提高一倍；二是基尔德法则，即通信系统的通频带宽度每12个月增加为原来的3倍，价格也有相应地降低；三是麦特卡夫法则，即网络的价值与接入的节点数的平方成正比，而其单个节点的成本却有所下降。在这种加速度的推动下，不仅不同媒体（书、报、刊、广播、电视、邮件、电话、电传等）出现了大融合，成为同心圆，媒体与其他的信息资源也出现大融合，如咨询、教育、培训、图书馆等等，在网络环境下，彼此的界限已经变得模糊。在网络时代，我们对出版的概念应有全新的认识和理解。

三、从传统出版向现代网络出版的范式转换

数字网络技术的出现和广泛应用正在使世界发生根本性变化，出版业被认为是受网络冲击最大的行业之一。因此，冷静分析网络出版与传统出版的关系，找出它们不同的运行范式，对出版业的进一步发展就显得极其重要。笔者认为，这种范式转换包括以下几个方面的内容：

1. 基本载体

网络出版与传统出版在基本载体（Material）上的差别就是从有形的以纸质物品为代表的媒体向无形的网络化媒体的转化。自古至今，出版的载体都是有形的、实体的物质。远古的竹板、玉帛，后来的纸张，当代的磁盘等等都是有现实物质作载体的。它们传输的信息必须通过它们的载体方能实现，而网络出版的载体是无形的，它所传播的信息不必和其载体一起传送就可被接收者所接收，它可通过光缆甚至无线电波发送，而被计算机、手提电话甚至电视等媒体接收。

2. 媒体传播形式

在媒体传播形式上（Mode），从传统的以文本传输为主，向文本、动态图画、声音等综合传输转化。传统的出版以文本传输为主，因此它以图书、杂志、报纸等形式出现，后来在大众传媒中出现了广播、电视，它们的优势是有了声音或声音及图像，但它们的缺点是不可重复性，因而它们不能被归入出版范畴。网络可以把图书、杂志、报纸、电视等媒体综合起来，把文字、声音、动态的图画融为一体，把原来广播、电视等的功能加以融合，使之成为出版的一部分。网络出版大大扩展了出版的范围和边界。

3. 传播手段

网络出版在媒介工具(Medium)及传播手段(Means)上也发生了革命性变革。网络的发展一方面,改变了传统的流通方式,通过网络平台,为读者提供海量的图书供求和评价信息,以网络书店的方式把信息提供、批销、零售合为一体,从而引起图书发行方面的电子商务的革命;另一方面,也是更主要的方面在于,它使出版的概念发生了根本性变化,把传统上互相分离的作者、出版者、销售者、读者融为一体。网络条件下的出版产业有一个与大多数产业不同的特点,即实体产品虚拟化或反过来虚拟产品实体化。假设我们要在网上购买一辆汽车。我们虽然可以通过网上提供的信息对该汽车的外观、性能等等进行全面了解,在网上订购,但要实现真正的购买,必须借助实物的物流让汽车到达我们手中,这个交易才算完成。否则,我还是开不上汽车,驾驶汽车的功能不能在网上实现,实体汽车和虚拟汽车是不能在网上实现相互代替和转换的。而信息产品则不同。假设我要在网上订购某本书,网上销售者可以把这本书以数字化的形式直接传输给我,这样可以和纸质的原书在装帧、设计、内容等方面完全一致,而且最重要的是,我可以在网上实现图书的阅读功能。这一过程对出版者来说,实现了实体图书的虚拟化,对阅读者来说,实现了虚拟图书的实体化。传统的信息传播方式是以有形实体(如纸、磁盘等)为媒介,以物流为中心,而网络传播或网络出版则改变了传统的物流系统,使图书、期刊报纸等虚拟化,以信息流为中心,甚至摈弃了物流,而直接使物流与信息流合而为一。使得无纸化出版和按需印刷(print-on-demand)成为可能,减少了资源的浪费。

4. 时空差异

我们以时空是否具有共存性为依据,把信息传播方式分为以横向传播为主、以纵向传播为主和纵横向双重传播等几种情况(见图2-2)。

		时间系列	
		非共存	共存
空间系列	非共存	计算机网络	广播 电话 报纸 电视
	共存	洞穴绘画　图书 雕塑　　　电影 建筑　　　信件	交谈 讲座 表演

图2-2 信息传播时空组合图

由图 2-2 我们可以看出,图书、壁画、雕塑等与其传播对象在时间上是非共存的而在空间上是共存的,因而它们是一种纵向传播,可以传之千古,具有文化积累意义。电视、广播、报纸等与其传播对象在时间上是共存的而在空间上是非共存的,它们是横向传播,可以传之宽广,但却转瞬即逝(报纸稍有例外,但就其新闻性质而言,它的文化积累功能较弱,因而也可以说是横向传播)。交谈、表演、演讲等与其传播对象则处于一个时空中,属于面对面、时对时的传播,因而既不能传之久远,也不能传之宽广。只有网络与其传播对象在时空两个方面都是非共存的,它既有横向媒体迅速快捷、传播面广的恢宏,又有纵向媒体文化积淀、传承久远的厚重。它"将使任何人、在任何时间、任何地点,可以向任何对象传递任何信息,可以方便高效地获取、处理和利用信息,从而大大改变人们传统的工作、学习、生活和交流的方式"①。

5. 功能变化

网络出版和传统出版相比,在功能上也发生了很大的变化。除了我们在前面论述的明显的经济功能和产业功能外,就媒体传播自身而言,网络出版在媒体型式上形成"大传媒"概念,使书、报、刊、广播、电视甚至咨询、培训、远程教育、情报资料等融为网络出版。在过程上,它把创造者(作者)、出版者、销售者(批发、零售)、使用者或接受者融为一体,既是大的出版中心,又是大的图书销售中心,还是大的图书资料及信息检索中心,同时又可以是咨询、读者活动和培训中心。同时,这些角色随时可以互相转换,从而彻底打破了原来意义上的媒体供应链,形成双向互动的供应链。图 2-3 显示了传统出版和现代网络出版的差别:

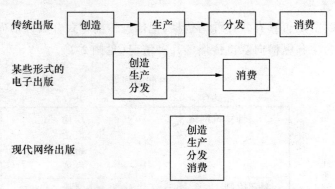

图 2-3　传统出版和现代网络出版的供应链差异示意图

---

① 《信息时代宣言》,《国际电子报》1996 年 5 月 6 日,第 13 版。

6. 商业模式

网络出版在商业模式上与传统出版显示出了很大的不同。它已从传统的物流转变为信息流,从单向传递转变为双向互动,从以产品为主转变为以产品和服务为主,从基于形式转变为基于内容。它已从传统图书产业转变为现代 IT 产业,而且由于网络的出现,IT 产业重心已发生转换,即从 T(技术,Technology)转换为 I(信息,Information)。因此,网络出版将成为未来的信息产业的中心,内容服务提供者将成为未来的最主要赢利点。我们可以通过图 2-4 和表 2-1 对传统出版、书业电子商务和网络出版不同的商业模式作一比较:

• 传统的出版行业的商业模式:

• 网络书店的商业模式

• 网络出版的商业模式

图 2-4　三种不同商业模式的比较

表 2-1　三种模式的特点对比

	初期投入	生产成本	销售成本	售价	环节	速度	互动性	网络化程度
传统出版模式	小	高	高	高	多	慢	弱	低
网络书店模式	大	高	中	中	较多	较慢	中	中
网络出版模式	极大	极低	低	极低	少	快	强	高

7. 客户导向

就市场导向而言,只有网络出版才真正实现了客户导向。传统出版也强调客户导向,但因它与真正的客户(读者)之间有很多中间环节,因而它获得的客户信息经过了很多环节,常常是扭曲的。而网络出版的出版者、中介、读者、作者处于一个共同的平台上,这就扭转了传统出版以传者为主导的局面,使信息传送者、受众之间形成互动关系,双方的角色可以相互转化。网络出版的这一特点决定了个性化的贴身服务成为可能。由于ICP、ISP在技术上能够跟踪用户行为，因而可以根据用户的阅读历史、阅读喜好和习惯来为其定制专门的个性化的"出版物"，使以顾客为核心的营销理念有了实现的可能性。

8. 管理方式

现代网络出版已由传统生产作业管理方式向知识管理方式的转变。在网络出版时代，出版企业成为典型的学习型组织，注重对员工的素质、技能，尤其是创造性的培养。它的管理方式更具有弹性和柔性，扁平的网络化结构将取代金字塔式的科层化结构，知识工作者成为企业的核心，自我管理成为未来管理的主要形式。

我们应该看到，网络出版与传统出版具有不同的范式，在短期内前者并不能代替后者，它们不是互相代替的关系，而是互补的关系。但从长远看，网络出版毕竟是更高一级的媒体传播方式，随着人们阅读习惯的改变、支付手段的完善，尤其是在技术上相关难题的逐步解决，网络出版将不可避免地逐步扩大自己的领地，并最终从传播的意义(不是收藏的意义)上代替传统出版。尽管这一过程要经过较为漫长的时间，但我们要从现在起即未雨绸缪。

第二节 后现代阅读方式的兴起与出版转型

出版形态的变化也导致人们阅读方式的变化，在出版发展过程中出现了三种不同的出版形态，由此催生了三种不同的阅读方式：传统阅读方式、现代阅读方式和后现代阅读方式。分析这种变化及其特点，对我们认识出版转型具有重要作用。

一、从传统阅读到现代阅读

1. 传统阅读方式的基本特征

中华民族是一个崇尚知识、重视读书的民族，"万般皆下品，唯有读书高"。"宁可逃荒要饭也要供孩子读书"是中国自古以来每一个做父母的天然职责。由此形成了中国绵延不断而又独具特色的阅读文化，这种传统的阅读文化具有一些典型特点。

(1) 传统阅读是以作者为中心的或作者导向的

传统文人最重要的任务是读经、史、子、集，尤其是其中的经部，是每一个读书人必须熟读甚至需要背诵的。每一个书香之家的孩子从识字起就要开始读"四书五经"这些圣贤书,理解并掌握圣人先哲们的"微言大义",领会和体味他们的思想和精髓。在传统社会,出版者主要是二传手,读者能够发挥的空间也就是"我注六经",因此导致中国传统文化中考证与注疏、集成类出版物数量众多,绵延不断,典籍出版极为发达。

（2）传统阅读是小众化的

之所以说传统阅读小众化,有三个方面的含义:一是阅读对象的小众化,也就是说他们所阅读的主要是"经"、"典",而"四书五经"是其中最重要的内容;二是阅读内容的小众化,他们要细嚼慢咽,深耕细作,因此如果涉猎的是"闲书",则不被看作正途;三是读书者人数的小众化,一般大众很难得到系统读书的机会,读书是一小部分有钱、有闲人的特权。如果从内容上看,传统阅读是"掘井式的",对某些"点"不断挖掘,不断纵向深入,一般而言对"面"是忽视的。

（3）传统阅读是安身立命之本

我国自古以来最推崇的是知书达理的人,知识分子们总是以"道成于学而藏于书"自勉,大众总是以"积财千万,莫过读书"自励。在国人眼里,读书可以明理,可以济生,可以修身养性,可以体道求仁,可以治国平天下。读书成为安身立命之本,治国兴邦之道,因此读书已经被赋予了更为崇高的使命和意义。

（4）传统阅读是他律的和被迫的

古代读书者虽然也有"养心莫善寡欲,至乐无如读书"者,但因为他们需要熟读经典,阅读的内容是事先安排好的,阅读者的任务就是顺着既定的内容不断吸收,因此,读书对大多数人来说是一个身心痛苦的磨炼历程。"书山有路勤为径,学海无涯苦作舟"是读书人的座右铭。读书要读到"衣带渐宽终不悔"、"为伊消得人憔悴"的地步。一代又一代人给读书者树立的榜样是:苏秦读书欲睡,引锥自刺其股,血流至足;孙敬好学闭门读书,不堪其睡,乃以绳悬发之屋梁。这种学习方式对精神和肉体都是一种痛苦的折磨。梁实秋在《读书苦？读书乐？》一文中曾说,早年的孩子没尝过打手板的滋味的大概不太多,"小学教室讲台桌子抽屉里通常藏有戒尺一条,古所谓榎楚,也就是竹板一块,打在手掌上其声清脆,感觉是又热又辣又麻又疼"[①]。到了这个份上,全无了读书的乐趣了。

---

① 梁实秋:《读书苦？读书乐？》,《阅读的欣悦》,北京:中国人民大学出版社2004年版,第193页。

(5) 传统阅读兼有功利指向和社会责任的二重性

传统学子千辛万苦读书具有很强的功利性,科举制度为读书人提供了一条改变自己命运的出路,一旦通过科举考试,金榜题名,就意味着高官厚禄,荣华富贵,美女佳丽,因此才有了所谓"书中自有黄金屋,书中自有千钟粟,书中自有颜如玉"。当然,中国知识分子历来有"天下兴亡,匹夫有责"的责任感,读书要超越上述境界,达到修身养性的目的:"君子之学也,以美其身"、"腹有诗书气自华"。这还不够,读书最高尚的境界是要"修身、齐家、治国、平天下"。这样,传统读书的功利性和社会责任感达到了有机结合。

(6) 传统阅读是记忆导向的

自古至今,老师都要求学生对所读内容要熟读、背诵,因此读书人以能大段背诵、有背功为荣。梁实秋说,"念背打三部曲,是我们传统的教学法"。司马光说:"书不可不成诵,或在马上,或在终夜不寐时,咏其文,思其义,所得多矣"。苏轼说:"旧书不厌百回读,熟读深思子自知。"《大宅门》中少年时的白景琦,顽皮淘气,难以管教,但遇到了一位能武能文的老师。这位老师交给白景琦一本书,白景琦从任何一页翻起,他都能流利背诵,让这个不服管教的少年佩服得五体投地。传统阅读方式的典型代表是私塾式的教学、阅读方式。

2. 现代阅读方式的基本特征

传统阅读方式自然有其存在的合理性,成为中国传统阅读方式同时也成为中国传统教育方式的主流,但随着西方工业化、产业化和现代化进入中国,中国传统的教育方式和文化传播方式受到了冲击,人们的阅读方式也产生了巨大的变革,从传统阅读方式转变到现代阅读方式。这种阅读方式是现代化、产业化的伴生物,其主要特点是:

(1) 现代阅读是生产导向型的

现代阅读是与大工业的文化生产方式紧密相关的,因此它体现的是生产者主导。现代出版的一个理论基础是创作出版论。这一理论的首倡者日本出版家神机晴夫认为,现代出版是一个创作出版的过程。他认为,现代出版者要根据读者的需求,提出出版创意,再根据出版创意寻找合适的作者,告诉作者如何写作出适合读者需要的图书,和作者共同定稿,然后进行大规模的宣传推广,创造读者和需求。因此,出版者是创造者,作者要为出版者服务,根据生产者的意愿和需要来进行创作,所以它是生产者导向的。

(2) 现代阅读产品的提供方式是批量生产或大规模定制

现代阅读是建立在大工业的技术基础上的,因此它是以标准化、产业化和大规模生产为特征的。现代工业把最具创造性的和最具个性特征的文化,也纳入到现代大工业循环系统,使之成为现代工业的有机组成部分,就像法兰克福学派所批评的那样,"文化成了文化工业",它把各种各样的能体现到个性化特色的文化统一到定制化、模式化的操作中去,形成某种生产模式,它在把文化定制化、模式化的同时,也把文化彻底商业化了,把文化的差异性、独创性和自由个性泯灭了,从而创造出可量身定做、可机械复制和批量生产的文化运作模式,如电影中的"好莱坞模式",出版中的"兰登书屋模式"等等。因此,现代阅读是大众化的,一些畅销图书的销售量常常以百万计,这在传统社会是不可想象的,现代印刷技术为这种批量生产和大规模定制提供了现实的可能性。

(3) 现代阅读是一种基于内在需要的、以寻求知识和提高竞争能力为导向的活动

在现代化过程中,资本、市场等把一切都纳入残酷的竞争中,适者生存、优胜劣汰,是市场竞争的无情法则。这种法则把对个人能力的要求提高到空前重要的地位,提高到关乎个人能否生存以及生存质量的高度。为了能够在竞争中获胜,每个人必须不断学习,并通过学习改变自己的命运。因此,这种学习不需要头悬梁,也不需要锥刺股,已经不完全基于外在的逼迫,没有了往日的痛苦。学习成了内在的需要,成为人们生活和存在的状态。不断学习、追求新的知识、增强在社会中竞争的能力,成为现代阅读的内在驱动力。

(4) 现代阅读所提供的是理性化、系统化的知识系统

现代社会是建立在西方理性主义的基础上的,从培根、笛卡儿以来,理性主义一直居于西方思潮的主流和支配地位。理性主义的一个重要特点是强调知识的重要性,强调知识的完整性、系统性,强调自然和社会规律性,企求建立一种理性化的知识体系来认识和把握规律。它既有追根求底的形而上学传统,也有对各种体系进行综合的"体系化"倾向,因此它既要"掘井",又要"圈地"。建立在理性化基础上的现代科学及其掌握方式,即阅读和学习方式是立体化的,既有传统阅读那样的"深刻",也有后现代阅读那样的"广阔",它既强调纵向深入,也强调横向拓展。

(5) 现代阅读具有很强的功利色彩

尽管这种阅读是内在需要的,但这种"内在需要"是基于生存和竞争的压

力。因此,在现代社会,学习什么样的内容以及如何学习,都是为了获得更好的工作机会,为了在市场竞争中站稳脚跟。这从一个方面说明了为什么在我国20世纪90年代以后,即从我国确立社会主义市场经济体制目标以来,实用类图书如计算机、外语、管理和法律类图书持续受到市场的追捧,所占的市场份额不断上升。随着竞争的加剧,阅读的功利性趋势还会不断强化。

(6)现代阅读是存储式的

现代知识体系不断以几何级数迅速膨胀,在这种情况下如果再像过去那样要求背诵几乎是不可能的。知识的膨胀和爆炸,使得对知识的归纳、分析和整理,使知识条理化变得更为重要,因此,现代知识体系特别强调文献的归类、整理功夫,学者们以能够迅速找到文献的"出处"为荣,学术论文和著作以"旁征博引"为傲,以能够恰当引用大量的文献为评判质量高低的重要标准。

现代阅读方式在整个20世纪一直占居主导地位,但到了新世纪之交,随着网络技术的进步,一种新的阅读方式正在迅速崛起,并对整个社会产生强大的冲击,这种新的阅读方式就是后现代阅读方式。

二、后现代阅读欣赏方式的兴起

著名学者高宣扬在《后现代论》中指出:"作为一种表现时代精神的思想性范畴,'后现代'所要表达的是一种'不确定'、'模糊'、'偶然'、'不可捉摸'、'不可表达'、'不可设定'及'不可化约'的精神状态、思想模式、品位模式和事物状态。"[1]近年来现代网络技术的运用使传统阅读和现代阅读方式都发生了变化,人们的阅读方式具有了明显的后现代特征,标志着后现代阅读方式的兴起。与传统阅读和现代阅读相比,后现代阅读呈现出以下十大主要特征:

1. **后现代阅读是以读者为中心的阅读**

后现代所反映的是消费社会的特征,体现的是消费者主权的观念,这是一种个性化的、具有充分主体性的阅读方式。在后现代那里,要一切围绕读者或者消费者转,以消费者为中心,以满足读者的阅读需要为最高尺度:读者不再是单纯的被动者,作者要考虑读者的阅读口味和阅读兴趣,考虑如何才能吸引读者、满足读者;出版者也失去了中心地位,它要把满足读者的需要作为自身生存和发展的出发点。过去的作者中心或者出版者中心让位给读者中心,需求决定了供给。

---

[1] 高宣扬:《后现代论》,北京:中国人民大学出版社2005年版,第64页。

这是阅读领域的"哥白尼式革命",过去一切围绕着作者转,现在变成了一切围绕着读者转,读者成了同心圆的圆心。

2. 后现代阅读是一种感性的、享受的阅读

罗兰·巴特宣称,从文本中获取快感是阅读的至高境界,而接受美学则根本上否认文本的客观确定性,认为阅读是个召唤读者"填空"的过程。在后现代阅读者那里,人们注重的是当下的快乐,哪管天塌地陷,只管当下的享受。他们注重精神享受,但更看重物质的特别是肉体的享受,由此而衍生出一系列在各类排行榜上很叫座的图书:《第一次亲密接触》、《零距离接触》、《我的野蛮女友》、《天亮以后说分手》、《感谢折磨你的人》等等。与此同时也出现了木子美的《遗情书》、卫慧的《上海宝贝》等以描写感性(或者干脆就是性)的满足为主要内容的图书。"下半身写作"是一种典型的后现代写作方式,在其代表人物沈浩波等人看来,"所谓下半身写作,指的是一种诗歌写作的贴肉状态,就是你写的诗与你的肉体之间到底是一种什么样的关系?紧贴着的还是隔膜的?贴近肉体,呈现的将是一种带有原始、野蛮的本质力量的生命状态"①。他们所说的下半身写作,正是要"向身体无保留地回归,关注我们的肉身,关注我们的感官的最直接的感受,去掉遮蔽,去掉层层枷锁"②。所谓下半身写作,追求的是一种肉体的在场感。这意味着让人们的体验返回到本质的、原初的、动物性的肉体体验中去。他们反对理性,反对系统化的知识,"让所谓的头脑见鬼去吧,我们将回到肉体本身的颤动"是他们的宣言。在他们看来,"知识、文化、传统、诗意、抒情、哲理、思考、承担、使命、大师、经典、余味深长、回味无穷……这些属于上半身的词汇与艺术无关,这些文人词典里的东西与具备当下性的先锋诗歌无关,让他们去当文人吧,让他们去当知识分子吧,我们是艺术家,不是一回事"③。因此,感官的享受就成为后现代阅读欣赏方式的一个典型特征。

3. 后现代阅读是一种是非线性的、跳跃式的、破碎的阅读

在后现代者看来,世界是不确定的、无中心的、无等级秩序的。他们所醉心的是语言文字的操作游戏,全然不顾作品是否有意义,对传统和现代经典进行激烈的反叛:在叙事上,通常是"元叙述"或"元虚构",讲究文体内部的情节、语言

---

① 沈浩波:《下半身写作及反对上半身》,http://www.glwx.org/bbs/ShowAnnounce.asp?boardID=1&RootID=4132&ID=4208。
② 同上。
③ 同上。

因素互相颠覆,互相拆解,没有终极意义和深度结构,叙述的过程呈发散分布。它强有力地破坏了读者的阅读期待,拒不提供一个秩序井然、行为规范的整体化世界。它的叙述方式常常是不合逻辑的,因果链条是中断的,完全打乱了过去意义上的时空界限,由通常意义上的线性时间叙述转为立体空间化叙述。2005年出版的余世存所编的《非常道》的副题为"1840—1999的中国话语"。作者在后记中谈到该书的编写理念时说,孩子在学校里作文、表演,代圣人立言;类人孩则在社会上作文、表演,代主义和问题立言。但这种代言的心智作为效果并不大,他们站在现代文明社会的碎片上,知识的污染蒙蔽了他们,知识的碎片教唆了他们,也切割了他们,使他们彼此对立,无法交流、调和、妥协和共处。① 从阅读的角度来看,这本书完全打破了传统读物从前至后的内在连缀的线性阅读规则,而呈全方位开放的立体阅读方式,正如该书在网上宣传时的广告词:"风吹哪页读哪页",即你可以从任何一页读起而并不影响单位阅读的完整性,真正实现了随性阅读。它是对传统阅读方式以及现代阅读方式的颠覆、解构、破坏和毁灭。

4. 后现代阅读是海量的、浏览性的浅阅读

如果说传统阅读重在"深入",现代阅读既有"深刻",又有"广阔",那么后现代阅读有的仅是"广阔",缺少了深度。它对知识的掌握是浮光掠影式的、表面的、肤浅的,但却是海量的。现代搜索引擎技术的高度发达为这种阅读提供了便利,读者可以针对自身的阅读兴趣,从网上找到无数相关的文章,获得海量的信息。但读者对这类文章的阅读不是细嚼慢咽的、品味的,而是匆匆而过的、浏览式的。浅阅读是后现代阅读的重要特征,无论什么样的主题,大到宇宙星空,小到纳米微生物,国内国外、天灾人祸、饮食男女,只要你想得到的,作者都可以和你侃半小时,但也仅限于半小时,再多就招架不住了。因此,如何给读者提供他们想要的信息,吸引他们的眼球,就成了"注意力经济"的重要支撑点。

5. 后现代阅读是调侃的、消解(解构)的和颠覆传统的

后现代阅读藐视严肃的话题,调侃是其最擅长的语言表达方式。在后现代流行的是《大话西游》、《孙悟空是个好员工》、《水煮三国》、《诸葛亮日记》等等,后现代阅读要的是"戏说",追求的是"无厘头"。在后现代者看来,关公战秦琼是最符合逻辑的;刘邦不是开国皇帝,而是徐州一家电器公司的经理。后现代阅读者最欣赏的是《把梳子卖给和尚》、《把冰卖给爱斯基摩人》。后现代也是传统

---

① 参见余世存:《关于类人孩语》(《非常道》后记), http://www.freehead.com/thread-6523253-1-1.html.

的颠覆者,在后现代欣赏者那里,传统的东西是不受欢迎的,英雄主义的时代结束了,传统的"偶像"变成了"呕吐的对象"。新偶像是传统的叛逆者,比如韩国作家可爱陶的小说《那小子真帅》,其中的男主人公智银圣因其桀骜不驯的叛逆性格以及长相一流、富有的家庭成为无数少女疯狂崇拜的对象,成为天下独一无二的"King Card"(美少年)。作者巧妙地运用了现代中学生耳熟能详的道具,如发短信、手机联系、改校服裙、唱卡拉 OK 等让青少年读者会心一笑的情节,在少年少女中造成非凡响的效果,使之为之癫狂。如果说《那小子真帅》借助叛逆招来女孩的倾心爱慕,那么超级女生李宇春却以其性别中性或者"性别颠覆",引得无数少男少女为之癫狂。李宇春眉宇间显露的是一种现代男孩的表象特征,《李宇春,真帅》中的"帅"字就表达了这种性别倒错,不用美丽,不用漂亮,而用形容男人的"帅"字,意味深长。

6. 后现代阅读是多元化的、时尚的,充满着不确定性

"江山代有才女出,各领风骚三五月。"几年前的《格调》、《瑞利》、《时尚》等等之所以那么畅销和流行就是因为它们适应了后现代阅读者追求时尚、崇尚变化的阅读口味,适应了一些白领人士在不确定性中寻求快感的审美情趣。加拿大的禾林出版公司适应了这类读者趣味,出版了大量男女情爱时尚类图书,非常畅销,成为一个因适应后现代阅读方式而成长发展的案例。近些年,魔幻文学和恐怖小说等的流行,一方面显示了人们的猎奇心理,同时也昭示着人们企求追寻不确定性和变数的心态,位列世界各大销售榜前列的都是像《哈利·波特》、《天使与魔鬼》、《达·芬奇密码》、《鬼屋惊魂》、《耶稣裹尸布之迷》等等书名,形成了人类历史上最壮观的群魔乱舞的景象。这种现象实际上表现了大众对未来不确定性的一种虚幻解脱,是人类从内心深处对自身命运忧虑的表现。

7. 后现代阅读欣赏方式是我行我素、率性而为的

后现代欣赏方式完全打破了传统的审美模式。以传统阅读欣赏标准来看,我们无法理解为什么芙蓉姐姐那么火爆。有人认为"芙蓉姐姐获封之日,是中国后现代社会开始之时","后现代的无意义性在芙蓉姐姐的丰乳肥臀上绽放"[①]。笔者认为,芙蓉姐姐的火爆既有表达了后现代无意义性的一方面,同时它也表达了后现代对正统的消解。她是率性而为的,自我欣赏甚至是自恋的,她不管别人如何评判,我行我素。

---

① 王小波:《黄金时代》,北京:华夏出版社 1994 年版,第 202 页。

8. 后现代阅读是偷懒的、具有惰性的

近些年国内外在教材开发理念上有一个巨大的突破,就是要充分利用网络资源建立"教学资源库"或提供"学习包"。其基本思路就是为教师提供"一揽子"完全解决方案,把过去的所有教学内容如教材、教案、教学课件、练习题、试题库、案例库、文献库等等都在网上给教师提供。这些过去应该由老师来收集和提供的东西,需要花费老师很多心血才能取得的东西,出版者在网上都给予全面提供,教师现在所做的就是根据自己的教学特点把这些内容加以组装,或直接在课堂上讲授,甚至连试卷都能从网上下载。这种内容提供方式,让内容接收者在享受最多信息的同时,也把自身的惰性特征发挥到了极致。

9. 后现代阅读是趣味指向的

在这方面,王小波的观点最具有代表性,他旗帜鲜明地标榜自己追求有趣。他曾在多篇文章中谈到自己的写作目的就是提供有趣的作品,"我总觉得文学的使命就是制止整个社会变得无趣……"[①]他在《红拂夜奔》的序中说:"这本书里将要谈到的是有趣,其实每一本书都应该有趣。……但是不仅是我,大家都快要忘记有趣是什么了。""有趣"甚至成了王小波的人生信念,他说:"我对自己的要求很低:我活在世上,无非想要明白些道理,遇见些有趣的事。"有趣性的一个典型出版现象就是所谓出版"读图时代"的到来。这几年朱德庸漫画、几米漫画以及前几年的《蔡志忠漫画系列》、《老照片》系列的畅销,标志着出版业进入了一个"读图时代"。读图时代追求轻松有趣,它不求承载多少传统意义上的信息,而是对内容本位的颠覆:因为现代生活的节奏过于紧张,人们没有耐心去处理高深的文字,所以"图说"代替了"言说"。"读图时代"的出版物打破了视觉上的沉闷,漫画本身丰富多彩的内容和轻松幽默的风格,更加直观和形象,更加适应现代人的生活节奏和阅读取向。图画代替文字并渐渐成为主流是一个不可逆转的趋势。它体现了后现代文化对于知识的一种解构,也是后现代阅读和审美的一种要求。

10. 后现代阅读是交互的、互动的、对话式的

传统阅读和现代阅读都是单向度的,传播者和接受者界限分明。作者是传播源,读者是接受者,书报刊等是连接两者的传播媒介。在后现代,由于网络技术的应用,传播者和接受者、作者和读者通过网络这个媒介,可以在瞬间互换角

---

① 王小波:《黄金时代》,北京:华夏出版社 1994 年版,第 202 页。

色,读者可以变成作者,作者可以变成读者。他们的关系不再是单向的你传我受,而是在网络上进行交谈、互动、对话,并时时实现角色变换。这种互动、对话的方式已经影响到中学新课标的制定。教育部制订的《语文课程标准(实验稿)》提出了语文教学应在师生平等对话的过程中进行。阅读教学是学生、教师、教科书编者、文本之间的多重对话,是思想碰撞和心灵交流的动态过程。《普通高中语文课程标准(实验)》中提出了"发展独立阅读的能力","注重个性化的阅读,充分调动自己的生活经验和知识积累,在主动积极的思维和情感活动中,获得独特的感受和体验"①,等等。双向互动成了后现代阅读区别于传统阅读的一个重要特征,也是它最具魅力和优势的特征。

传统阅读推崇读万卷书,现代阅读推崇"读万卷书、行万里路",后现代阅读则要"一览无余"、"一网打尽",推崇的是"网行天下"。后现代阅读方式已经对现代出版产生了很大的冲击,并由此引发了所谓"出版危机",图书出版业内出现了世界性危机,欧美图书出版界增长乏力,呈现低增长甚至负增长态势,日本则连续多年图书出版不景气,甚至出现了所谓的"出版大崩溃"的悲观论调。我国图书出版业连续多年印刷册数止步不前,甚至出现下降,销售码洋、回款等等经济指标都不理想,形成所谓的"滞涨现象"。人们对这种现象给予了高度关注,对其原因进行了多角度的分析,莫衷一是,众说纷纭。但我认为,这种现象从本质上反映的不是阅读的危机,而是传统阅读和现代阅读方式的危机。我们要正视阅读方式的变化趋势,客观分析这种变化给出版业带来的积极和消极影响,推动传统出版向现代出版乃至后现代出版的转型。

三、阅读方式的变化与出版转型

我国社会现正处于三元结构并存的阶段。上述三种阅读形式与这种三元结构大体上有一种对应关系:传统阅读方式所体现的是农业社会的一些典型特征,现代阅读方式体现的是工业社会的典型特征,而后现代阅读体现的是信息社会特别是网络社会的典型特征,没有信息的高度发达,没有网络社会的兴起就不会形成后现代阅读方式。因此,当前我国现存的三种阅读欣赏方式——传统阅读、现代阅读和后现代阅读都有它存在的空间和理由。但从趋势上看,传统阅读方式的影响力正日趋式微,现代阅读方式处于主导和支配地位,而后现代阅读和欣

---

① 《普通高中语文课程标准(实验)》,北京:人民教育出版社 2003 年版,第 8 页。

赏方式对人们的影响却越来越大,甚至已经影响到人们的生活方式和思维方式,影响到社会生活的各个方面,也影响到了出版产业的发展走向,促进了现代出版向后现代网络出版的根本性转型,对此我们必须正视。

应该看到,后现代阅读欣赏方式包含了很多与社会主导价值观背道而驰的、对社会有一定负面效应的因素:它过分注重感性、注重享受,尤其是感官的快乐和享受,而不管这种感官的享受是否违反社会伦理,是否破坏社会正常的运行秩序,是否符合大众的利益,因此走向风格庸俗、道德低下。为迎合这种感官快乐,出版界出版了一批格调低下甚至带有淫秽内容的出版物,遭到了整个社会和广大人民群众的谴责。它的调侃风格,它对传统的消解和颠覆,它的随心而动和率性而为,它以追求个性、褒扬另类为时尚,在一定意义上也颠覆了正常的社会秩序,打乱了社会正常的审美评价标准。它的趣味指向和追求直观等特征,因过分追求"轻松阅读",在某种程度上导致了人们对内容的忽视,从而也弱化了出版的最基本功能——信息内容的提供、传播和服务,以至于出现了很多"注水书"。近些年出版的低俗之风有蔓延之势,不能不说与后现代阅读方式对人们的消极影响有关,这是我们在今后促进出版转型中所必须加以警惕和正确引导的问题,也是网络内容管理所要重点加以规范和治理的问题。

与此同时,我们也应该认识到,后现代阅读方式的形成有其深刻的社会、经济、文化和技术背景,它相对于传统以及现代阅读方式具有很多明显的优势,已经形成了不可逆转的态势,我们必须冷静分析、深入研究、因势利导、积极求变。

1. 我们必须改变过去的出版观念,树立"大出版"的理念

我们应该清醒地认识到,不管以什么形式表现出来,不管运用什么样的媒体传播,出版的本质并没有发生根本性的变化,它传播信息、传承文化、资政育人、服务社会的功能没有变化。在网络社会,我们已经不能把出版仅仅局限于过去传统的纸质出版物,网络传播也是出版的一种形式,那种认为随着网络的兴起,出版会终结或崩溃的论调是没有根据的。现代网络为出版提供了更广阔的发展空间和发展平台,同时也为后现代阅读方式提供了最适合的载体。

2. 后现代阅读实现了信息传播和出版功能上的革命

后现代阅读方式所追求的信息的海量性,读者、作者、出版者等等之间的互动性和角色的相互转换性,只有通过网络出版这种方式才能实现,这就使得网络出版在传播方式以及出版功能上也发生了革命性变革。网络出版把传统上彼此分离的作者、出版者、销售者、读者融为一体,使他们的角色随时可以互相转换,

从而彻底打破了原来意义上的纸质媒介的单向传导性,形成双向互动性。

3. 后现代阅读是传播上的时空突破,提升了出版影响力

现代网络出版的快速便捷性和海量存储性适应了后现代阅读的时尚性、多变性,这就使得出版既具有传统图书等的历史纵向延续性,也具有报纸、电视、广播等媒体的横向延展性,把时间上的历时性和空间上的延展性融为一体,突破了过去出版难以追踪当前热点和难以跨越国界的时空局限,使得阅读空间得到了极大拓展,阅读时间得到延伸,提升了出版的影响力。

4. 后现代阅读方式创造了新的赢利模式

后现代阅读方式改变了传统的商业运作模式。人们在网络环境下的浅阅读和阅读的随意性、跳跃性,催生了所谓的"注意力经济"模式,如何在最短的时间内吸引读者的眼球,提升作品的人气,就成为出版者(网络公司)能否生存和发展的关键。同时,由于网络出版在达到了某个水平后,边际成本几乎为零,因此网络出版充分体现了经济学上的"规模效应"。在网络环境下,一个出版企业可以立方倍数超高速增长,美国的亚马逊网站、中国的上海盛大网络发展有限公司等都是因应后现代阅读方式而生的新型出版企业,它们都是在短短几年内成为巨型企业,膨胀的速度令人瞠目。

5. 后现代阅读方式实现了以消费者为核心的出版理念

现代出版也强调客户导向,但因它与真正的客户(读者)之间有很多中间环节,因而它获得的客户信息是经过了很多环节的、常常是扭曲的。而网络出版的出版者、中介、读者、作者处于一个共同的平台上,这就扭转了传统出版以传者为主导的局面,使信息传送者和受众形成互动关系,双方的角色可以相互转化。网络出版的这一特点决定了个性化的贴身服务成为可能。由于ICP、ISP在技术上(如Board Vision软件)能够跟踪用户行为,因而可以根据用户的阅读历史、阅读喜好和习惯来为其定制专门的、个性化的"出版物",使以顾客为核心的营销理念有了实现的可能性。

第三章　数字传播与传统出版物

21世纪,全球信息传播进入了数字时代,数字传播逐渐向报纸、期刊、图书等传统出版物渗透,并带来巨大的影响。一方面,数字传播对传统出版物造成了冲击,动摇了其传统的优势地位;另一方面,传统出版物利用数字传播进行了全面的升级和改造。报纸、期刊、图书这三种主要的传统出版物在数字环境下受到哪些影响？数字传播对传统出版物的共同影响如何？数字环境下出版物的变化趋势有哪些？本章试图对这些问题加以分析。

第一节　数字传播对报纸的影响

作为传统出版物的一种重要形式,报纸在新闻的即时传播方面发挥了巨大的作用。自从1609年第一份报纸在德国诞生到现在,报纸已经走过了400年的历史。在传统出版物中,它在时效性和空间覆盖面两个方面占有绝对的优势。

数字传播技术为报纸带来的新的发展阶段,数字传播技术在报纸中的应用主要包括两个方面,一是数字传播技术在报纸业务中的应用,二是报纸与数字传播技术结合产生的电子报纸的发展。

一、数字传播技术在报纸中应用的历史回顾

1. 数字传播技术在报纸编辑业务中的应用

我国报纸出版对数字传播技术的应用主要包括两个阶段：

第一阶段是从20世纪80年代开始进入计算机时代。在这一阶段报社采用计算机编辑激光照排系统,印刷环节淘汰铅活字,编辑和记者逐步以计算机为工具,取代了手中的笔。

第二阶段是从20世纪90年代中期起开始进入计算机信息网络时代。在这一阶段，报社各部门组成计算机信息网络，综合新闻业务网的建立和运作成为报社的数字化平台，并且与外部的信息网络及互联网连接在一起，内容产品生产、传输的数字化达到更高的程度。

报纸业务中数字传播技术的具体应用包括：在印前（编排）环节，报社实现了新闻采编系统的一体化工作流程；在印刷环节，不少报业集团建立了数字化、自动化程度极高的印务中心；在发行环节，利用卫星技术打破纸媒体以往有限的地域传播限制，实现了国内多点、国际多点的出版印刷发行，有的报纸发行甚至已进入先进的按需印刷的卫星售报系统；报纸出版以光盘介质为产品形态，打破了纸介质的唯一产品形态；报社利用现代电信技术与读者、客户互动。[①]

2．数字传播技术在报纸中的应用——电子报纸的发展

电子报纸是报纸运用数字传播技术对自身进行升级改造后出现的新的出版物形态。美国国会图书馆目录对电子报纸的定义是"一种远程存取（remote access）的电脑文件型（computer file）报纸"。电子报纸具备两个要件：一是报纸，即要有固定出版周期和栏目结构等传统印刷报纸的特征；二是必须是远程可得的电脑文件系列，以互联网方式发行，通过电脑等设备阅读的连续出版物。[②] 由于关于数字化报纸的定义一直没有定论，本书使用这个关于电子报纸的定义。首先，这个定义规定了电子报纸的内容方面来源于传统媒体，同时内容以电脑文件的形式贮存，也就是说数字报纸内容本身也进行了数字化；其次，定义强调了报纸的最基本特征——连续发行；最后定义指明电子报纸以互联网为获得方式这一新型特征。

在20世纪中期，《芝加哥论坛报》、《纽约时报》、《迈阿密先驱报》等美国报纸曾以无线电广播的方式向数以万计的家庭传真机发送报纸，这是最早的电子报纸出版试验。传真报纸到1950年消失，电视的普及是主要原因之一。随后报界开始寻找以电子媒介把报纸传送到家庭和工作单位的新方式，即通过在线信息服务公司发行报纸电子版，在线信息服务是通过电话线或电缆把信息（包括新闻报道以及在线出版物的内容等）传送给计算机用户的交互式电子信息系统。到20世纪70年代后期，个人计算机有了重大发展，美国十几家新闻媒体在80年代开始把目光转向第一代个人计算机的用户，依靠计算机公司的技术支持

---

① 闵大洪：《中国数字报业大潮方兴未艾》，《市场报》2006年8月21日，第5版。
② 谢新洲：《电子出版技术》，北京：北京大学出版社2006年版，第83页。

以个人计算机的用户为主要读者对象自办电子报纸的出版试验,《沃斯堡明星—电讯报》创办的电子报纸《星文》即获得成功。①

随着互联网的诞生,世界上第一份联机报纸——可以自由进行文本检索的加拿大的《多伦多环球邮报》也在 1977 年出现了,中国的《杭州日报下午版》在 1993 年可以通过该市的联机服务网络——展望资讯网传送电子版,入网用户可以通过电脑调阅报纸的内容。1994 年《中国日报》开通了电子版,成为我国第一家全国性电子报纸。1995 年《中国贸易报》开始在互联网上发行,成为我国第一家联网发行的中文报纸。

数字传播技术给报纸带来了消极和积极影响,报纸在及时性强和覆盖面广这两个领域受到网络的极大冲击。报纸的各方面在数字化的过程中也发生巨大变化。

二、数字传播技术在报纸上应用的主要形态

数字报纸发展到现在,从出版物形态变化的方面来看,主要的发展方向有两个:一是报纸网络版,二是运用了电子纸技术的手持阅读器。

1. 报纸网络版

报纸网络版主要是指在互联网上以网页的形式呈现的报纸。它与传统出版物的区别在于,它不是以纸作为载体,而是以光波和电磁波作为载体。

报纸网络版是网络报纸在发展前期的主要形态,主要分为三个发展阶段:

第一阶段是单纯的报纸内容上网,即将报纸上的内容直接变成电子数据发布到互联网上。这一阶段重视的是报纸内容的数字化,最大的变化是读者可以通过网络查询到报纸的基本内容。

第二阶段是报纸将自己的品牌延伸至网站,主要是一些已经有品牌效应的大报率先启动这种报网互动的措施,传统报纸开始重视利用互联网的互动等功能,重点是开发纸质报纸所没有的功能,如与读者的即时互动等,但此类报纸的网络版大都以门户网站的形式出现,淡化了报纸本身的出版物特征。

第三阶段是现在主流报纸媒体的数字化方向,即在复制原来报纸特点基础上的数字化,特别是在保留报纸原有版式方面做了很多探索,同时又充分利用具有互动优势的数字报纸。现在,很多学者非常看好这种形态的报纸,将其视为完

---

① 林穗芳:《电子编辑和电子出版物:概念、起源和早期发展(下)》,《出版科学》2005 年第 5 期。

全独立的出版物形态。

这一代电子报纸的主要特点在于独立的出版物形态和对传统读者阅读习惯最大程度的适应。对传统报纸的阅读者来说,接受新媒体的门槛主要是阅读习惯的问题,而电子报纸几乎完整地呈现了纸质报纸的版式特点,不仅是在排版上几乎一样,包括检阅习惯、翻页动作都有明确而简单的指示,整体来看基本上在阅读习惯上满足了传统读者的需要。这种电子报纸可以最大程度地吸取传统报纸的优势,让读者感觉到这是一份完整的报纸,而不只是简单的信息内容集合,增强了电子报纸作为出版物自身的独立性。

综上所述,电子报纸已经是完整而独立的数字化报纸的出版物形态。

2. 电子纸

电子纸技术是对传统报纸在介质上进行替代的技术。电子纸是指像纸一样薄、可擦写的显示器,是专门用于阅读的电子装置。电子纸对比度较高、文字清晰、支持屏幕手写、耗电量是液晶显示器的1/10—1/100左右,并且能够轻轻弯曲。电子纸是可以接收各种数字报纸的平台,是可以加以无限利用的接收端,读者持有它便等于持有无尽的报纸资源。

20世纪70年代,Xerox的研究员最早提出了电子纸和电子墨的概念。1996年,美国麻省理工学院MIT贝尔实验室成功制造出电子纸的原型。2000年5月,美国E-Ink和朗讯科技公司正式宣布已成功开发出第一张可卷曲的电子纸和电子墨。2004年5月,菲利普和索尼共同推出了世界上第一本由"电子纸"装订而成的"电子书"。[1]

与报纸网络版不同,电子纸的发展从介质方面开始对传统报纸产生冲击。读者需要固定在电脑面前联网才能阅读报纸的网络版,与此相比,传统报纸具有"便携性"这一巨大的优势。电子纸技术的发展方向是全方位地替代"纸"这一传统出版物所依赖的介质,使报纸兼具印刷界面与电子界面的阅读特点。它的发展目标是具备纸质出版物的便携性、易读性,甚至是可折叠性,同时又具备数字报纸的大容量、及时性、可多次利用等特性以及联网功能。

现在电子纸在报纸产业中的运用主要是一些报社采用的利用电子纸技术生产的专用的手持阅览器。2006年荷兰飞利浦公司的iRex电子纸进入中国,解放日报报业集团和烟台日报报业集团先后与其合作,在报业电子纸的实际应用方

---

[1] 刘昕、贾彦金:《电子纸的应用与发展前景》,《今日印刷》2006年第6期。

面实现了首次突破。2006年8月,宁波日报报业集团也在国内成规模推出电子纸报纸——《宁波播报》。《宁波播报》采用的是iRex移动便携式电子阅读器,采用的传播载体和终端是荷兰iRex公司运用高亮度反射型电气泳动显示技术生产的电子纸。该技术能完整呈现印刷字迹,不发光,与阅读纸介质一样舒适;可以通过使用网卡、WIFI等实现随时随地的在线或离线阅读;运用HTML和PDF阅读格式,保持了报纸的形态;内容可随时更新,并可进行便捷查询。

数字报纸不同于过去的单纯电子版产品,它能够提供更多的服务项目与受众互动,使得来自受众层面的信息反馈能够进入数字报纸的制作流程。对于已经上线的数字报纸来说,阅读率和用户体验等数据可以很快收集,这些信息可以作为下一出版循环的新闻源。

由于手持阅读器还是体积过大,显示器的舒适度受限,而且在物理形态上和纸张有很大区别,所以电子纸技术不断吸取纸张在物理形态上的优点,并朝着真正的纸张方向发展。首先,电子纸的厚度正在无限与纸张接近,并且可任意弯曲折叠,有良好的柔韧性,便于用户折叠携带。其次,电子纸在对比度方面与纸张接近,不断提高分辨率。最后,在刷新屏幕内容时才用电,断电时保持显示可以最大程度上解决阅读供电问题。

三、数字传播技术对传统报纸的主要影响

1. 数字传播技术对传统报纸的冲击

在数字传播技术催生出的新媒体的力量日益壮大的今天,报纸在各方面都受到了较大的影响,主要体现在报纸广告份额的下滑、发行费用的相对提高以及青年读者群的流失这几个关键问题上。

(1) 广告份额的下滑

首先,网络广告在迅速成长。报纸的主要收入来源是广告,特别是对商业报纸来说,发行早已不能成为收入的主要来源,其目的基本上是扩大报纸的知名度,从而吸引更多的广告投资。随着网络媒体的介入,广告商有了更多的选择,在投放广告的时候也更加理性和科学,越来越多的广告商把有限的广告投入了网络这一平台上。根据CANA数据,2007年全国广告经营额为1887亿元,较上年增长20.1%,2008年总体市场规模为2201亿元,增速有所放缓,达到16.6%。2009年规模增至2515亿元人民币左右。2008年底,网络广告营销(包含搜索引擎在内)在中国广告市场所占比例已达到7.7%,2009年底这一比例增至

12.5%左右。①

与之形成对比的是报纸的广告额。有数据显示,虽然报纸的广告额曾在过去的20年内保持了年均30%的增长,但自2003年起,报纸的广告额增长率下降到了24%,2004年下降到了18%,2005年下降到6.6%,报纸的广告额增幅在20年里第一次低于GDP的增长幅度,GDP的增长对平面媒体广告的增长并没有起到明显的拉动作用,广告增长率继续低于经济增长率水平。②

其次,网民对网络媒体广告的接受程度有所提升。网络常年来被诟病的一个关键之处在于其自身的公信力,而随着网络越来越多地介入人们的生活,网民对网络媒体的接受程度有所提高,如表3-1所示:

表3-1 第19次中国互联网络发展状况统计调查网民对各种媒体广告的信任程度③

	非常信任	比较信任	一般	比较不信任	很不信任
电视广告	7.7%	33.2%	38.4%	12.3%	8.4%
广播广告	7.9%	19.8%	40.7%	17.8%	13.8%
报纸/杂志广告	2.9%	24.4%	51.5%	16.6%	4.6%
网络广告	7.9%	22.7%	45.3%	18.3%	5.8%
户外广告	8.5%	20.2%	41.3%	19.9%	10.1%

通过这个表格可以看出,在"非常信任"一项的数据比较中,网络广告比报纸/杂志广告高了5个百分点;在"比较信任"和"一般"选项中报纸/杂志广告略高,在"比较不信任"和"很不信任"选项中网络广告略高。可以看出,报纸和杂志广告作为传统的平面广告还是占据一定的优势,但优势已不太明显,特别在"非常信任"一项上大幅落后于网络广告。作为后起之秀的网络广告的成长速度非常之快。

（2）生产发行成本的相对增加

如上所述,广告是报纸的生命线,而广告的来源与报纸的影响力有直接的关系。作为媒体,体现影响力的重要指标之一便是发行量。但是在"厚报"、"大报"逐渐成为主流趋势的现在,报纸的生产成本远远高于标价,若无限制地扩大销量而得不到应有的广告补偿,其实是亏本的。而更重要的问题在于,比起新媒

---

① 转引自邓敏:《中国网络广告的现状分析》,《商场现代化》2010年8月上。
② 吴海民:《中国媒体面临大变局——报业的未来走势和京华时报的战略选择》,《今传媒》2005年第12期。
③ 中国互联网络信息中心:《中国互联网络发展状况统计报告》,2007年1月。

体的"无发行"成本,报纸的发行成本在无形中就处于劣势,仓储、货运、渠道都需要大量的人力和物力,是报纸相当大的成本支出。

(3) 年轻读者的大量流失

截至2010年6月,中国网民规模达到4.2亿,互联网普及率攀升至31.8%,宽带网民规模为36381万,使用电脑上网的群体中宽带普及率已经达到98.1%。我国手机网民规模达2.77亿,其中只使用手机上网的网民占整体网民的比例提升至11.7%。中国已成为世界上网民最多的国家,形成了最大的网络用户群体。①

根据《中国互联网络发展状况统计报告(2010/7)》发布的数据,网民的年龄结构为:10—19岁的占29.9%,20—29岁的占28.1%,两者之和占58%。不仅如此,从上网时间看,2010年上半年,我国网民平均上网时长继续增加,周平均上网时长达到19.8个小时,比2009年下半年平均增加1.1个小时。②

传统报纸现阶段面临的最大的问题,就是自身读者群的年龄老化问题,年轻的读者花在阅读报纸上的时间越来越少,而花在新媒体上的时间越来越多。尼尔森互联网研究2005年6月发布的最新报告显示,大约有五分之一的美国网络用户更倾向于阅读报纸的网络版,而不是传统的印刷版报纸。如何适应年轻读者群的媒体关注习惯,是报纸需要关注的重大问题。

2. 数字传播技术对报纸的积极影响

(1) 出版物由静态变为动态——同步更新

众所周知,时效性是报纸的生命线,报纸与其他传统媒体相比最大的优势便是能在第一时间把消息传递给受众。但当网络媒体出现之后,随时在线更新的网络媒体抢去了报纸在时效性方面的优势,例如在"9·11"事件发生时,新浪网新闻频道的报道只延迟了8分钟,而新华社的报道比新浪网晚了数小时,其他的平面媒体受到固定出版周期的制约,只能在第二天的报纸上登出新闻。

传统出版物都是以静止和完成的状态和受众见面的,而数字传播技术让传统出版物也能随时在线更新。在所有出版物中,这一意义对报纸是最重大的。报纸可以利用自己的网络版,随时随地发布最新的消息,特别是突发消息。这对于报纸在网络时代巩固自身的媒体地位是大有好处的。由于国内现在的报纸网络版大都没有做成自身的品牌,网民更习惯去各大门户网站获取关于突发性事

---

① 中国互联网络信息中心:《中国互联网络发展状况统计报告》,2010年7月。
② 同上。

件的消息。同时,现在大多数报纸的网络版和报纸处于分离状态,互动性较弱,新闻资源不能有效地在网站上被深度利用,有些网站还停留在商业网站的建设阶段,没有把自己的报纸网络版发展为与纸质媒体重量相等的独立出版物。所以,一方面,报纸应该利用数字化技术,显示时效性,另一方面,报纸应该继续基于自身的品牌来打造网络版。只有这样,才能在网络世界中保持自己的位置,与纸质报纸一道变成吸引读者的两块阵营,一起建设自己的报纸品牌。

(2) 出版物信息量无限增加

尽管当代的商业报纸向大报厚报发展的趋势明显,但由于纸质报纸受篇幅所限,同时发行量受成本所限,信息量始终是有限的。数字传播技术的出现使得报纸的信息量呈爆发式增长,可以通过超链接等形式扩大自身的信息量。

以《纽约时报》的网络版为例,该报在保持版式不变的情况下,通过赋予原文中新闻名词、新闻人物等关键词以超链接,可以使读者在新打开的网页中看到对此关键词的简要介绍,并以此关键词为核心,列出所有《纽约时报》涉及此关键词的报道。在传统的报道中报纸是通过提供新闻背景或者人物简介达到丰富新闻信息量的效果的,而通过这种互联网的链接方式,读者可以获取更多、更详尽,甚至可是说是无限的信息量。同时,报纸通过这种超链接的方式对自己曾经做过的报道进行了再次利用,使这些已经发表的报道围绕关键词形成了一个可查询的数据库。这种方式也加强了报道的深度,从更广阔的视角让读者了解事件的来龙去脉。比起深度新闻报道受版面限制的尴尬,这种超链接的形式很好地解决了版面紧张与资源无限的矛盾关系的问题。

(3) 拥有更加广泛的受众

传统报纸可以通过应用数字化技术挽回流失的青年读者。一方面,这部分青年读者在互联网时代已经养成了在网上浏览新闻获取信息的习惯;另一方面,他们对于传统报纸所建立起来的品牌有一定的认知度,而之所以不选择传统报纸是由于不便利、难以获取等客观因素,如果传统报纸能够在网上开辟一块自己的空间,那么这些已经流失的读者会通过访问报纸的网络版来获取必要的信息。

对于那些有特定信息需求的受众,报纸可以通过对自己新闻内容的再加工,以定制的方式向他们发送信息。这项业务已经成为很多专业性报纸为其会员提供的服务。比如《纽约时报》注册会员可以免费订阅新闻信,包括每天的简明新闻和每周一次的专题信息、每两周一次的国际时事特稿等。

由于网络在地理上的无限延伸性,报纸网络版使报纸的覆盖率达到了前所未有的高度,任何一份互联网报纸都是全球性的。这使很多过去由于种种条件限制难以获得报纸印刷版的受众也成为了报纸网络版的读者,从而扩大了报纸的影响,也集合了更广大范围内的受众。

(4) 互动性与新闻源

互动性是当下最被重视的媒体功能之一,报纸的网络版可以通过多种途径有效地实现互动,并从中获取有效的信息和新闻来源。

首先,在数字时代,普通社会个体已经成为移动的新闻源。这一点在突发新闻事件中表现得非常明显。突发事件尤其是灾难性事件往往稍纵即逝,难以提前做好报道准备。对于新闻媒体而言,从获得信息再到记者到达现场需要一定时间,而在现场的事件亲历者可以通过数码相机、数码摄像机、笔记本电脑等设备和技术帮助传统媒体在第一时间获得新闻线索。在"9·11"事件和伦敦地铁爆炸案中,现场目击的群众在网上发表的信息都成为了最直接的新闻源。

其次,博客的设立可以为报纸提供常规的新闻线索。现在,很多报纸特别是大报的网络版已经开始为受众提供博客服务,从而吸引对报纸本身感兴趣的受众,使这些受众的博客成为新闻源。报纸博客中的信息与报纸的相关程度较高,为记者提供了一个取之不尽用之不竭的资源库。在网络条件下,记者能够通过博客等发现新闻线索,再进行深入挖掘和采访。①

再次,受众在报纸网络版社区讨论中的言论可以反映出当下的社会热点。传统媒体在议程设置方面有着自身特殊的作用,但随着时代的发展,人们获取信息的途径越来越多,受众的关注点不完全是由媒体决定的,现在除了媒体报道后形成的社会讨论热点外,还出现了大量由受众关注形成的热点。记者可以通过报纸的社区讨论观测这些热点,在把握受众需求的前提下深入挖掘讨论的新闻价值,从而形成新的新闻报道模式。

受网络媒体和金融危机的双重冲击,传统报纸陷入了空前的困境,很多报纸纷纷申请破产保护,其中不乏像《落基山新闻》这样历史悠久、影响很大的报纸。2008年12月中旬,美国第二大报业集团、拥有两大名报《芝加哥论坛报》和《洛杉矶时报》的美国论坛报业集团正式宣布申请破产保护,成为网络普及以来首家申请破产的美国报业巨擘,这一事件让世界报业为之震惊。2010年9月,纽约时报公司董事长小亚瑟·苏兹伯格(Arthur Sulzberger)表示,《纽约时报》将停

---

① 金燕博:《论博客作为新闻源的开发与利用》,《新闻爱好者》2007年第6期。

止推出印刷版,主要通过网络版来吸引读者和拓展营收来源。

综上所述,在数字传播技术的影响下,报纸的发展遇到了空前的挑战。传统报纸和数字化报纸都具有自己的优势,现在报纸的发展趋势是在数字化过程中最大程度地融入传统报纸的优点,比如还原纸质报纸版面的传统阅读体验的尝试、在接受终端上找到与纸质载体最大限度地接近的数字载体等,都是在不断结合两者的优点,从而在数字时代给读者提供兼有传统报纸和数字化报纸优点的全新阅读体验。

第二节 数字传播技术对期刊的影响

一、数字传播技术在期刊中应用的历史回顾

1. 数字传播技术在期刊编辑业务中的应用

20世纪50年代,期刊的编辑开始利用电子技术。除了记者和编辑利用计算机和网络进行图文处理和传递之外,摄影师也开始在微机上处理相片,美术师利用图形软件创作艺术作品和广告,各类绘图应用软件的使用以及硬件设备的更新,为确保插图质量创造了很好的条件,排版则可以采用精密的生产系统整理出完美的版面。计算机技术的普及和应用促进了期刊编辑工作的现代化,编辑人员面对的信息载体、传播手段和方式更为复杂多样。计算机技术已经发展到了日新月异的地步,硬件的不断更新和软件的升级换代,给期刊工作注入了新的活力。期刊的编辑与排版及日常管理工作都在电脑的参与下方便快捷地完成。

2. 数字传播技术在期刊中的应用——电子期刊的发展

电子期刊主要是指以数字形式存储在光、磁等储存器上并通过本地或远程阅读的机读型连续出版物。① 《化学题录》电子版是第一种用计算机编辑出版的电子期刊,它主要是以提供近期发表的化学文献篇名和检索途径为主的新型期刊,最初以磁带为载体出版,后来通过多种方式出版发行。这既是世界最早的电子出版物,也是持续出版时间最长的电子出版物之一。②

随着技术的发展,一些发达国家逐步采用计算机来储存和检索期刊文献,如DIALOG、BRS等数据服务商开始以秒计费为用户提供检索,其内容包括书目、数

---

① 谢新洲:《电子出版技术》,北京:北京大学出版社2006年版。
② 林穗芳:《电子编辑和电子出版物:概念、起源和早期发展(中)》,《出版科学》2005年第4期。

据以及期刊全文资料,这就是联机电子期刊,即第一代电子期刊。

第二代电子期刊叫做单机型电子期刊,或者叫光盘版电子期刊,是一种将信息内容存储在磁盘、光盘等载体上并直接提供给用户借助单机使用的电子期刊,主要是传统出版社在出版纸质期刊之外再将期刊内容以光盘的形式出版,如《中国学术期刊(光盘版)》、《中国化学文献数据库》等。

第三代电子期刊即网络型电子期刊。网络型电子期刊突破了传统印刷型期刊的框架,可以说,网络型电子期刊是真正意义上的数字期刊。世界上第一份网络型电子期刊是1991年9月由美国科学促进会(AAAS)和联机计算机图书馆中心(OCLC)共同开发的《最新临床实践联机杂志》。中国第一份网络型电子期刊是创刊于1995年1月12日的《神州学人》杂志。[①]

二、数字传播技术在期刊上应用的主要形态

本文着重讨论的电子期刊主要是第三代电子期刊。网络型电子期刊,也称"互联网期刊",主要是指期刊以数字化的方式在互联网上的出版,其核心是"互联网",包括传统期刊的数字化和纯电子杂志。

1. 传统期刊的数字化

(1) 传统大众期刊的数字化

这一类型的电子期刊即传统期刊的网络版,主要集中在大众期刊领域,代表如《VOGUE服饰与美容》、《时尚》、《瑞丽》等期刊的网络版。期刊的网络版是数字传播技术对传统出版物在形态上的初步影响,期刊可以将内容和图片移植到网络上进行发行。但是由于杂志的读者群有限,品牌效应明显,价格普遍偏高,特别是时尚类杂志,如果同时提供纸质版和网络版,读者更倾向于获取免费版的网络杂志。一方面,完全复制纸质版的网络版杂志会使纸质读者流失,另一方面,网络广告还未成长到可以和平面广告抗衡的程度。所以这类大众期刊多数都采用在网上展示纸质版的内容精要,以不断更新的内容增强读者阅读其纸质期刊的吸引力。

(2) 期刊数据库

这一类型的电子期刊数据库主要是学术期刊。在我国,这种学术期刊的数字化群主要是由清华同方知网、万方数字化期刊系统、维普资讯网以及龙源期刊

---

① 谢新洲:《电子出版技术》,北京:北京大学出版社2006年版,第68页。

网所构成的学术期刊网络出版的平台。这一平台主要以这四家数字出版商为技术支持,与国内九千多种期刊、数千家期刊社进行合作而实现传统期刊的资源增值服务。

其中,清华同方知网的中国学术期刊数据库是我国的第一个全文数据库。起初其主要是以光盘载体形式出版,20世纪90年代中期随着互联网技术的应用和普及,数据库转向网络发展,实现数字化,并通过网上包库、设置镜像站点、发行光盘制品和流量计费等多种形式向用户提供信息服务。在新闻出版总署公布的9584种正式期刊中,数据库已经收录出版7638种(不含科普类和年鉴类),全文文献总量达2760多万,最早回溯年代1887年,年文献下载量达12亿篇,最终用户2600万,可以说是我国期刊数据库建设的主要力量之一。[①]

2. 纯电子杂志

纯电子杂志也叫做多媒体期刊的互联网出版,这种期刊没有任何印刷版的原型,是创办者以网络传播技术为基础所创办的,完全脱离纸质媒体的电子杂志。这类杂志的代表有POCO平台打造的原创杂志《PocoZine》、万众传媒发行的《V-magazine》。很多专家认为这种杂志才能真正被称作"电子杂志",因为这种电子杂志在内容上独立制作,并充分运用了多媒体技术将文字、图片、Flash动画、音频、视频及3D特效等融为一体,互动性很强,并且完全通过互联网发行。综合来看,纯电子杂志主要是指数字传播技术将声音、图像、动画、视频等表现手段融为一体,完全通过互联网发行的数字化杂志。

(1) 纯电子杂志的发展历程

我国电子杂志最初起步于上世纪90年代末。索易于1997年3月开始发行电子杂志,而博大则于1999年1月建立了我国最早的电子杂志发行平台,但终因市场规模和赢利模式的不成熟而成为中国电子杂志行业的"先驱者"。2002年,Xplus(智通)与中央广播电台合作开发的《风格癖》成为第一本现代意义上的电子杂志,第一次让多媒体形式成为网络杂志的核心。2005年南方网推出的《物志Zine》,正式拉开了传统媒体自办电子杂志的序幕。

(2) 纯电子杂志的发展环境

艾瑞与新闻出版总署于2006年共同发布了《中国网络杂志出版业调查报

---

① 郝振省:《2005—2006中国数字出版产业年度报告》,北京:中国书籍出版社2007年版。

告》，根据报告的定义，其调查的网络杂志是指以视频、音频、图片与文字等多元素的重复组合，强调互动性和多媒体并利用 P2P 平台传播的第三代电子杂志。报告数据表明，2006 年中国互联网用户数达到 1.3 亿，其中网络杂志用户规模为 4000 万，占网民总数的 30%，相比 2005 年大幅度增大。在网络杂志广告市场方面，2006 年中国网络杂志广告市场规模达到 0.9 亿元，占整个中国网络广告市场规模近 2% 的市场份额。据估计，2008 年市场规模将达到 2 亿元。在随后的几年，市场逐步稳定后这个增长速度趋缓，到 2010 年中国网络杂志广告市场规模将扩大至 10.6 亿元。[①]

三、数字传播技术对传统期刊的主要影响

1. 数字传播技术对传统期刊的冲击

2004 年期刊广告总经营额出现十几年来的首次下滑，中国期刊广告总经营额从 2003 年的 24.38 亿元下跌为 2004 年的 20.3 亿元。[②] 由于期刊广告所占份额在各类媒体中偏小，这一下降已经对其造成了明显影响。同时期刊广告版面扩张速度高于广告收入的增长速度，也意味着期刊广告实际收入在下降。由于期刊受到网络等新兴媒体的冲击，随之而来的期刊广告市场也必然受到这些领域的影响。

在我国，期刊收入除了广告之外还有发行量收入，可以说，我国靠发行量收入维持期刊运作的比率远远高于发达国家。据统计，我国期刊从 2000 年到 2009 年这 10 年内，期刊平均起印数由 21544 万册下降到 16457 万册，降幅为 23.6%。这也从一个侧面反映出期刊业的发展趋于缓慢。

2. 数字传播技术对期刊的积极影响

数字传播技术对期刊的积极影响主要表现在两方面：一方面，可以通过数字传播技术从更深的层次上对期刊进行整合，利用互联网发挥其个体之间的联系，从而使期刊价值更大化；另一方面，可以利用数字传播技术实现期刊的无限细分，从而使期刊能够更好地把握受众。

在数字化进程中，期刊的情况比较复杂，主要是由于数字传播技术对其不同阶段有不同的影响，也在不同程度上改变着期刊的各个方面。这里从上文提出的期刊两种数字化形态来具体分析数字传播技术对期刊的不同影响。

---

① 艾瑞市场咨询有限公司：《2006 中国网络杂志出版业调查报告》2006 年。
② 计亚男：《期刊广告经营额下滑》，《光明日报》2005 年 8 月 19 日。

（1）传统期刊数字化对期刊的影响

由于互联网的传播范围广、覆盖率高，对于普通的综合性杂志来说，其网络版可以扩大其纸质期刊的品牌传播，这种影响远远超过零售和订阅两种模式下的期刊品牌传播。在互联网上，利用关键词的搜索技术可以使得期刊出版的文章在网上的点击数不断增加，影响力不断扩大，更多人可以通过点击或下载的期刊的单篇或多篇文章，了解到具体登载这些文章的期刊，从而扩大了纸质期刊的影响。国际期刊联盟2005年5月推出的一份名为《消费类期刊网上成功之路》的调查报告中显示：在调查的71家期刊类网站中，受众群比原先印刷媒体的受众群扩展了84%，其中新读者占81%，尤其以年轻读者为多；这些网站中的54%赢利，18%持平，17%亏损，这一经济效益状况，与该联盟2003年做过的此类调查取得的结果——28%赢利，38%亏损相比，已出现明显上升的转机。[①]

"整合"是传统期刊互联网出版模式的关键词，这种出版模式利用数字传播技术提供集成平台而形成传统期刊所不具有的集合效应。这一点对于学术期刊来说尤其重要，期刊数据库通过数据库技术和超文本链接、关联检索、全文检索等技术手段，建立不同刊次内容信息之间的关联，打破了传统期刊内容相对独立、缺乏联系的状态，这种信息内容的整合为用户查找和利用信息提供了极大的便利。尤其是部分数字图书库已经实现了引文的超链接的功能，这可以在更广阔的平台上促使信息的流通和学术的进步。[②]

传统期刊进行数字化后进一步建设成为电子期刊群数据库，电子期刊群可以向用户提供全面的服务。电子期刊的服务主要包括：信息导航服务、文献索引和数据库服务、电子期刊服务和网络文献传递服务。[③]

信息导航服务、文献索引和数据库服务基本上是提供用户查询基本信息的服务，主要提供数据库中期刊篇名、作者、来源、文摘等信息进行资源的索引和查询。电子期刊服务和网络文献传递是为用户提供获取文章的服务，前者主要是通过浏览数据库的已有资源而在特定的数据库进行下载，后者主要是指通过网络向全球用户提供各种原始文献的传递服务，可以通过电子邮件、传真、邮寄、联机下载等多种方式，这是电子期刊服务的主要发展方向。从这个意义上来说，用户可以自由选择终端，通过一定的付费系统即可阅览和保存最新的期刊全文，这

[①] 张伯海：《期刊如何迎接数字出版时代》，《出版发行研究》2005年第8期。
[②] 谢新洲：《电子出版技术》，北京：北京大学出版社2006年版，第71页。
[③] 陆静、郭依群：《网络环境下期刊的四层服务格局》，《图书馆理论与实践》2000年第1期。

在一定程度上直接冲击了纸质期刊的地位，影响到纸质期刊的订阅。

对于学术期刊来说，很多人需要在同一时间查询同样的信息，传统期刊在特定的时间段内只能提供给一个用户浏览和使用，而电子期刊彻底解决了这个问题，只要登入数据库联机查询，即可下载期刊文章到自己的使用终端，理论上来说可以提供所有人在同一时间使用期刊，这使得期刊的利用率大大提高。

（2）纯电子期刊对传统期刊的影响

第一，降低期刊的生产发行成本。纯电子期刊主要集中在生活、娱乐、时尚这几个领域，这几种期刊在内容方面的要求使得期刊具有多图片集成、高质量印刷等特点，成本也相对提高，虽然有巨额的广告投入，但还是属于期刊中偏贵的类型，能够购买的读者有限。通过数字传播技术的应用使得更多的读者可以通过免费浏览和下载接触到这种类型的杂志，如2005年以POCO平台推出的中国首本正版音乐杂志，其下载量就近300万。

在发行方面，纯电子期刊可以摆脱传统期刊受制于邮局的发行网络的现状，采用P2P技术进行发送，P2P的特点是下载的人越多，速度越快，使文件分发成本趋近于零。用户只要下载一款客户端软件，就可以从纯电子期刊平台运营商那里获取自己订阅的杂志，几十万份杂志几分钟就可发送完毕。期刊的运营商提供内容的平台使得所有数字化的内容都可以通过这些平台来发行，可以通过互联网准确、经济地将刊物传递到读者手中。客户接收期刊的终端设备丰富，例如电脑、手机、掌上电脑、交互式网络电视等都可以作为终端，进入该平台。纯电子期刊利用互联网将发行成本降到了最低。

第二，突破平面形式的限制，表现形式多样化。比起传统的纸质期刊，纯电子期刊最大的特点就是表现形式的多样化，可利用的技术手段有了革命性的突破。传统杂志主要是依靠文字和图片为主要的表现手段，而多媒体期刊可以以文字、图片、动画、音频、视频、3D等多媒体信息为表现手段，将传统意义上的非平面媒体的优点移植到平面媒体上，如音频、视频等电视媒体的优点，这些优点恰恰是更具有表现力的手段。

一方面，期刊利用数字传播技术使表现形式更为丰富，另一方面，期刊的生命线——广告，也在表现方式上随之有了更大的改进，这也就是所谓的"富媒体广告"。国内将富媒体广告定义为：能达到2D及3D的视频、音频、JAVA等具有复杂视觉效果和交互功能效果的网络广告形式。国外定义为：区别于传统广告的一种数字广告形式，其特点是互动性强、包含大量信息、引人入胜，并且遵守由

IAB 制定的网络广告条例，要求宽带支持的新媒体广告。① 富媒体广告具有多媒体的特性，以丰富的多媒体元素如视频、声音等展示内容，充分地利用动画、视频、音频等各种手段制作出比印刷型期刊效果更加生动的多媒体广告。这种广告不仅能激发用户点击，增加网友与广告的接触度，同时还通过数字手段实现了网友参与广告，比如在广告中设置互动小游戏等，从而达到宣传的效果。近年来，随着网络广告在技术、创意和界面友好性上的不断改善，网民们也越来越能够接受网络广告。

同时，数字传播技术还使得传统期刊可以和数字期刊实现转换，如 XPLUS 的 Zmaker 技术和期刊导航网的 Pagemaker 技术都能够实现传统期刊的一键式转换，并可任意加入 Flash 动画和音频、视频内容，这也大大降低了数字期刊制作的门槛。

第三，超越传统杂志的"分众传播"，实现"精确传播"。期刊是建立在受众细分基础上的出版物形式，对比其他形式的传统出版物来说，期刊在受众细分方面有其独特的优势。期刊内容的受众也成为期刊广告的目标人群，受众细分是期刊的生命线。在数字传播手段出现之后，细分这一期刊的优势被无限地扩大了。虽然说传统期刊基本都实现了受众细分，但是由于成本等因素的限制，期刊细分的程度有限，一般只能实现"分众传播"，而纯电子期刊可以通过数字手段达到"精确传播"的程度。

首先，办一份精确定位的纯电子杂志比办一份传统杂志的成本小，电子杂志可以通过技术手段向特定受众传播信息，比如可以针对人群的某种特殊兴趣开发特定的杂志，如《钓鱼》这种受众较集中但规模不大的杂志。如果是传统的出版物，势必要考虑此类小众杂志的受众人群和制作成本的问题，但电子杂志就基本上可以忽略这个问题。这种电子杂志等同于会员制的传播方式，即根据消费者的特定需求进行内容资源的整合，从而吸引特定的广告商。综合来说，电子杂志上的广告多是专向性较强的分众化产品，其中多以高精尖端的产品为主，与当前广告细化目标群体的趋势相符。随着技术的进步，现在广告商甚至可以成为电子杂志的引导方，广告商提供杂志来吸引他们需要的顾客，如在国内，IBM 就已开始了利用电子杂志进行市场营销的尝试，IBM 与电子杂志发行平台 VIKA 合作，推出宣传 IBM 易捷系列产品的电子杂志《易捷》及其客户端。通过《易

---

① 张丹易：《数字杂志形式大于内容》，《每周电脑报》2006 年 6 月 12 日，第 11 版。

捷》，用户可以了解到 IBM 为其挑选的中小企业发展观点、新闻、案例、技术和业务培训。通过《易捷》，用户可以更全面、深入地了解其系列的解决方案。IBM 率先在商业用户中推广电子杂志，也开创了国内电子杂志面对专业分众用户进行定向营销的先河。①

其次，纯电子期刊对于客户数据的反馈也大大优于传统杂志。电子期刊可以自动追踪用户行为，便于对统计广告效果的一系列指标进行监测。这项技术使得广告投放进入精准阶段。一方面，用户的年龄、收入、性别、所处的地理位置的基本数据可以进行统计；另一方面，杂志的下载量、阅读率、平均阅读时间、广告停留时间、单位点击率也可以进行统计。即使用户将杂志下载后再进行离线阅读，该用户的阅读记录也还会存在阅读器的软件里面，等到他下次上网时，这些数据就会发回到杂志平台的服务器上。这样，期刊就可以回馈给广告主一个非常精准、详细的用户行为分析。通过后台的数字分析，根据不同的用户，就可以发行不同的广告。

第四，平台化效应与 Web2.0 理念的体现。Web2.0 是相对 Web1.0 的新一类互联网应用的统称。它更注重用户的交互作用，用户既是网站内容的消费者（浏览者），也是网站内容的制造者。Web2.0 是在 Web1.0 的服务基础上，将互联网用户从信息接受者转变成信息制造者和传播者，从受众转变成主体，从单个个体转向社群的新型互联网服务模式。在这种情况下，为用户提供优秀的发布平台、便捷的沟通和展示平台、顺畅的进入和退出机制、高效的信息整合机制变得与提供高质量信息一样重要，甚至更加重要。②

纯电子期刊在众多数字出版物中是最能体现 Web2.0 的交互理念的。因为纯电子期刊的内容来源主要有两个，一个是由平台运营商提供的，还有一个是网友自己制作的。前者主要是在技术上提供了支持并且形成了平台化效应，后者即是 Web2.0 理念的体现。

在国内，主要的纯电子杂志制作与发布平台包括 XPLUS、POCO、ZCOM、iebook、VIKA 等。它们主要分两类，一类是平台提供商，比如 ZCOM、XPLUS 等；一类是阳光导航这类的产品制作商。还有 POCO 这种在做平台的同时也推出了《POCOZINE》、《印象》和《首映》等自创的杂志。这种平台化的趋势主要是由于电子期刊在制作与发布的技术方面具有相当的复杂性，平台化意味着专业化，这

---

① 曾凡斌：《多媒体互动电子杂志发展的瓶颈及出路》，《编辑之友》2007 年第 1 期。
② 陈慧：《Web2.0 及其典型应用研究》，上海：华东师范大学 2006 年硕士学位论文。

对于电子杂志质量的提升是有益的。

技术平台的提供使得更多的受众可以参与到杂志的制作当中,这也是纯电子期刊相当重要的内容来源。纯电子杂志的发行平台为阅读者提供了原创工具,可以由用户自己生成内容。例如 XPLUS 针对个人用户的个人网络杂志制作开发的软件 MagA,主要目标就是让用户亲手制作网络杂志变得更加简易。在 2005 年面市的 POCO 第一本数字杂志《POCOZINE》,也是互联网上唯一定位于以网友原创为主的时尚多媒体月刊,主要依靠网友交互促进内容生成,现在杂志的内容全部来自网友,很多知名摄影家就是 POCO 社区的会员,这也保证了杂志内容的来源和质量。

第三节 数字传播技术对图书的影响

一、数字传播技术在图书中应用的历史回顾

1. 数字传播技术在图书编辑业务中的应用

20 世纪早期无线电收音机和之后电视的出现使得图书开始受到新的电子媒介的冲击。但从 60 年代开始,电子技术对出版业以负面影响为主的局面开始有所改观。出版业开始采用电子技术,图书尤其是百科全书等工具书的内容开始储存在主机计算机的磁盘上,编辑在与之相连的计算机终端上输入、修改、排版并输出印刷。出版界充分利用电脑技术使编辑和印刷活动数字化,在削减出版成本的同时提高出版的工作效率。20 世纪 70 年代起,计算机系统和照相排版技术的应用缩短了出版业生产过程,并大幅度地降低了生产成本,从而使出版业在电子媒体的夹击下成功获得新的发展。[①] 到了 20 世纪 90 年代,多媒体 CD-ROM 出版的市场化标志着人类自有纸张出版以来,在出版和阅读载体上的一次革命,这是出版传播数字化变迁的开端。90 年代中期,互联网技术给图书出版业又注入了新的活力,成为出版传播变迁的新的动力源泉,互联网在出版领域的应用使出版真正实现了从生产到流通的全数字化。进入 21 世纪以来,数字传播技术的发展又催生出手机之类新的出版媒介和出版模式。在数字条件下,数字传播技术的发展与进步已经成为图书出版传播变迁的主要动力。[②]

---

① 徐丽芳:《技术进步与新时代发展》,《出版科学》2002 年第 2 期。
② 汪曙华:《数字环境下出版传播的变迁研究》,北京:北京印刷学院 2003 年硕士学位论文。

2. 数字传播技术在图书中的应用——电子图书的发展

20世纪60年代初,在第一批电子期刊出版后,美国科技界和出版界把电子书籍的编辑出版提上了日程。有许多专家学者对电子书籍的理论和生产技术问题进行了探索,实际上在60年代已有电子书籍编辑出版的实践,但电子书籍的规范用语尚未产生。英语"electronic book"(电子书籍)这个术语是美国布朗大学计算机学教授、软件工程师安德里斯·范·达姆(Andries van Dam)在70年代晚期创造的。E-book 作为 electronic book 的缩写形式1988年在英语中首次出现,后来也可写成 ebook。《梅里亚姆·韦伯斯特大学词典》至2003年第11版才收录这个词,其所下的定义是:"以数字化的格式构成的或者转换成数字化格式以供计算机屏幕上或手持装置上显示的书籍"。

在计算机网络上连续出版发行的电子书籍是美国伊利诺伊大学的迈克尔·哈特从1971年起推出的,通常认为这是电子书籍系统地出版发行的真正开端,到70年代末80年代初已出现商用的软磁盘和光盘可以用来制作书籍。世界上第一种以CD光盘为载体的电子书是1981年出版发行的《兰登书屋电子分类词典》,而软磁盘书在80年代初期开始出版,其中有《圣经》等图书。1986年美国富兰克林电子出版公司在一种手持装置中搭载了一部电子词典《富兰克林拼写词典》,从而成为世界第一种便携式电子书。随后,索尼公司、苹果公司在90年代都推出了手持电子阅读器,后来进一步发展为如标准平装书大小的新一代便携式电子书,例如火箭电子阅读器。随着基于 DOS 的电子书在1992年转换成与 window 兼容的版本,1994年部分电子书开始从纯文本改用 HTML 出版,互联网的发展使得网络成为新的图书发行载体,开始尝试在印刷版发行之前通过网络出版发行小说,如著名作家斯蒂芬金的短篇小说《梦魇与幻境》。①

可以看出,图书不再局限于单一的印刷出版物形态,而是经历了图书在线版—纯文本光盘版—多媒体光盘版—互联网版这一基本过程。早期数字传播技术在图书中的应用主要是针对纸媒体的不便于查询和更新速度慢这两个问题提出解决方法,运用电子技术将图书内容进行数字化,并支持联机查询,这就是图书在线版的诞生。随着技术的进步,只读光盘(CD-ROM)和软盘被运用于储存词典等大容量图书,但仅限于文本。后来发现光盘的体积较小而容量较大,并且可以支持文字、图像、声音等多种数据格式的录入,所以成为百科全书等图书的

---

① 林穗芳:《电子编辑和电子出版物:概念、起源和早期发展(中)》,《出版科学》2005年第4期。

新型储存介质,多媒体光盘版由此诞生。90年代中期互联网的出现使得图书内容可以通过网络进行同步更新,图书出现互联网版。到现在,图书可以直接由网络出版,而印刷版可以在网络出版之后再进行发行。

二、数字传播技术在图书上应用的主要形态

在数字传播技术的影响下,图书这一传统出版物也发生了深刻的变化,图书生产不仅从流程上实现了数字化,而且出版物的形态也随着数字传播技术的进步发生了革命性的变化。

电子图书就是在数字传播技术影响下诞生的产物,它是图书在数字传播技术影响下出现的电子出版物。从广义来说,电子图书是指将文字、声音和图像等信息以数字代码方式储存在磁、光、电等介质上,通过计算机或类似功能的阅读设备阅读使用的新型信息媒体。[①] 主要有 CD-ROM 型(也称单机型)、网络型和 E-Book 三种形式。从狭义来说,电子图书即是 E-book。

1. 单机型电子图书

单机型电子图书主要是指以光盘、软盘为载体的电子图书。它的内容主要是来自传统图书的数字化,传统图书的数字化主要是针对已经出版的图书而言的。在我国图书数字化的标准问题上,北大方正推出了 CEB 格式这一标准,CEB 格式容纳了包括 S2、PDF、PostScript 等其他格式,使得能够将已出版的图书用标准的格式进行二次电子化的出版。由于从 1987 年淘汰铅字开始,我国新闻出版行业有 80% 以上的文档都是用方正照排系统进行排版处理的,积累了大量方正的出版格式"S2 文件",所以较利于实现电子书需要的数据格式的转换。单机型电子图书将纸质图书转化为数字存储格式,发行方式是向读者提供包含图书内容的光盘,在数字传播技术应用的早期,单机型电子图书是比较主要的形式。

2. 网络型电子图书

网络图书按其来源分成网络原创作品和纸质图书的数字化产品两大类型。网络原创作品是作者直接在互联网上进行图书内容的创作和发表,而无需传统出版社支持的一种新的出版类型。纸质图书的数字化产品可以看作是传统图书的"网络读本",它是印刷型出版物的另一种表现形式,借助数字化技术将纸质

[①] 谢新洲:《电子出版技术》,北京:北京大学出版社 2006 年版,第 33 页。

图书转化为数字存储格式。① 与单机型电子图书不同的是,它并不向读者提供具体的物质形态的出版物,而是通过网络平台进行图书内容的出版和发行。

3. E-book

相对于电子期刊和电子报纸,E-book 更具有独立出版物的特征,E-book 也称电子书,是指通过网络传输并可下载的,借助于一定阅读器来供人们阅读的图书。决定电子图书发展的三大技术主要是指数字版权保护技术、显示技术和互联网技术。② 在我国,电子书的发展较快,到 2009 年中国电子图书总量已达 97 万种,其中 2009 年新增电子图书 16 万种,电子图书交易册数达到 5370 万册,销售收入 2.87 亿元,发布电子图书的网站 1294 家,电子图书的阅读人群达到 10100 万人。③ 在电子书的出版领域影响力大的有北大方正、北京书生公司、超星数字图书网和中文在线等。在其推动下,全国较大的出版社和出版集团都已经深度介入电子书的出版。

三、数字传播技术对传统图书的主要影响

1. 数字传播技术对传统图书的冲击

(1) 传统图书阅读率持续走低,使传统图书的总需求下降

在互联网的冲击下,新兴媒体的阅读率持续强劲增长。数据显示,图书阅读率从 1999 年 60.4% 下降到 2010 年的 52.3%,而上网阅读率(接触率)从 1999 年的 3.7% 达到 2010 年的 32.8%,对图书的阅读平均每人每天 16.78 分钟,而上网阅读时间每人每天达到 42.73 分钟。④ 从 2009 年的情况看,我国 18 周岁以上成年国民数字出版物阅读率为 24.6%。网络在线阅读和手机阅读是两大主要数字化阅读方式,分别有 16.7% 的国民通过网络在线阅读,14.9% 的国民接触过手机阅读,另有 1.3% 的国民使用其他手持阅读器进行数字化阅读,比 2008 年的 1% 增加了 0.3 个百分点,增幅为 30%。⑤

阅读率走低使得传统图书的总需求下降。图书销售册数连续多年徘徊不

---

① 张炯:《网络图书出版研究》,武汉:华中师范大学 2005 年硕士论文。
② 李海丽:《电子图书研究》,武汉:华中师范大学出版社 2006 年版。
③ 读吧网、中国图书商报. 2009—2010 年度中国电子图书发展趋势报告(2010/4),http://wenku.baidu.com/view/1201b78a6529647d2728520f.html。
④ 中国新闻出版研究院全国国民阅读调查课题组:《"第八次全国国民阅读调查"十大结论》,《中国新闻出版报》2011 年 4 月 24 日。
⑤ 徐升国:《数字时代你怎么读书》,《新华文摘》2010 年第 13 期。

前,有些年份甚至下降。2006 年全国图书销售册数比 2005 年全国图书销售册数下降了 5%,图书总印数下降了 0.9%①,2009 年出版图书总印数 70.3 亿册,比 2008 年下降 0.36%。② 传统图书需求量受各种新兴媒体的影响而出现了下降。

（2）图书的实物出版形式遭到挑战

由于图书是内容产品,读者只要获取了内容即等于消费了图书,所以实物形式的图书遭到了极大的挑战。尤其是一些特定类型的出版物的劣势更加明显,比如工具书领域,电子书可以通过关键词的查询,迅速快捷地找到所需内容。另外,数字化的图书使得读者可以跨越时间和空间的限制找到它们,虽然不能立即拿到纸质图书,但是读者可以马上利用书中的内容。以数字形式出版的图书由于其特有的检索方便、易于更新和价格低廉等特点,对传统出版物构成了巨大威胁。

（3）图书出版的主动权分化

从图书出版的流程来看,传统图书的出版权主要是通过出版机构和部门的中介作用完成的。互联网的不断完善为人人成为出版者提供了技术的支持和可能,而出版机构则可能只是整个出版活动中的某一个环节,使得出版机构在出版中所扮演的角色发生了很大的变化。传统出版业的工作流程是作者—出版者—发行者—读者,而网络则可以极大地简化这个流程,变成作者—读者之间交互作业的模式。如美国著名畅销书作家斯蒂芬·金的自己的最新小说《骑弹飞行》(Riding The Bullet)。这部小说只以电子图书的方式发表,而不发行印刷图书,作品共 66 页,售价 2.5 美元,在第一天就被下载了 40 万份,与纸质书相比,以前新发行小说第一天的销售记录只是 75000 本。这个现实的例子证明了抛弃传统形态的出版物和出版流程的网络出版已经成为现实。而这个过程完全不需要传统出版业的支持,传统出版业的地位受到了极大的威胁。

2. 数字传播技术对传统图书的积极影响

（1）扩大了信息存储空间——突破传统图书的容量限制

图书的容量限制是传统图书在出版的时候必须要考虑的问题,由于图书在厚度、重量、定价、成本等多方面的限制,一本图书有限的篇幅直接导致了其信息容量是有限的。而电子书在信息容量方面占有绝对的优势,无论使用电脑还是

---

① 新闻出版总署图书出版管理司:《中国图书出版产业报告(2005—2006)》,北京:中国人民大学出版社 2008 年版。
② 新闻出版总署:《2009 年全国新闻出版业基本情况》,《中国新闻出版报》2010 年 9 月 7 日。

阅读器进行电子书的阅读,其存储空间的扩大都可以满足电子书信息容量的变化。

(2) 支持查询和操作——充分利用图书内容

E-book 支持的全文查询功能让传统图书在内容方面的优势得到更大的发挥。特别是对于很多特定领域的出版物来说,具有文献性和知识性的图书的查询功能显得格外重要,数字传播技术可以通过电子书实现全文的查询功能。如国内的"皮书系列"图书是由社会科学文献出版社自 1997 年开始推出的大型系列图书,它由一系列经济、社会发展的年度报告组成。"皮书系列"社科文献数据库通过提供全文查询功能,可以方便读者的阅读和研究,使读者方便快捷地搜索所需的资料信息。通过数字传播技术,这套丛书已经通过其电子图书形成了一个小型的数据库,让这套图书所包含的资源得到最大程度上的利用。①

E-book 还可以在图书中加入可操作性元素,使得读者在阅读图书的时候能够同时完成操作功能。例如 MELL(Mircosoft Enterprise Learning Library,微软企业学习图书馆)主要是以 MS press 的出版机构为依托,将其出版物的电子文本内容移植到 MEll 中,将这种电子图书变成了一个可操作的"实验室"。比如在阅读关于 office 操作的图书时,读者可以不需要安装 MS office 软件就能够一边看电子图书一边按照书中的操作指示进行模拟演练和互动练习,连电子图书的界面都不需要离开,这是传统的纸版图书不能支持的功能。同时,MELL 不需要额外安装阅读软件,只需要微软自带的浏览器。② 这种技术主要是支持很多培训类和学习类的图书,可以使图书具备传统出版物不具有的"操作"功能。

(3) 无库存销售无实物流通——解决图书流通成本问题

图书的库存是长期困扰出版界的问题,由于出版商和读者之间缺乏良好的联系,对市场需求只能进行大体的估算,如果印数超出了估算,那么就形成了大量的库存,造成了一大部分的资源浪费。电子书在这一点上可以解决困扰传统图书的库存问题。E-book 是目前最适合网上流通的商品,因为电子书是内容产品,它的内容和物理载体是可以分割的,使图书完全实现网上下载发行,不需要纸张、不需要油墨,彻底实现无纸化出版。如果说单机版电子图书还需要光盘等载体进行流通的话,E-book 则是完全没有实物形式的电子出版物,不存在库存这一问题。

---

① 吴澍:《eBook 嬗变书籍功能》,《中国计算机报》2004 年 3 月 1 日。
② 陆杰:《电子图书:不同来源的不同"钱"景》,《中国电子与网络出版》2003 年第 8 期。

E-book 以电子文件的形式在网络上传播,其制作和发行都是通过网络进行的,这些特点决定了出版物可以以数字化的方式直接和读者见面。由于传统图书有实物形式的流通会涉及到载体加工以及运输等环节,所以从印刷到与读者见面需要一个较长的过程,而电子书只涉及到内容的制作,只要通过网络发行就能让读者立即看到内容。

(4)在线更新——图书内容变化和版本修订

传统图书经过漫长的周期,将其图书投入市场后根据反馈决定是否进行版本修订,这不仅涉及到巨大的人力、财力、物力,还需要漫长的周期。例如国外的教材更新得比较快,在传统出版的条件下常常导致出版速度落后于教材更新的速度,由于出版流程出版周期等多方面的问题,要等上很长时间才能让最新版本的图书问世,其实这时候已经不是严格意义上的"最新版本"了。电子书给图书内容更新和版本修订方面带来了新的变化,不仅可以在线更新图书的内容,还可以通过超链接等形式将新发布的内容发布到互联网上,作为原来版本的补充。

四、从受众角度看数字传播技术对三种图书出版形式的影响

上文论述的是数字传播技术对图书的基本影响,下面我们从图书出版的三种基本形式——大众出版、教育出版和专业出版来具体分析数字时代受众对不同出版形式产生的出版物的需求变化,从而探讨各类图书受到数字传播技术的影响。

1. 受众

根据使用与满足理论,人们接触传媒的目的是为了满足他们的特定需求,接触的结果为满足或是不满足。这一结果将影响到以后的媒介接触行为,人们会根据满足的结果来修正既有的媒介印象,在不同程度上改变对媒介的期待。[①]

在传统出版模式中,图书的出版并不是完全以受众的需要为核心,它的基本模式是传播以传者为中心,从信息源(作者)到受者(读者)有许多中间环节,信息被层层过滤、单向流动到读者。传者(出版者)与受者(读者)处于一种不对称的信息交流之中,反馈信息不能及时传送给传者。数字传播技术的出现使受众获得了前所未有的自主性,受众的主动性增强,在媒体形式、阅读时间、阅读顺序、选择方面都获得了极大的自自主权,同时数字传播技术还为受众提供了在线

---

① 郭庆光:《传播学教程》,北京:中国人民大学出版社 1999 年版,第 184 页。

更新以及信息反馈的功能。

电子图书的出版是以受者为中心的传播模式。出版模式中,出版者、作者、读者处于平等地位,可实现对等交流。网络交互性的本身,就鼓励用户发挥个人的主动性,并为用户有目的的主动查找、选择信息提供了大量技术手段。因此,电子图书能够为用户专门定制个性化的出版物,真正实现以读者为核心的出版理念。数字化出版物与传统出版物的一个重要区别在于,前者是以受众需要为核心,以数字传播技术手段为实现受众需求的手段,针对受众的具体情况来出版。这也是出版物的一个重要的发展方向。

2. 大众出版与受众

大众出版是受市场导向影响较大的种类,大众出版是指与大众的日常生活、休闲阅读及文化体验相关的出版,是大众消费层次的出版。随着时代的发展,大众读物对出版的提升和对社会的影响力不断扩大,大众图书的受众主要是普通大众,所以比较重视以读者为导向的出版理念。相对于其他两种出版方式来说,其内容门槛较低,比较容易被大众接受,这也就让受众更容易参与到这种出版形式当中来,使得受众对最后的出版物影响越来越大。

在数字传播的背景下,信息的载体、传播模式和阅读方式的传统都是可以替代的,而被传播的内容才是出版的真正主角,技术、媒介、人才都因素都是为内容服务的。从这一点来说,只要技术条件能够实现,作者可以在网站上提交自己的作品,基于健全的收费模式将其内容供读者浏览和下载。这种网络时代以内容为核心的"产销合一"式优质内容资源的生产和消费已经从根本层面改变了这类读物的出版生态,传统的大众图书成为了以内容为核心价值,建立在互动基础上,可以通过多种途径输出给读者的数字出版物。

通俗文学图书是大众出版图书的主要构成部分,传统图书完全是由编辑根据自己对市场的判断来做出选题,或者判断作者的作品是否有市场价值,从而决定是否将图书出版,经过漫长的出版周期之后图书投入市场后才能知道图书的市场情况和受读者欢迎的欢迎程度。在线出版通过读者的及时反馈很好地解决了这个问题。同时,对读者来说,通俗读物的主要功能主要是休闲和娱乐,这种内容是比较适合在网站上进行阅读的。在数字传播技术影响下,大众出版出现了在线出版这种完全不同于传统的出版方式,在线出版现在主要应用于通俗文学图书领域的出版。

在线出版是建立在因特网上的超文本信息服务系统 WWW(World Wide

Web)上的出版形式。由于 WWW 采用了超文本和超媒体技术,通过客户机/服务器系统不仅可以传输文本文件,还可以传输图像、声音、动画、影视等。国内最具有代表性的在线出版网站是起点中文网,该网目前站内已经收录了 10 万余本不同类型的原创小说,有超过 9 万名的原创作者和 800 万注册用户,作品内容涵盖玄幻、奇幻、武侠、仙侠、都市、言情、等通俗文学领域。起点网除了刊载大量的免费文学作品外,还建立了完善的以创作、培养、销售为一体的电子在线出版机制。其主要的出版方式有:在线收费阅读和联系传统出版社进行纸质出版。起点的基本运作方式主要如下:

第一,网站基于读者点击率形成的"作者资源"。2003 年 10 月,起点中文网开始在线收费阅读,推行 VIP 收费,将收到的钱主要用于兑付给作者买断作者的小说版权,从而避免了信息的同质化问题。网站用收取的费用鼓励作者写出高质量的小说,然后用内容去吸引更多的读者加入到 VIP 行列中来,形成一个良性的循环。起点以网络为平台集中了大量作者,这些是还没有被传统出版社重视的作者资源。同时,为了克服网络的松散性,起点还专门进行作者培训计划。对于原创性网站来说,作者构成了其最重要的内容资源。

第二,网站为作者读者提供交流平台。作者的写作不是孤立的,而是实时和读者互动完成的,读者不仅可以随时和作者交流,作者会根据读者的意见改变小说的情节脉络和人物塑造。这样作者最终完成的作品是经受了读者市场的检验的。由于在线更新的连续性,图书的写作过程就是集合受众群的过程,图书在尚未完全完成的情况下就已经有了固定的读者,进一步培养出读者群的粘性和忠诚度,为下一步纸质图书的出版以及一系列衍生商品打下了坚实的读者基础,减少了出版的盲目性。

第三,网站经营链条明晰。在网络原创文学兴起之后,人们越来越清楚地看到,纸质图书的出版只是使受众获得内容的一种形式。由于图书是种特殊的内容商品,人们可以通过消费内容而达到消费图书的目的,直接导致了数字时代图书的传统载体的高替代性。特别是对于娱乐性极强的大众图书来说,读者更倾向于在网络这种比较宽松的阅读环境下进行阅读,越来越多的人形成了在线阅读的习惯。比如包括起点在内的很多网站已经建立起良好的在线阅读收费模式,作者和平台提供者都可以从中获利,大众出版的这类图书在这个意义上来说已经完全数字化了,只是传统的出版社并未在其中扮演角色。当然,如果图书市场前景非常明朗,网站平台的提供者会和传统的出版社进行合作,进行纸质的图书出版,如安徽人民出版社出版的《鬼吹灯》即是典型的网络小说纸质化的代表。据不完全统计,2006年,起点中文网出版有七八十部作品成书出版,这个数字还在急剧的增长之中。

可以说,由于大众出版物的娱乐性和受众广泛性,这是最容易和网络结合的一个领域。如何充分利用数字传播技术,抓住内容生产这一核心,调整产业链条上的各方关系,是现在大众出版所要面临的问题,而随着数字传播技术的普及和大众阅读方式的变化,大众出版图书的出版形式将愈加多样化。

3. 专业出版与受众

专业出版是指专门出版自然科学或社会科学某一特定领域的图书,如土木工程、医疗卫生、法律财经等领域,包括实用指南、学术专著、专业教材和专业辞书等,为专业人员从事专门的勘测、科研、教学、设计、施工、经营、管理、投资、理财等提供具有专业水准的帮助。[①] 在国外它通常以职业和行业为分类标准,包括财经、法律、科技和医学四大类。专业图书的读者是具有高学历和特定专业背景的读者,他们对信息的要求与大众读者不同,在专业领域,信息的快、新、多是读者追求的目标,数字形式的产品能在这些方面更好地满足他们的需求。

(1) 受众的需求——按需出版

由于受众有限,专业出版物出版量篇小,在传统的出版模式中,很多传统的学术著作由于图书印数少、利润低、易亏损而无法成书,常常导致有相关需求的读者无法获得图书。有资料显示,剑桥大学出版社每年有1300种销量有限的图书因达不到传统出版的最低印数而无法重印出版,只好让其绝版而退出市场,并因此每年白白损失价值200万美元的订单;而社每年新出图书才不过1500种。

专业图书面临的起印量的问题,恰恰能为数字图书具有的无成本复制和传输的特点所弥补。德间书店、角川书店、文艺春秋社等一批大型出版社联手实施难寻和绝版文库本图书的数字化工程,并在"大众电子文库"网站建立绝版售缺文库本中心,读者可在该中心下载所需图书的数字版本,付费与纸质图书定价基本相同。而英国剑桥大学出版社将数字图书与超短版印刷技术相结合,从1998年至2006年挽回的图书销售损失高达3000万美元,而且现在很少再有图书出现绝版。[②]

按需印刷是根据读者需要,将已经贮存在计算机中的数字化书稿,即时印刷

[①] 汤鑫华:《整合:我国专业出版转制的必由之路》,《科技与出版》2007年第7期。
[②] 唐舰:《数字图书与传统出版:挑战、疑虑、机遇》,《编辑之友》2007年第5期。

并装订成册交到读者手中,使读者可以阅读纸质图书。数字传播技术使得按需印刷成为了现实,其操作分为两个环节:一是将图书内容数字化;二是通过网络传输数字信息,在异地的数字印刷机上高速印制图书。按需印刷的阅读载体形式还是图书,随着数字传播技术的进步,对于出版物而言,印刷并不是必不可少的环节。更广义上的"按需出版"是不需要有实物形式的出版,它是针对确定的需求之后再组织生产图书,有效地避免了图书出版的盲目性,只要读者发出订阅请求,出版社或其他出版单位就为读者去收集、整理所需的信息,并设计成读者喜欢的版式,然后用网站下载或 e — mail 的方式传送销售给读者。

(2) 传统图书资源的数据库化使受众获得的信息服务价值大大增加

专业出版社在过去的出版历史中沉淀了大量的已授权的资源,这些资源在数字传播技术发展迅速的今天可以发挥更大的价值。针对这些资源的加工和整合已成为专业出版新的赢利点。

专业出版的出版方向明确,出版范围有限,而此范围可以形成良好的行业内的数据库资源,可以通过互联网为专业人士提供专业咨询服务。在出版机构建立起的一些著名数据库如 DIALOG、Web of Know-ledge、Westlaw 等,都很好的通过海量的专业信息进行二次开发和深度加工,向专业客户提供"定制"的专业问题来通过提高内容的附加值,为读者提供更多的选择和全面的、个性化的信息与知识服务,不断推动专业出版向纵深发展。如美国法律出版领域名列前茅的汤姆森法律与法规集团,通过 Westlaw 平台为数百万用户提供全年、全天候服务,包括搜索法律文件和文书、相关案例资料,甚至还可以为用户提供技术支持,帮助其提高对内容信息的组织、管理、整合及传递效率。全球最大的科技及医学出版商里德·爱思唯尔集团投入巨资建立了世界规模最大的科学文摘数据库 Scopus 和全文数据库 Science Direct,目前全球范围的大学和研究性图书馆都在使用这些产品。

(3) 更直接达到受众——网络直销

从销售渠道来看,由于专业图书的读者主要是特定行业的研究者、从业者和学生,读者范围相对固定,读者对象比较明确,市场比较稳定,所以可以采取比传统直销更新、更有效的方式来进行图书销售,例如网上直销。网上直销可以采用互联网等手段快速地锁定具体的读者进行有目标的销售。同时,还可以为读者定制会员服务,主要是从过去的销售图书、光盘转到为客户建立数据库和推广在线服务,从订立产品销售合同到订立技术服务合同,从统一化转向个性化、专业化。数字出版条件下销售模式发生很大变化，以直销为特色的网络营销以及以满足特定用户个性化需求的定制服务成为主要营销方式。

（4）受众更易接受数字出版物

以学术著作为例，学术著作的作者大多为学术水平较高的学者，他们较早涉猎计算机的应用，能够使用计算机写作，可以直接向出版社提交电子文本。他们也更容易掌握网上搜索资料和进入数据库查询的方式，越来越多的研究者已逐步习惯从网络图书馆和期刊数据库中查询和阅读所需资料和信息，国内期刊数据库点击率高居不下。由于学术交流和沟通的需要，国内的研究者在网上获取国外的资料将会更加快捷，对比起难以获得的传统出版物来说，会有更多的研究者使用国外的数据库。同时，这部分研究者也比较容易接受网上付费的方式来获取资源。

从现在专业出版发展的趋势来看，在线销售数字化相关产品与提供服务等成为专业出版的重要收入来源。在许多著名的专业出版集团中，电子出版和网络销售收入迅速增加，如同汤姆森等的大型的出版集团数字化程度越来越高，并购方向也从出版企业转变到软件公司和数据库管理公司等与出版关系密切的数字化企业。

从受众接受度、渠道畅通性、内容开发以及出版物的使用各个方面来看，专业出版是比较适合进行数字化改造的产业。第一，专业出版的受众比较固定，在传统出版物的发行当中建立起了较为完整的用户资源库，而且这些使用的对象容易锁定，为数字化的定制服务提供了前提。第二，由于受众稳定且较易接受新的付费方式，为专业出版物的会员式直接销售提供了可能。第三，传统的专业出版社在长期的建设中拥有专业的内容资源，而且这种资源可以说是独占性的，不容易被替代，如果技术平台介入一般都只能选择与传统单位合作的形式，传统的出版机构可以在数字化过程中保持自身的地位，这也加快了专业出版的数字化进程。第四，在出版物的使用方面，查询检索等功能在专业出版物的使用中显得尤其重要，联网进行的数据的更新也是用户看重的增值功能，所以，通过数字化提供光盘版或网络版，或者是把不同的产品形态可以实行自由的组合的销售对于用户来说是很有吸引力的。

4. 教育出版与受众

教育出版是指与学习、教育、培训有关的出版，在我国它以出版中小学教材教辅及培训教材为主，是一种产品最为模式化、标准化的出版。教育出版一直都是我国出版业的支柱,传统的教材主要的功能是向读者提供单纯的产品,核心是纸质产品的开发,随着时代的发展,读者的需求得到了更大的重视,在数字化进入教育出版领域之后,如何集成最优质的教育内容资源,以最适当的表现形式满足多样化的教育需求成为教育出版的核心问题。

(1)读者的纵向需求——立体化教材系统

传统出版物受到纸质介质条件的约束,不管是从表现形式还是内容的丰富程度上来说都是有限的,数字传播技术提供了一个良好的读者学习的平台,读者可以根据自身的需要在更广阔的平台上寻求与教材相关的内容。所谓"立体化教材"不仅包括了纸介质的教材和教辅,还包括了数字化的电子教案、教学课件、网络课程等,从而实现教材、教师参考书、学生指导书等不同内容出版物的横向立体化配套,以及纸介质、音像、电子、网络等多种媒体出版物的纵向立体化配套。[1]

首先,教材的介质可以完全数字化,教材的内容经过一系列的标准化技术处理,对版权、拷贝等进行有效授权,在有辐射力的平台发布,形成教材网络出版平台最基本与核心的经营业务。美国教育巨头麦格劳—希尔公司,2001年开始推出25000种电子教材供大学生使用。其总裁伊文森先生指出,公司每年有25%的产品是数字化的,10年以后,数字化产品的比重将达到75%到80%,每年用于新产品开发的投入有25%用于投资数字化产品开发。培生教育集团的培生集团(Pearson Education Group)从1994年就开始了数字化学习平台Coursecompass的建设。他们以网络教学平台技术为核心,结合自己的数字化资源与网络课程,为高等学校提供教学支持服务。教师和学生可以直接登录到Coursecompass开展教学活动。这种服务模式被称为"应用服务提供商",在前期,只要用户购买培生的教材就可以为教师提供免费的Coursecompass,从第三代开始Coursecompass部分收费,第四代产品开始集成第三方的一些产品以有针对性的增加服务内容,在一些培生的优势教材学科,如数学、心理学、经管等领域他们开发了大量的在线学习课程包。Coursecompass的后台是数字化资源的内容管理平台(Web Publishing System)。WPS前端设计多种模版,可以为编辑提供数字资源的收集、整理的工具,通过审核资源入库,最终将数字内容发布到Coursecompass上供教师和学生使用。[2] 与此同时,在2010年培生教育集团已经与

---

[1] 刘志鹏:《在走向数字化中建立教育出版的新模式》,《中国高等教育》2006年第19期。
[2] 覃文圣、周立军:《教育出版数字化的新形态》,《出版商务周报》2009年3月23日。

Xirrus达成合作协议,双方将共同为全球的中小学提供无线网络系统,以全面实现数字化教育方案。国内高等教育出版社、外研社等出版社也根据专业课程进行内容的数字化,为客户提供付费的在线学习、下载服务。这也是教育出版发展的主要方向。

其次,教材可以基于网络互动。出版社充分利用现有网络资源,搭建数字化平台,建立教材产品与用户方便快捷、双向互动的沟通渠道,通过出版社网站进行网站与纸质教材的互动营销。比如华东师范大学出版社推出国内第一套基于互联网多媒体教学辅导书《名师课堂》同时开通了"名师课堂"网站。华东师范大学出版社利用互联网和多媒体技术,将名师的课堂教学录像放在网上,学生从《名师课堂》图书中获得认证码,就可以免费登录网站观看网上名师授课,有效地实现了网上与线下,编者与读者的实时互动,一定程度上培养了读者对其使用的品牌教辅的忠诚度。[①]

(2)读者的横向需求——从产品到服务

教育产业中不仅有具体的教材使用者,还有学校机构,教师群体等庞大的教育相关者,如何通过数字传播技术将整个产业更好地联系起来,进行一体化运作也是数字传播技术需要提供的重要服务。

在教育出版中,除了教材制作、教材更新,包括教学支持、考试和评估在内的等全方位的客户服务已经越来越受到教育系统的欢迎。培生教育出版集团对数字系统的开发就包括强大的教学支持体系,通过两千多家的网站建立起世界一流的教育网络,最基本的服务内容包括网上资源库、网上交流平台、网上课程管理工具、网上教学区、在线教师指导等。教学支持体系的核心功能是帮助教师解决在教材使用过程中碰到的各种问题,为学生提供学习辅助信息,为学校管理者提供课程管理工具,使教学管理者、教材使用者得到增值服务,因此成为教材出版者提升教材品牌和市场号召力的基本手段。[②] 这一系列旨在提高学校或学院效率以及改善教学过程的产品体现了教育出版从单纯提供产品转为提供产品和服务的转变,这一转变也是与教育系统更大范围的需求相联系的。

(3)读者的持续需求——终身教育与自我学习

当今的时代是知识持续更新的时代,在任何行业的人们都需要不断的学习

[①] 邓寒风:《教育出版社应对数字出版浪潮的方法探讨》,《社科纵横》2007年第11期。
[②] 高丽芳、赵玉山:《培生:全球教育出版的领航巨轮》,《科技与出版》2004年第5期。

来更新自己的知识体系,这也就给教育出版以新的机会,教育出版不应该再局限于学校的教材和教辅系统,而是应该将目光投向自我学习和终身教育这一更加广阔的领域。由于数字化技术的飞速发展,全球知识经济在世界范围内自由流通,所以传统的教育产业应该将目标投向数字平台内容以及多终端输出系统,这样才能以最小的运营成本获得最大程度的利益。通过挖掘可以挖掘自身的资源,教材的出版商可以将自己所有的资源平台数字化,通过多终端输出,为人们提供随时随地的学习机会,这种针对具体用户更加利于订购与付费,实现对用户个体的会员式定制服务。

在教育出版中的领域中,高等教育出版社是较为全面地利用数字传播技术进行全面升级的出版社,首先,在全社的信息化建设方面,出版社引进了 ERP 系统,ERP 是指企业资源计划管理模式,其实质是通过先进的信息技术和计算机管理系统对企业的业务供应链进行有效的资源管理,从而提高企业的市场反应速度,增强企业竞争力。其次,在产品方面开发了立体化教材体系,立体化教材主要包括印刷教材、网络课程、教学课件、音像制品和试题库,不仅可以使教学手段更加灵活,还可以通过立体化教材使作者、专家、学生、老师建立起以网络为纽带、以数据库为基础、以网站为门户的体系。再次,在理念方面,从单纯提供教材转变到提供服务,通过教材应用和服务支撑平台提供全面的教材应用服务,满足读者对资料补充、疑问解答、与作者交流等服务的需要。同时,还针对出版社的优势资源和核心资源打造教学资源库以及网络教学平台。①

第四节 数字传播技术对传统出版物的共同影响

一、数字化集成平台,多终端输出

由于数字传播技术的不断发展,各类传统出版物都出现了与数字传播技术结合形成的电子出版物。这些出版物在传统出版形式中受各自的介质形态影响,互相独立。在数字化的平台上,由于具体物质形态的载体的消解,出版物呈现出来的总体趋势是内容以数字化形式储存,而以不同的接受终端来输出,出版物以何种形态呈现完全出于受众以何种形式的终端进行接收。这样的变化使得内容、技术平台、接受终端三者成为出版物由传者流向受众的关键三要素。

---

① 元方:《数字时代教育出版发展策略研究》,北京:中国人民大学 2007 年硕士学位论文。

从已有的发展轨迹来看,在数字化的进程中,内容提供商还是由传统出版机构进行扮演,在数字出版中有相当大的比例还是对传统出版内容的数字化。比如在电子书领域中,出版社在电子书的内容提供方面有着很大优势。到目前为止,电子书的运作模式中除自行出版外,出版社都是主要的内容提供者,网上流通的主要是由出版社提供的拥有版权的电子书,出版社仍然是出版电子书的主体。又比如在电子期刊领域,几大期刊平台都是将现有的纸质期刊进行数字化从而建设起来的数据库。

技术平台和接收终端这两者都是由技术提供商来支持的,从数字出版的发展过程中可以看出,数字出版产业大多是技术提供商来推动的,由于技术的进步导致技术和出版相结合,从而出现出版和出版物革命性的变化。在技术平台的发展上,可以从北大方正的 Apabi 电子书策略来看技术在出版物发展中的推动作用。Apabi 就是作者(Author)、出版商(publisher)、渠道(artery)、消费者(buyer)和互联网(Internet)的首字母组合,指以互联网为纽带将传统出版供应链相互连接起来,使传统出版社能利用技术出版电子书。在新的电子书发行中,出版社可以利用 Apabi 网络出版整体解决方案同时出版电子图书,出版社可以通过 Apabi 系统制作好电子书,然后任意选择用北大方正的网站或自己出版社的网站进行上传。

终端的多样性使得出版物的形式实际上不再是由其原有的传统物质形态来决定,而是由读者自己来决定。现在比较常见的终端包括电脑、手机、掌上电脑、手持阅读器等多种形式。终端可以说是在整个出版物的数字化当中最容易被替换的一个环节。在电子出版发展的初期,主要是围绕输出终端来突破技术上的限制,也就是要完全从介质上找到替换纸质的手持阅读器,但是由于受制于种种技术的不成熟以及价格过高,推广的效果并不好。在数字传播技术不断介入出版物的生产过程中,手持阅读器慢慢被电脑等比较成熟的接受终端所代替,直到电子出版物全面进入人们生活之后,独立的手持阅读器又开始进入人们的视线,现在多终端的局面已经形成,手机更是已经成为下一个终端的争夺目标。

从整体上来看,现在的出版发展趋势是技术提供者向内容提供者转变,比如搜索引擎商主导的图书信息搜索模式。新兴的技术提供商提供的技术实际上是与内容完全捆绑在一起的,主要通过技术手段向用户提供内容。从前面对于大众出版的分析来看,先出现网络版后出现纸质版图书的出版方式已经存在,而且很可能成为图书出版的趋势。在占有技术和平台优势的同时,数字传播技术提供商正迅速地向内容提供商转型。比如清华同方从"光盘杂志社"向"知网"发展；万方数据从科技期刊数据库向"数据资源系统"发展；维普资讯已经号称自己是"全球最大中文知识社区"；北大方正的 Apabi，已从电子书向"阅读网"发展；谷歌开始向"图书搜索"过渡。

二、从产品到服务的转变

过去的传统出版物的使用价值在于为读者提供具体的产品，读者购买出版物也只是为了获取其产品。由于单一的出版物承载的内容有限，读者获取的内容也是有限的。随着数字传播技术的兴起，信息获取的门槛在逐渐降低，全球的知识经济时代已经到来，很多知识类的信息已经成为了共享型资源，这种共享的精神改变着人们的观点，这也是传统出版物进行数字化升级之后，无法顺利地像传统出版物一样定价销售的原因之一，因为人们在观念中认为数字化的出版物应该是免费的，这种免费的观念使得数字化出版物的赢利成为了很大的问题，内容提供商已经发现单靠新型产品收费已经不是解决问题的办法，很多内容提供商甚至将以前收费才能享受到的产品改为了免费，可以说，在网上免费获得资源已经成为了读者的习惯，这个习惯是短时期难以改变的。

内容提供商在这样的大环境下做出的调整是将自己从内容提供者转变为服务提供者。服务不同于内容，它是针对用户个人，根据用户需要，量身为用户定制的种种资讯类的服务，这其中加入了内容出版商对讯息的二次加工，自然也更加容易推行收费的制度，用户也更倾向于为服务付费。传统的内容提供商在长期的出版活动中积累了大量的资源，在此基础上进行数据库的开发或者针对个人的咨询提供都是有条件的。在我国期刊数字化的进程中，期刊数据库占据了相当大的份额，其实这些期刊都是以传统出版物的形式现实存在的，纸质形态的期刊成为过刊后价值下降，难以保存，不便于利用，但是通过数字化技术将其全文扫描，按题名、作者、摘要等关键词将其开发为数据库，向读者提供搜索功能，使得期刊获得了新的价值。比如我国四家大的期刊数据库的提供商——清华同方知网，万方数据，龙源期刊，维普资讯都是以传统的出版物为内容而开发的期刊数据库，这些数据库的赢利模式在数字化的出版物中已经是相当成熟的了。所以，提供收费服务是数字化出版物的趋势，也是数字化出版物比传统出版物更加有利于开发利用的地方。

三、读者自主性提高,基于媒体形成的新型社区

在数字时代中,读者对媒介的选择权越来越大,这不仅仅是对于出版物而言,这也是整个数字时代的读者发展的走向和趋势。电子网络传播的双向性,使每个人既是传播者又是受传者,它改变了传统的大众传播过程受到传播者支配的局面,使传播过程变得更加平等,而这种平等也必然带来社会关系的平等,新媒介技术将会保障每个人自主发表言论的权利和机会,形成"真正的观点的自由市场"。[①]

由于读者的选择性增加,自然会出于对信息的需要与对媒体的选择而聚集起具有同样兴趣爱好的小团体,如果说,这种小团体在 Web1.0 的时代只是单纯地聚合的话,在 Web2.0 的时代可以说是创造互联网内容的生力军,从上文的分析我们可以看出,很多出版物的内容也已经开始由这些个人或者团体提供,比如有一部分的互联网期刊和网络文学的都是如此,例如《POCOZINE》杂志是 2005 年面市的 POCO 第一本数字杂志,也是互联网上唯一定位于以网友原创为主的时尚多媒体月刊,依靠网友交互促进内容生成。起点网和榕树下这样定位于原创文学的网站更是吸引了大批的在传统出版模式下只能做"读者"的人。这些因素都在瓦解着传统出版的门槛。

在网络媒体中,大众处理信息的方式较以往也有了较大的改变,这主要体现对信息选择的自由度上。首先,受众可以按照自己的要求注意某些信息甚至是搜索某些信息,这与传统的信息呈现方式有很大不同,媒体的议程设置和把关人作用减弱,因为受众是基于自身需要而选择信息的,他们按照自己所关注的领域、知识水平和实时状况搜寻自己需要的信息,针对这种情况,供应商必须为用户量身定制信息,并以最合适的途径把需要的信息传输给用户。其次,受众在选择信息上有了更大的自由度,在传播学中已经证明的最有效的传播方式为人际传播,而受众的聚合形成了新的网络人际关系,这种新型的人际传播的力量比大众媒体的传播力量更为强大。

基于读者自身的选择,围绕他们所选择的媒体形成了很多新型的网上社区,他们在网上结成了新的网络关系,如果说这些读者分散在网络之中只是很微弱的力量的话,他们聚合起来之后便形成具有明显特征的受众群,对于媒体所依赖的广告商就是非常有吸引力的群体。

---

① 贾岳:《以满足受众需求为中心打造人性化媒介》,《中国报业》2008 年第 1 期。

第四章 数字出版与出版流程

数字传播技术的快速发展对传统出版的流程产生了前所未有的影响。传统的出版流程从选题策划、编辑、校对、印刷、发行,到读者的阅读与反馈,各环节都发生了深刻的变化。

第一节 传统的出版业务流程

为了便于研究,这里的传统出版物主要指纸质出版物。流程(procedures)是指产生某一结果的一系列作业或操作,或者指连续的操作或处理。出版工作作为一项系统工程,也包括多个相互联系、相互制约的业务流程。

一、选题与组稿

选题是出版社的研发工作,是出版工作的第一个环节,也是最重要的环节。出版界素有"选题失误,一误再误"之说,更有人将选题比作出版机构的生命线,称选题策划是出版机构的核心竞争力等,这些都是在强调选题的重要性。

选题,是纸质媒体编辑根据采集到的信息资源或来自于读者和社会的阅读需要而提出的书稿或文章的拟出版题目。[①] 选题可以从两个方面来理解:一是可以理解为出版的总体规划;二是关于出版物的题目、主题、内容要点等的具体构想。选题是编辑人员关于书籍的设计蓝图,通常包括题目、作者、编辑意图、读者对象、基本内容、写作要求、篇幅等方面。由于出版机构的资源是既定的,并且传统出版的周期较长,所以,在出版物选题的决策上,出版社往往都比较慎重。

---

① 李苓、黄小玲主编:《编辑出版实务与技能》,成都:四川大学出版社2005年版,第28页。

选题确定后,就开始了组稿工作。选题可以由编辑部制定,稿件则要由作者撰写。组稿是在选题策划的指导下进行的,根据选题计划寻找作者和稿源。在传统的出版流程中,组稿是出版社获得稿件的主要方式,稿件的来源通常包括以下几种:

1. 作者自投稿,这类稿件通常称为"自投稿"或"自发来稿"。
2. 引进稿,指通过版权贸易或者出版交流方式获得的稿件。
3. 任务稿,指出版机构的主管单位或主管部门要求完成的稿件。
4. 推荐稿,即有关机构或个人出面把作者的稿件推荐给出版单位。
5. 约稿,指出版机构根据已制定的选题计划,组织作者撰写的稿件。
6. 征稿,指出版机构直接向社会征求所需要的稿件。

二、审稿及编辑加工

作者将书稿写好或译者译好交到出版社后,编辑就开始了审稿阶段。审稿在整个编辑过程中起着承上启下的作用。审稿,又称稿件评价(manuscript review)或审读或审鉴,是指出版机构组织人员审查、阅读著译者稿件,根据出版机构的出版特色和选题计划,对稿件内容进行评价、判断等,以决定是否出版,并对决定采用的稿件提出进一步修改和加工的意见为下一步编辑加工打下基础[①]。

我国出版社的审稿环节实行三审制。三审制实际上是一种控制稿件出版质量的运作机制,强调在审稿过程中对稿件内容的思想性、政治性、艺术性等方面的把关。

稿件经过出版社审查认可之后,即可进入编辑加工阶段。编辑加工是在审稿的基础上,从微观上对稿件进行检验和更正,一般分为内容加工和技术加工两部分。内容加工主要包括两方面的工作。首先,在宏观层面,要注意检查书稿中有没有政治性上的差错。事实材料的核对和订正也是编辑加工的一项重要内容,人物、地点、历史事件、数字、时间、照片等要反复核对。其次,在微观层面,包括对错误使用的简化字、错别字、标点符号等的修改工作。此外,逻辑混乱、语法不通、语言啰唆等也是书稿中常见的问题。技术性加工主要体现在以下几个方面:统一人名、地名、数字、专有名词、版式、格式等;在翻译稿件中,凡是已有中文名称的应使用中文名词术语;加标注,标题的格式和各级标题的序码前后一致。

---

① 师曾志:《现代出版学》,北京:北京大学出版社2006年版,第179页。

三、校对

校对是根据原稿对校样或根据底本核对抄本等复制本,以发现和订正差错。[①]校对工作是印制过程中保证出版物质量的最后一道工序,也是印刷的前提。

消除稿件中存在的差错是编辑的职责。但是,在发排之前,完全没有差错的书稿是很少见的。因此,在校对的过程中,不仅要校出有违原稿之处,也要校对出原稿中被编辑忽略的差错。因此,校对工作也可看做是编辑工作的延伸。

我国的出版机构中大多设有专门的校对部门或岗位。"三校一读"是我国校对工作的基本制度。所谓三校一读,指的是出版机构依据校对的前后顺序,将其分为初校、二校、三校和通读四个步骤。一般图书的专业校对不低于三个校次,重点图书、工具书等,相应增加校次(如商务印书馆的工具书,需经过五次校对)。三个校次通常由三个熟练程度不同的校对员担任,终校需由出版社中具有中级以上专业技术职称的校对人员担任。一读指的则是在终校通读原稿。如发现差错较多,应增加校次。

四、印刷

印刷是使用印版或其他方式,将原稿的图文信息转移到承印物上的工艺过程。[②] 纸媒体出版是现代出版业的主体,它不可缺少的一个重要环节就是印刷。传统出版的流程通常总结为"编、印、刷"三个环节,足以看出印刷的地位。

在正式付印前,需要经过印前制作这一环节,包括稿件的检核、图文的输入与存储、图文的加工、图文的输出、印版的制作、打样等流程。出版单位会根据图书印刷的质量目标,选择需采用的印刷工艺。

传统的印刷工艺相对复杂,在激光照排技术发明之前,无论是出书还是办报,主要依靠的是铅字排版印刷。这种技术虽为人类文明、文化的发展做出了巨大贡献,但也存在着许多弊病:如工人劳动强度大、污染环境、版面缺乏变化、效率较低等等。

在全球范围内提倡环保、倡导绿色的背景下,印刷作为一项高污染的产业,也不断受到人们的质疑。出片和制版中使用了大量的显影液,定影液及其他的一些材料,他们之中都含有大量高浓度有机污染物、重金属及其他有毒有害物

---

① 阙道隆、徐柏容、林穗芳:《书籍编辑学概论》,沈阳:辽海出版社 2004 年版,第 377 页。
② 李苓、黄小玲主编:《编辑出版实务与技能》,成都:四川大学出版社 2005 年版,第 209 页。

质。这些有机污染物等不仅严重影响社会环境,更影响操作人员的身体健康。其他例如胶片的版材及印版版材废弃后的污染也相当的严重。单就胶印而言,油墨、润版液对人体的伤害是显而易见的,不少印刷职业病都是在印刷生产第一线产生的。废墨的处置更是对环境污染产生了极其恶劣的影响。解决印刷过程中的高污染问题也是数字出版技术得以普遍应用的原动力。

五、发行或营销

简单地说,将出版物从生产单位传送到读者手中的过程就是发行,它由一系列的活动组成,最基本的环节包括:进货、仓储、运输、售卖等,每一个环节又包含多个业务活动。

图书的双重属性决定了发行工作的两重性。首先,图书的文化属性决定了发行是一项文化宣传活动;其次,图书的商品属性又决定了图书发行工作是一项经济活动。

图书发行的渠道是图书发行体制的重要组成部分。传统的图书发行渠道的基本类型有两种:一种是产销结合的直销渠道,即出版单位将图书直接销售给消费者;另一种是产销分离的间接渠道,即通过中间商向消费者提供图书。目前,我国图书发行的具体发行渠道包括:出版单位自办发行,新华书店发行系统,国有书店发行系统,中外合资发行系统,各类图书公司、连锁经营机构发行系统等。

图书的批发和零售在发行过程中具有重要意义。图书批发处于商品流通过程的中间阶段,图书要靠强大的批发市场支撑才能完成销售;而图书零售则是完成图书流通过程的最后一个环节,站在出版活动的最前线。

发行的最根本目的是促进图书的销售,因此宣传、推广工作总是伴随着图书的发行过程进行。书籍本身也是宣传媒介之一。但是,过去的图书的推广模式比较单一,如在书后插页宣传介绍同类或其他类书籍,利用报刊等刊发新书介绍、书评等,或者是通过更为传统的人际传播(口口相传)、组织传播(座谈会、讨论会)等方式进行。由于宣传预算有限,出版单位极少利用广播、电视等电子传媒进行推广。因此,宣传的范围和效果受到很大制约。

六、反馈

反馈包括书店、发行方的反馈,媒体、专家的反馈,也包括读者的反馈。在传统的出版过程中,媒体的反馈比较常见,如散见于各类媒体的书讯、书评等。专家的反馈也很常见,权威书评家的书评通常能够影响到图书的销售。但笔者在翻阅各种出版书籍、参考资料时,极少看到出版社与读者互动的案例,而书店、发行方的反馈却可以直接影响到书籍的重印和再版。读者与出版社的沟通渠道也仅限于书信、电话等,很少能真正参与到出版过程中。个别的出版社通过召开读者见面会、座谈会等形式听取读者的意见和建议,但这也仅限于形式。在传统的出版流程中,对出版社具有重要意义的读者反馈所发挥的作用却微乎其微。

随着计算机、互联网和通信技术的飞速发展,科技正在给传统的出版业带来深刻的变革。尽管大多数出版社对于数字出版这一新生事物抱着忐忑、怀疑,甚至排斥的心态,但这些并不能阻碍数字出版的发展。时至今日,数字出版对传统出版流程的影响问题也成为业内人士关注的热点。

传统出版的业务流程很长,包括组稿、编辑、印制、发行(储运发货结算)等多个环节,是按照时间顺序线性运行的,而且涉及人员较多。但在近年来的实践中,业内人士逐渐认识到,随着数字传播技术的引入,传统的出版业务流程已经发生了变化,数字传播技术在图书选题的开发、编辑审读、生产印制、传播的形式与渠道、与读者的互动等方面具有更大的优越性。

第二节　数字传播技术对选题策划的影响

一、选题范围扩大

信息技术革命,尤其是数字化出版技术的应用对我国的出版企业的经营方式产生了巨大的影响,出版界不得不面临3C的挑战:顾客(Customer),买卖双方关系中的主导权转到了顾客一方;竞争(Competition),技术进步使竞争的方式和手段不断发展和深化;变化(Change)成了常态,不能适应变化的环境就意味着很快被淘汰。[①]

在传统出版中,选题主要来自作者自投稿、引进稿、任务稿、推荐稿、约稿、征稿等几种形式,来源相对有限。近年来,我们逐渐步入了大众传播时代,各种媒介延伸了我们的感觉器官,特别是互联网资源的极大丰富,提供了很多有价值的选题信息。传统的出版产业为了适应新的变化,也逐渐利用大众传媒为自己的选题开发服务,电视节目、报纸栏目、网络论坛、文学网站、博客等都成为稿件的

---

① 周蔚华:《出版产业研究》,北京:中国人民大学出版社2005年版,第233页。

来源,选题范围进一步扩大。

翻开报纸杂志或打开广播电视,各种信息扑面而来。媒体报道的热点,如重大疾病、天灾人祸、娱乐、重大文化活动等,都可以作为选题信息进一步挖掘。如"非典"、"禽流感"、"超级女声"、"中国电影百年"等都曾引起过出版热潮。媒体的一些栏目、节目,甚至可以直接变成出版物的内容。例如中央电视台的"百家讲坛"节目,成就了数位主讲者和数家出版社。易中天的《品三国》在未出版前就有35家出版社竞相约稿,最后以竞标的方式,由上海文艺出版社获得了出版权,销售几十万册;《于丹〈论语〉心得》10天销量即达90万册。

互联网已经进入Web2.0时代,受众的参与模式由单纯的"读"向"写"、"共同建设"发展,由被动地接收互联网信息向主动地创造互联网信息迈进;网络的基本构成单元,由"网页"向"发表/记录的信息"发展;网络浏览工具由单一IE浏览器向各类浏览器、RSS(Really Simple Syndication)阅读器[①]的综合运用发展;互联网的运行机制由"用户服务"向"网页服务"转变;互联网内容提供者由程序员、专职网站编辑等专业人士扩展到普通的互联网用户。

正是网络的大众性与信息海量性,使其成为了传统出版的组稿资源之一;网络的开放性也给作者提供了一个便利快捷的投稿渠道。对于众多爱好写作的人而言,通过互联网上发表作品引起出版社关注,缩短了以往漫长等待的时间,甚至成为了一种最为简捷的成名途径。

以文学类网站为例。文学类网站以"内容为王",与传统出版业的核心竞争力相吻合。它的重要价值之一,就是掌握了出版产业的上游——原稿,因此,文学类网站已经成为出版社的主要稿源之一。

20世纪末,中文文学网站迅速发展。1995年"橄榄树"文学网站在海外的创立,成为中文网络文学的先行者。它的作者和读者都比较稳定,在文学工作者之中享有盛名。1997年,中文原创文学网站"榕树下"在上海的创立,鲜明的大众文学风格吸引了国内大批的网络写手,给普通人提供了一个发表的平台。

作为在国内有广泛影响的文学网站,"榕树下"每天会收到4000篇左右的投稿,其中有十分之一的作品经编辑筛选后会在网站上发布,形成了一个十分丰厚的文学出版资源。

2001年10月,"榕树下"与贝塔斯曼联手建立了战略联盟,并与一些网上书

---

① RSS阅读器是一种软件或是说一个程序,把新闻标题、摘要、内容按照用户的要求,"送"到用户的桌面就是RSS的目的。

店合作,介入图书发行。2002年,"榕树下"开始大规模与出版社合作,出版了不少深受读者欢迎的青春文学图书,有的书已经销售了十几万册,如《成都,今夜请将我遗忘》、《沙僧日记》等,作品集《鬼故事系列》的销售也达到了七万多册。2004年,网络实现了全面赢利,2009年,"榕树下"被盛大文学收购,目前网站还在进一步整合资源,并将业务延伸至杂志、电子图书等相关领域。

在"榕树下"网站的带动下,各种文学网站纷纷涌现,逐渐兴盛。目前国内影响较大、原创作品较多、发展稳定的文学网站有"起点中文原创文学书库"、"凤鸣轩言情小说书库"、"晋江文学城"、"逐浪原创文学"、"红袖添香"、"启明中文网"、"潇湘书院"、"青年文摘网"、"中国投稿热线"等百余家。这些别具特色的网站在网民中拥有较高的知名度和美誉度,网站上的人气作品、文章等常被列为出版社的出版选题之一。

网络的产生为文学增加了一个承载的工具,多了一块发布的阵地。也许这正是网络文学走入规模出版的主要原因。文学网站有丰富的资源,有读者基础,有免费的广告宣传,可以较好地实现网络文学到出版的过渡。

不仅是文学类网站,国内一些综合类网站也纷纷开辟读书频道,定期或不定期举办文学创作大赛:如腾讯网的"作家杯"原创文学大赛,新浪网的原创文学大赛等,很多文学爱好者踊跃参赛,也得到了众多网友的热捧。新浪网原创文学大赛前几届的很多获奖作品都成为出版社出版的重点选题,如第四届大赛奇幻武侠类金奖作品《朱雀记》,由花山文艺出版社出版,市场效果良好。获都市言情类金奖的《夏玄雪》,受到了网民的广泛支持,该书也由花山文艺社出版,首印数即达50万册。

非文学的网络原创作品,成绩也很是亮眼。从国内著名的网络社区煮酒论史天涯论坛走出来的《明朝那些事儿》在很短的时间内,就吸引了从普通读者到学术人士等众多人的眼球,由中国友谊出版社等多家出版社正式出版后,很快登上了畅销书排行榜,并长期居于畅销书排行榜的前列,目前累计销售数百万册。

此外,从2005年兴起的博客,也成为了出版社选题的来源之一。庞大的博客群体,有着巨大的创作潜力,在博客网站和专业出版机构的联合推广下,完全可能推出自己有独到见地和独特风格的开创性作品。

专业的网站,尤其是专业学术网站也为出版社提供了丰富的选题。在传统的学术出版领域,稿件的评审和出版过程都需要一定的时间,文章发表时,作品的学术价值也会大打折扣。此外,由于受到版面篇幅的限制,不是所有学者的作品都能在传统的纸质出版物上发表。因此,从 2005 年起,在国外的学术出版领域,学术人员已经发起了一股势头强劲的免费使用运动,他们希望自己的研究成果能够在网上免费传播,而不是通过里德·爱思唯尔、斯普林格以及其他跨国出版集团出版的日益昂贵的电子期刊。① 国内的专业学术网站近几年也异军突起。与商业性网站不同,学术网站不以赢利为目的,往往是学者个人或部分志同道合的学界同仁共同创办和主持的,因此他们在网站上发表的文章质量都很高。这些都可以成为出版选题的资源。

目前国内比较有特色的学术网站有:"中国民商法律网"、"北大法律信息网"、"制度分析与公共政策网"、"学术批评网"、"学术交流网"、"世纪中国网"、"法律思想网"、"中华读书网"、"法学时评网"、"国学网"、"光明网"、"中国学术城"、"乌有之乡"等。②

二、编辑主动性提高

出版社传统的业务流程虽然重视图书编辑质量,但是却容易忽视最终的目标——满足读者的需求。过去的编辑单位基本上属于"来料加工",生产的图书是否符合市场的需要,经营好坏的问题都不在编辑的考虑范围。然而,在我国出版产业转企改制的过程中,只有充分了解读者的需求,贯彻"为读者"的理念,出版单位才能在竞争日益激烈的市场上占有主动权。

以数字传播为基础的互联网为编辑人员提供了这样一个平台:编辑得以在网络上进行各项工作,由被动变为主动,最大限度地发挥自己的积极性和能动性。出版信息的组织与交流不再受时间和地点限制,编者与作者、读者可以随时保持互动。

图书策划是一种内容策划,策划人员和作者的地位并不平等,编者只是"为他人做嫁衣",作者是居于主体地位的。但是,作者在创作过程中也容易出现纰漏,这就需要策划人员积极参与并引导创作。一方面,策划人员更了解市场和读者的需要,可以从市场的角度进行评价;另一方面,很多作者一般不熟悉出版方面的许多专业性、技术性要求,策划人员可以对作者的创作提出技术性建议。

数字传播技术的应用,为编辑的工作带来了更多的便利。网络为图书策划人寻找作者信息提供了更加便利的渠道。策划人员可直接到网上去发现选题并

---

① 中国出版业,警惕 2006, http://book.sina.com.cn/mediacoop/2005-12-23/1544194891.shtml。
② 杨玉圣,学术网站前景光明,http://www.cass.net.cn/file/200303195810.html。

下载出版,或者直接在专业的书稿信息发布网站张贴广告征集作者或文章,例如中国出版热线①、文学网站以及各大论坛等,这些网站一般都设有专门板块供出版社和作者交流信息。同时,网络便于编辑在尽可能大的范围内去考察读者需求。如果受到大量网民的欢迎,作品即可迅速大量印制出版。同时,编辑人员可以随时审读作者递交的电子书稿,如有问题立刻修改,加强了互动性。

三、搜集信息的重要性

现代社会由信息贫乏变为信息爆炸,信息的传播与接受特征都发生了根本性的变化,但这些信息中大部分都是"冗余信息",能够成为出版选题的少之又少。因此,面对互联网上的海量信息,编辑人员需要有较高的鉴别力来辨别稿件的价值和市场潜力。

出版产业与其他产业相比更具特殊性,他自身就是加工、生产、传递信息的主体。这使其采集到的信息不仅要具有指导生产的目的,信息本身可能就是出版的主要内容。② 因此,选题信息的采集非常关键。

信息化时代,人们遇到的最大难题恰恰是无用的信息过多过滥。而数字传播技术的重要方面——信息检索解决了这一难题。信息检索(Information Retrieval)广义上是指将杂乱无序的信息按一定的方式组织和存储起来,并根据信息用户的需要找出相关信息的过程和技术。③

计算机的信息检索功能,相较于手工信息检索,不仅能够跨域时空的限制,在短时间内查阅大型的数据库,而且通过互联网随时可以得到最近更新的信息。这为编辑的工作带来了极大的便利,只要输入几个关键词,同类型图书的数目列表就可以显示出来,节省了大量的时间;同时,作者、选题、政策等背景信息的搜集也变得更加便捷。

互联网是一个多媒体的信息源,人们对于网络信息的检索效率也随着信息的丰富而提高。目前针对各种多媒体信息检索的网络搜索引擎层出不穷,例如百度(baidu)、雅虎(yahoo),以及谷歌(google)等。

四、案例分析——《诛仙》系列小说的出版

在浩繁的网络传媒形式中,网络文学已经形成了稳定的赢利模式。台湾作

---

① 中国出版热线网址:http://17easy.cn。
② 于友先:《现代出版产业发展概论》,苏州:苏州大学出版社2003年版,第25页。
③ 谢新洲编著:《电子出版技术》,北京:北京大学出版社2006年版,第177页。

家痞子蔡的《第一次的亲密接触》，被普遍认为是中国网络小说的开山之作。我国台湾的一些出版社最早意识到了玄幻文学的商业价值，于2001年—2002年，与一批小有名气的网络玄幻小说作家签订了出版合同。随后，国内的出版社也逐渐意识到网络文学的价值，《诛仙》系列小说便是在这一背景下得以开发。

2005年，朝华出版社与幻剑书盟合作，出版了网络玄幻小说《诛仙》系列，这本小说成了2005年度畅销图书，销售百万余册。同时，幻剑书盟已经注意到了开发作品的衍生产品，比如小说的有声读物、动漫等，而且借助TOM在线海量的无线用户，小说作品手机付费下载阅读的道路也是畅通无阻。现在，根据《诛仙》改编的网络游戏已积聚了诸多人气，改编的电视剧也开始选拔演员。

《诛仙》的辉煌离不开图书策划人沈浩波在幕后的推动。沈浩波也是从传统图书开始做起的，先后推出了春树的《北京娃娃》、孙睿的《草样年华》等青春文学作品。2005年，急于寻找新作者的沈浩波转向了网络图书出版，并首先看上了《诛仙》。

作为出版策划人，沈浩波每天都要上天涯、新浪、起点、幻剑书盟这些原创文学阵地，读大量的网络作品。2005年5月，《诛仙1》、《诛仙2》同时推出，每本初印1.5万册。《诛仙》出版时，沈浩波做足了宣传的功课：先在新浪网上做了两个关于《诛仙》的专题，然后向全国的大媒体发布信息：新浪网上有一个有趣的专题，一定要关注一下。

在沈浩波看来，以前的作家，都是由向报刊投稿的文学青年转换来的。现在，如果再按照传统的路子做出版，根本行不通，因为缺乏发现新作家的途径。网络正好弥补了这个缺陷，成为许多年轻作者的作品展示地，也为图书选题的开发提供了丰厚的资源。

第三节　数字传播技术对编辑流程的影响

一、编辑对象的变化

1. 载体的不同

传统的出版流程中，编辑对象为纸质的书稿。而在数字传播技术的带动下，编辑对象突破了纸张版面的限制，使出版信息由文字和静态图片扩展为文字、图形、图像、声音、动画、视频等多种媒介信息形式，而相应的承载这些信息的载体也发生了改变。

从出版物的发展历程可知，出版物每一次大的改变都是由其载体形式发生的巨大变化引起的。因此，载体的不同是其最根本的区别。传统印刷型出版物是以纸张为载体，而数字出版物则是以磁、光、电为载体，这样就决定了其存储密度、成本差异和信息的表达方式有所不同。纸质出版物难以修改、更新，存储密度低。新型多媒体出版物则以易修改、易复制、发行方便和海量的存储能力显示出其载体的优越性。

数字出版物的内容通常以机读数据的形式来展现，即它的内容是计算机可以识别、理解、处理的数据。在进行编辑的过程中，不仅要借助机读设备等硬件支持，还必须有相应的检索软件和其他编辑软件的支持。无论是查询出版物的内容，对检索到的内容进行排序，还是按一定格式显示、打印，都离不开软件的帮助。

20世纪80年代，电脑处理技术进一步发展。在整个纸质出版物的排版、制版过程实现数字化后，电脑处理的数字化信息又被存储在软盘、光盘或IC卡中，形成了软磁盘或光磁盘出版物。

随着视频数字化技术的进一步开发，1985年的法兰克福书展上，首次展出了CD-ROM光盘出版物。到了20世纪末，包括电脑软件、图书、报纸、期刊、电子游戏在内的CD-ROM出版品种已难以计数。

20世纪末，美国市场上出现了两种电子阅读设备，即由美国新媒体（Nuvomedia）公司推出的"火箭书"（Rocket Book）和Gemstar推出的"软书"（Softbook），它们引起出版业内人士的密切关注。手持电子阅读设备凸现了许多纸质图书没有的优点：容纳的内容大大增加；能够搜索，可以实时下载、更新图书内容；使得电子书脱离电脑，真正成为能随身携带、自由移动的"书"；同时，它还具备防止盗版的功能；利用网络传输与读者、市场建立了崭新的关系。

"火箭书"的外形与传统纸质图书非常相似，实际上它是一种书状的、具有大容量显示和书报阅读界面的专用电脑。用户可以将网上购买的电子书下载到这部电脑上，再导入"火箭书"。这款电子书阅读器的容量大约是4000多页的图书，当时售价约200美元。国内的辽宁出版集团曾经与美国秦通公司联手，推出了火箭书的汉化版本——"掌上书房"，也是在中国率先推出的中文电子图书。新媒体公司后来被美国的Gemstar集团收购。Gemstar推出的"软书"也曾是的知名电子书阅读器。但是顾客购买阅读器后，还必须每月从软书出版社的网络商店购买10美元—20美元的书或其他阅读材料。和"火箭书"不同的是，它可以直接上网挑选喜欢的图书,付款后可直接下载并保存在阅读器中。

上述两款阅读器虽然在出版业界产生了一定的影响,然而,无论是"火箭书"还是"软书",都存在技术上的弱点:电子书格式兼容性差,下载和阅读都只能使用 Gemstar 独家生产的阅读设备;与网络上众多的图书资源相比,不能满足读者的阅读和选择需求;此外,其体积相对厚重,且十分耗电,导致阅读器的销量并不能令人满意。"火箭书"已于 2003 年退出了市场。

2006 年 9 月,索尼阅读器(Sony Reader)的上市为电子书的发展带来了新的希望。该产品体积小巧,有 6 英寸的显示屏,可容纳 80 本书的内存,以及足够阅读 7500 页的电池;而且携带方便,屏幕没有可视角度和反光问题。但是这款阅读器的翻页功能很弱,无法直接跳跃到特定页面或章节,不能进行文本搜索。

美国网络零售业巨头亚马逊(Amazon.com)也于 2007 年 11 月推出了电子书阅读器 Kindle。Kindle 和普通书本大小相当,重量约 290 克,不需要背光,运行时也不会有散热问题。它拥有方便的搜索功能,可以搜索书内的任何词语。同时,用户还可以登陆亚马逊网站浏览书的介绍,或者直接购买和下载喜欢的书。

2010 年初,苹果公司 CEO 史蒂夫·乔布斯宣布推出传闻已久的平板电脑 iPad,分为支持 WiFi 和支持 WiFi+3G 两个版本,有 16GB、32GB 和 64GB 三种容量大小,支持 WiFi 版的 16GB 容量的 IPAD 最低售价为 499 美元。iPad 内置了苹果最新的应用程序——iBooks,这是苹果专门为抢占电子书阅读器市场而研发的功能,让用户可以在 i-Bookstore 网络书店上直接选购书籍。iBooks 允许用户改变字体和字号大小,还可以设置电子书的亮度,便于晚上阅读。iPad 还具有强大的阅读搜索功能。精致的界面、流畅的触控屏、晚间阅读功能及搜索功能,这些都是它独具特色的方面。除此之外,iPad 的彩屏可以看高清电影、玩游戏、看图片。苹果公司还将超过 3 万本免费书籍添加到 i-Book 电子书店当中。苹果还与美国六大出版商达成了协议,路透社、《华尔街日报》、《新闻周刊》等媒体也将在 iPad 上销售。尽管苹果 iPad 上市不久,它在全球已经掀起了一股狂潮,对 Sony Reader 和 Kindle 都造成了强大的竞争压力。

2. 多媒体化与交互性

多媒体是相对于单媒体而言的。传统的出版物,都是以一种媒介形式传递信息的,如图书,只能传递静态的视觉信息;磁带只能传递听觉信息。

早期的数字出版物的内容以字符和数据为主。1975 年计算机排版系统诞生,并开始在世界范围内普及,通过计算机的即时检索能力和交互工作方式,使信息的获取更为方便。这时的出版物还没有图文并茂的能力。随着数字传播技术的发展,特别是80年代多媒体技术的日益成熟,出版物具备了文字、音频、视频、动画并茂的表现能力,更具感染力。

数字出版物把文字、声音、图像和动画等有机地集成在一起,并综合地表现出来,产生一种多元和谐的整体效果。文学、艺术类的作品可以利用多媒体的元素使作品更富表现力,很多学术作品以及科普作品也同样可以利用先进的多媒体技术使呆板的数据和图表变得生动活泼,让复杂的逻辑思维通过动态的多媒体内容轻松地展现在作品中。

此外,在信息传播过程中,数字出版物可以根据读者要求执行不同的工作。读者成了真正的主角,这一点是传统出版物所无法比拟的。用户可以利用计算机,对数字出版物中的多种信息媒体进行交互操作,从而更加有效的控制和使用信息。

传统出版物以线性的顺序来组织信息,因此阅读方式是以线性为主,它一般通过目录及书后的索引来随机获取。它的最大特点就是其内容一旦在纸张上固定下来,就不易更新修改,更无法对其内容结构、顺序予以调整。而人们非线性的认知思维活动可以跳跃性地获取信息,对信息内容能随机地抽取、组合。很明显,纸质出版物是无法满足人们这种需求的。在多媒体与超文本技术的基础上产生的数字出版物实现了对信息的非线性组织,读者可以对信息结构和内容进行更新、组合和调整,建立信息之间的联系,也可方便地实现对各种媒体信息的任意查询、检索、复制、编辑等功能,能更好地满足人们对信息的需求。

3. 即时传播

传统的图书、期刊、音像制品,从策划、制作到发行都需要一定的时间周期。而数字出版则不同,可以将制作与发行同步进行。与纸质出版相比,数字出版节省了制版、出片、印刷、发行等流程,作者在线编写与编辑审读稿件可以同步进行,稿件到达读者的时间大大缩短,实现即时传播。

随着数字传播技术的进步,编辑人员通过传真机、移动通讯设备和计算机网络等途径,随时随地都能同编辑部保持联系,并将处理完毕的任务经由图文传真、网络邮件等技术手段迅速反馈编辑部。

以电子报纸的出版为例,通过与网络互联,内容可以随时自动刷新,这一点是相对于传统报纸最大的优势。前方的记者使用数码相机、掌上电脑、移动电话等工具,将现场采集到的第一手材料,即可通过网络把信息传回总部,经编辑加工、处理,一篇报道就可以上传到网站的服务器上对外发布了。

目前,很多作者在写作的过程中都是通过网络邮件、即时聊天工具等,随时与编者、读者沟通。网络通信可以实现快速的双向传递,显示编者和作者在组织稿件过程中的具体要求和细节,即使是远地相隔,通过网络也可就稿件的修改、校对、定稿等事宜进行沟通,提高稿件质量也有了更可靠的保证。在两地边议边改,其速度和效率都是传统出版方式所不敢想象的。此外,编辑人员通过网站、论坛等可以接触到更多的专家学者和专业科研人员,从而为某一选题物色到最佳作者,稿件的来源变得更加广泛。

4. 信息传输与复制

传统的纸质出版物的信息传输主要依靠的是传统的邮政传送,通过传送信息载体达到传送信息本身的目的;并且传统出版物的书写的记录方式使稿件不容易复制。而数字出版物的内容从生产的环节开始就以二进制的形式储存,彻底废弃了手写、模拟等陈旧的形式,出版内容更加标准化。信息传递方式实现了信息和信息的载体在时间、空间上的分离,一方面降低了信息传播对信息载体的依赖性,另一方面有效防止了传输过程中失真等问题的出现。

二、编辑方式的变化

1. 编辑流程复杂化

数字出版使出版信息由文字和静态图片扩展为文字、图形、图像、声音、动画、视频等多种媒体信息的结合,这就决定了编辑流程不能仅仅局限于审读和校对,还要包括软件的测试和评价,多媒体信息的同步监听监看等。正因如此,编辑流程随之细化和分解,需要更多专业人士加入。

仅以电子图书(eBook)的编辑过程为例。近年来,电子图书的概念对于业内人士来说已不再陌生,截止到 2009 年年底,中国电子图书出版总量已经超过 97 万种。"E-Book 是指将信息以数字形式存储在光盘、磁盘等存储介质上,通过计算机网络进行传播,并借助计算机或类似设备来阅读的电子图书。"[①]E-Book 发展至今,已经经历了三个阶段:第一阶段是纯文本阅读阶段。这一阶段电子图书一般以纯文本的格式存在,读者只要到相关网站上下载即可阅读。

[①] 谢新洲编著:《电子出版技术》,北京:北京大学出版社 2006 年版,第 33 页。

第二阶段是计算机专用软件阶段,用户必须在个人计算机上安装相匹配的阅读软件才能阅读。常用的软件包括 Adobe 公司的 Acrobat Reader、微软的 Microsoft Reader、方正的 Apabi Reader 等。目前,电子图书的发展逐渐进入到第三阶段,也就是电子阅读器阶段。

电子图书的制作必须依靠软件来进行。目前使用较多的软件有 E-Book Workshop、方正 Apabi、Web Compiler 等。电子图书的制作大致分为以下几步:

(1) 图书选题:通过市场调研,确定图书的主题。

(2) 组稿和校对:选题确定后,就要根据该选题组织稿件,并收集相关的资料和图片。互联网可以提供很多有用的素材,但是互联网上的资料也很杂乱,需要进行大量校对和整理工作。在收集和校对过程中,编辑人员要总结出该书的大致结构(书的目录)和书籍风格(整体设计的风格)。

(3) 设计:图书设计人员要按照编辑整理好的资料、结构和风格说明进行设计,使用 PhotoShop 和 Fireworks 等图形处理工具以及一些图标制作工具,设计出书的封面、内文版式以及图标和 Logo 文件等。这些要通过电脑硬件和软件来完成。

(4) 制作:技术人员要在设计师设计的基础上进行切图、添加文字内容和加入链接等制作工作,有时也要插入视频和音频文件。这一步骤相当于制作一个完整站点的目录,其中包括图片、超链接、图片等文件以及书中的 Icon 和 Logo 文件。常用的网页制作工具有微软公司的 FrontPage 和 Macromedia 公司的 Dreamweaver 等。

从电子图书的制作过程来看,编辑流程中参与的人员更多了,除了文字编辑,还包括设计人员、视频制作人员、电脑技术人员等。审读和校对过程变得更加复杂:检查文字、图片、声音、Flash;检测操作时的反映效果是否符合设计要求;检测超链接、文字检索、书签、标注、计时等功能;测试软件的阅读环境等。

2. 编辑流程机动性提高

由于数字出版物即时性的特点,要求编辑人员对出版情况随时追踪,这无疑是对编辑工作的挑战,必须对出版对象进行全方位、随时随地跟踪,发现问题及时处理。传统出版过程中按部就班的审稿、加工、校对环节的界限变得模糊,交稿环节逐渐淡化了,"齐、清、定"的说法逐渐消失,因为编辑对象可以方便地复制,作者和编辑人员可以同步或交互地对数字内容进行组织和编写。

在数字传播技术的广泛应用下,整个编辑流程都可以实现网络化管理,从选题策划、审批、组稿、编校、发稿、付印、稿酬、文稿档案等均可在网络上对其进行实时、动态的管理,已发稿件也可建立起详尽的分类、统计、查询数据。同时,出版社还可以建立作者数据库,以便对作者队伍进行网络化管理,随时更新作者的履历、学术科研成果、个人专长、联系方式等情况,由此建立一支相对稳定的高素质的作者队伍。作者通过磁盘或电子邮件所投的稿件,转化成统一格式的文件后,直接存入稿件库;编辑在进行加工时,可以从数据库中调出已排版的稿件,直接在计算机上进行编校。在审稿过程中,编辑一方面随时可与作者通过网上交谈,对稿件的有疑问之处提出修改意见,征求作者意见。另一方面,为了保证稿件内容的科学性、思想性、先进性,编辑可利用网上的巨大信息资源库,对文稿中的资料数据等关键性内容进行查询和确认。此外,编辑还可通过电子公告板或电子邮件征求专家意见,以确保内容的准确性。

第四节　数字传播技术对印制流程的影响

传统出版需要把内容复制在纸介质上,以图书、期刊、报纸等形式进行传播,不可缺少的一个环节就是印刷。而数字印刷技术打破了这种单一模式,"印刷"的内容和形式都发生了变化。

一、印刷流程的数字化

印刷术虽然起源于中国,但是现代的铅字印刷术是由西方发明的,并在19世纪中叶传入我国。此后,这种方法主宰中国印刷业长达一百多年。在这期间,铅字工、排版工、铸字工等技术工作在印刷业长期占据了重要位置。

铅字印刷的劳动强度很大,完成一本书的排版,铅字工人需要逐字逐句地挑拣铅字,再由排版工人按照作者提供的手写原稿组装版面。如遇图形还需事先制好锌版。我国的汉字数量非常大,有数可查的就达6万字,字号、字体也非常繁多,碰到一些生僻字,便需重新铸造。过去用铅字印刷法印制一份报纸大致需要150名工人;完成一张普通报纸的排版工作需要4个小时,效率极低;除此之外,铅污染问题也一直困扰着印刷从业者们。

1946年,美国发明了世界上第一台手动式照排机,在接下来的几十年里,世界照排技术不断发展,第二代光电式照排机和第三代阴极射线管照排机先后问世。1976年,美国蒙纳公司又研制出了第四代激光照排机,而此时我国的印刷业采用的仍然是五百年前古登堡发明的铅字印刷技术。

1985年,北京大学的王选教授发明了用数学描述的方法对汉字进行分解压缩铸字储存,解决了把汉字输入计算机压缩还原的技术问题,极大地减少了汉字数据的存储量,使我国的计算机激光照排得以实现。激光照排的过程,第一步借助编辑录入软件,将文字输入计算机,即录入过程;第二步借助排版软件,将已录入的文字按一定格式进行排版,如标题的设置、字号字体的选择、行间距离等都在这一步骤中进行;第三步是通过显示软件,在计算机屏幕上将排好版的文件显示出来,以方便编辑人员进行校对修改,也可利用打印机将文件打印出来。第四步是将准确无误的文件,通过照排软件将其传送到照排控制机,最后在激光照排机上输出,制成像纸或胶片。这种胶片可以直接拿到印刷厂,经过晒版、上版、胶印等一系列印刷流程即可转化成精美的书刊或报纸。

通过这种技术,一张报纸的排版时间降低到20分钟。王选的发明被称为中国印刷术的第二次革命。从此,我国的印刷技术告别了火与铅的时代,迎来了计算机与激光的时代。1988年,《经济日报》社印刷厂卖掉了全部铅字,成为世界上第一家彻底废除了中文铅字的印刷厂。到了1993年,国内99%的报社和95%以上的书刊印刷厂都采用了王选设计的激光照排系统,极大地提高了生产效率,使我国的印刷流程实现了数字化。

二、"按需印刷"(POD)

当整个世界掀起数字化浪潮时,印刷业也不例外。数字传播技术的神奇魔力,使数字印刷"茁壮成长",成为当前最令人瞩目的印刷新技术。

数字印刷较传统印刷最大的特点在于将数据库和网络技术融入了印刷工艺,实现了可变图文信息的复制。在全球数字化发展的大背景下,随着个性化印刷、按需印刷、可变数据印刷等非传统印刷需求的日益增长,数字印刷的应用空间得到了广泛地拓展。

在传统的图书出版当中,出版一本图书是一项很浩大的工程,要经过繁复的程序。而现在,"按需印刷"的概念开始流行。按需印刷(Print on Demand,简称POD)简单地说,是指印刷服务商可根据最终用户对实际产品的数量和生产周期的要求,进行的出版物和商业印刷产品的生产及分发过程,更经济、更灵活。这其中,主要依赖的就是印刷环节的一项技术进步——数字印刷机的使用。

数字印刷机工序少,印制的周期短。它与传统印刷机的最大区别,就是能够实现每一张都不一样的可变数据印刷。随着印刷市场需求的发展，印刷业者将面临来自用户更严格的交货期限、更高的色彩质量、更短的印刷周期以及用户个性化服务等压力。在这个重视图书外观和图书包装的时代，出版方都要求精美的印刷质量和精细的加工处理；同时，为了使其图书更具个性化，从而吸引更广泛地区、不同市场范围内的读者，有时在付印前最后一分钟还要进行改动。这在传统的图书印刷流程中简直是不可想象的。唯有数字印刷凭借其所独有的"无起印量限制、满足交货期短的灵活需求、高附加值及高效益力"的特点才能担当此任。毫无疑问，越来越多的印刷机生产商、印前设备生产商和其他的印刷供应商都把目光瞄准了数字印刷市场，以适应形势的变化。

此外，随着数字传播技术的发展，印刷的承印物已经由普通纸张、不干胶等常规印刷材料，扩展到特种材料，如塑料、无纺布、玻璃、陶瓷、木材、金属表面等。同时，数字出版的载体也不再囿于纸质出版物，出版物的种类大大增多，如实体的光盘、音像制品，虚拟的电子书、电子期刊、网络数据库、手机报等，都属于数字出版的范畴。

相对于传统的印刷流程，按需印刷具有更大的优越性，主要体现在以下几个方面：

1. 节约成本

按需印刷获利的关键在于通过降低整个印刷过程所需的时间和费用，改进书刊的无效供应链环节。因为在书籍出版市场，书籍成本中包含未售出的书籍和最低印量的费用。而数字印刷正解决了这一问题，这也是数字印刷很快被接受的原因。

数按需印刷在印刷数量上是没有限制的，一册起印，即需即印。传统印刷由于加收制版费，总的成本较高，印数越少，每张成本就越高。而按需印刷的成本是和印刷数量成正比的，更能满足个性化的印刷需求。

2. 简化流程

按需出版的另一大优点是印刷的流程非常简单。传统印刷工艺流程需要原稿经电脑制作、输出分色软片、打样、拼版、晒 PS 版、上版、四色印刷等众多工序和步骤。如果在这些过程中出现网点丢失或套色不准等问题，就会造成部分或全部返工。而数字印刷工艺流程只需经过电脑制作和印刷两个工序。操作简便，从设计到印刷一体化，不需要软片和印版，也没有水墨的问题，一人便可完成整个印刷过程。

往往传统印刷需要两三天才能完成的印刷品,而数字印刷只要几小时就能完成。数字印刷能完全做到前后两张印刷品内容的不同,非常适合经常变换印刷内容和版式的个性化的按需印刷市场。在按需出版模式中,出版商或者个人作者只需支付一笔费用,把书籍输入系统中,然后付比传统出版更少的钱就可以得到书的单本。

例如,美国英格拉姆出版集团所属的 Lightning Source 公司就是一家数字图书的按需印刷企业。Lightning Source 通过网络在线或书店接受顾客购买书籍的订单信息。为了实现按需印刷,书店中安装了一套印刷和装订系统。它既可以印刷书籍内页、彩色封面和完美装订,而且简单易用,投资低廉。又如德国贝塔斯曼这类大型出版机构,通过荷兰发明的奥西柯式数码打印技术[1],极大地提高了出书效率。国内知识产权出版社早在 2004 年就启动了按需出版的业务,可称作是中国按需出版的推动者。先进的数码印刷机保证了知识产权出版社的工业化生产。目前该社已在北京建立了国内规模最大的数字印刷和数据处理基地。

3. 降低库存

按需出版的另一大优点就是减少浪费。根据新闻出版总署公布的数据,2009 年全国共出版图书 301719 种,其中新版图书 168296 种,重版、重印图书 133423 种,总印数 70.37 亿册(张),总印张 565.50 亿印张,折合用纸量 132.93 万吨,定价总金额 848.04 亿元。全国新华书店系统、出版社自办发行单位纯销售 63.18 亿(册张份盒)、580.99 亿元;全国新华书店系统、出版社自办发行单位年末库存 50.62 亿(册张份盒)、658.21 亿元。[2] 可以看出,库存的码洋高于纯销售的码洋。大量的库存积压,尤其是不良库存已经成为出版发行行业的一个痼疾。消化库存,提高周转也是整个出版发行行业健康发展的迫切需要。而通过数字印刷技术,虚拟仓库和店内印刷的概念成为可能。没有库存书籍,也就没有使用仓储的必要。

从读者角度来看,按需印刷手段可实现个性化图书的订制,可以在书刊上印制你想要的各种各样的图片与文字信息,而且可以每本都不一样,是真正属于自己的图书;从发行商角度来分析,如果能实现图书资源的集合,发行商可实现真

---

[1] 奥西柯式打印技术能够确保打印系统更具可靠性,多任务处理功能,无论介质或作业复杂程度如何,都能保持较高的打印速度。可根据定制尺寸对文件进行处理。http://www.bertelsmann.com/。

[2] 新闻出版总署图书出版管理司:《中国图书出版产业报告 2005—2006》,北京:中国人民大学出版社 2008 年版。

正意义上的"零库存"按需发行;而站在作者的立场来看,按需印刷使人人出书也成为可能。

第五节　数字传播技术对营销的影响

营销是商业机构或其他组织实现自身或与消费者之间价值交换的一系列活动。① 营销的关键不仅在于产品销售,而且更注重品牌经营。近年来,国内出版社的营销部门有了一些变化,如华东师大出版社借转企改制,把原有的市场部拆分到各个分社,外研社实行全员营销,不仅各个分社设立营销部,全社也有统一的营销中心。这些变化都反映出国内出版社对于营销理念的认识愈加深入。

所谓营销组合,一般包括相互联系的四个方面:产品(product)、价格(price)、渠道(place)、促销(promotion),简称4P。20世纪90年代,市场营销组合由4P转向4C,即顾客(customer)、成本(cost)、便利(convenience)和沟通(communication)。② 在此基础上整合营销传播理论被提出,并成为近年来业内外最为提倡的营销模式,其关键特征是传播过程始于消费者,使用各种形式和方法与消费者直接接触。

传统的发行更多的是侧重销售,而且出版社的图书都是通过各种中间渠道才能到达消费者手中,与消费者几乎没有直接沟通,因此营销的效果也有限。但随着数字传播技术的应用,改变了这种状况,传统的图书发行方式产生了一定的变化,主要体现在以下两个方面。

一、网络营销

网络营销,顾名思义就是以互联网为手段展开的营销。目前,网络营销已经成为多数公司整合营销传播项目的主要媒介。近年来,国内的出版社也逐渐认识到网络的作用,纷纷开展起网络营销的业务。

在传统的发行环节中,出版社市场发行部门基本面对的是各种图书发行中间商,接触到最终读者的可能性也不是很大。市场部虽然需要对图书市场上的零售情况进行调研,但实际上往往是因为人力、资本的限制,不能形成一个高效

---

① 〔美〕特伦斯·A. 辛普:《整合营销传播 广告、促销与拓展》,廉晓红等译,北京:北京大学出版社2005年版,第4—7页。
② 倪宁:《广告学教程》,北京:中国人民大学出版社2001年版,第120—135页。

的运作流程。目前,国内的出版社的分销渠道较多:既包括新华书店系统,各种民营、外资等,还包括各种网上书店,出版社自建零售书店,以及邮寄发行等直销渠道。这种看似多样化的发行方式并不利于出版社长远的发展。其一,分散了出版社发行资源和精力,造成发行管理的混乱,从而影响发行效率。不仅容易造成部门之间的隔阂,为信息流通设置障碍,还有可能在出版社内部形成部门之间互相争夺资源的情况。其二,图书分销渠道的杂乱使得发行量不能准确地反映图书市场需求,因为读者获得图书的渠道过多,购买动机不明,因此市场需求的波动性很大,进而影响到了读者与出版社的信息沟通过程,误导了出版策划的工作。而网络营销方式的运用能充分弥补上述营销环节中出现的不足。

目前在出版业应用的网络营销的方式很多,主要包括以下几种:

1. 大众网络广告

大众网络广告以自己的独特优点越来越受到出版社的青睐:首先,相对于传统媒体,网络广告成本较低;其次,网络交互性的特点,改变了受众被动接受信息的方式,读者可以对接触到的信息进行选择;再次,随着互联网的普遍应用,我国网络的使用人数以两位数的速度上涨,网络广告的影响力逐年提高。

目前的大众网络广告有多种形式,包括网站广告、旗帜广告、弹出式广告、插播式广告,以及网站赞助等。

2. 电子邮件广告

根据某咨询公司统计,83%的网络用户上网的主要原因与电子邮件有关。而电子邮件广告就是利用网络电子邮件的形式传递广告信息,目的就是把相关信息放在预期的消费者面前。

电子邮件广告的目的性很强。电子邮件有一个特定的功能,就是营销人员在征得消费者许可的前提下,才向他们发送特定主题的信息。通过这种形式,营销人员就能准确掌握消费者的需求情况,哪些人会成为预期的消费者。成本低廉也是电子邮件广告的一大优点。传统的直邮广告也需要花费纸张成本和一定的邮资,而发送 E-mail 广告所需费用几乎可以忽略不计。电子邮件广告的第三个优势是即时性。E-mail 信息可以迅速发送到成千上万人,并且邮箱用户可以在第一时间就能看到这些信息。

3. 其他新型网络营销方式

出版社的营销人员通过长期的营销实践,对互联网技术的了解更加深入,因此开拓出一些新型的网络营销方式。

（1）设立专门的网站

现阶段，国内绝大多数出版社对网络营销的重视程度逐年提高，加强了对自身网站和数据库的建设，并取得了一定的成果。例如，中国人民大学出版社主办了"中国高校人文社科信息网"，收录全国高校人文社会科学的研究成果和研究资源，提供人文社科信息的在线服务。此外，人大社还开通了人大教研服务网络，短时间内就吸纳了数万名人文社科专业教师成为会员。[①] 又如电子工业出版社先后与西安电子科技大学出版社和北京邮电大学出版社合作建设"华信教育资源网"，向高校教师提供更多的教育资源、资讯服务。

（2）博客营销

博客是以个人为中心的口口相传，相对于其他大众的网络广告来说，更具灵活性和亲和力。目前，国内出版社也认识到了博客对于消费者的劝服效果，在推新书的过程中，开辟作者或编者的博客，以更"私人"的方式达到与读者直接交流的目的。出版人张立宪对其主编的"读库"丛书，选择的就是"私人博客"营销的方式来向读者进行推介。借助这个"每天持续不停的新闻发布会"，带动传统渠道的销售，平均每期销售到1.5万册到2万册。[②]

（3）论坛推广

利用网络论坛的低成本优势，多数出版社普遍选择利用强势网络论坛甚至自建论坛进行营销。商务印书馆在豆瓣网、土豆网等网站拥有该社自己的阅读群或商务印书馆阅读小组，出版社会派专人进行维护，定期发布一些新书信息，一方面促进销售，另一方面也对读者的需求有了更深入的了解。广西科技出版社利用网络论坛自己组织编辑、发行人员，对该社重点图书《瑜伽天后 LULU'S 脊美瑜伽》进行论坛宣传，在各大美容生活类论坛进行发帖，连载该书最精彩内容，一个月内网友点击率达到一百多万。

目前，国内大多数的出版社还停留在传统的发行阶段，网络营销的竞争意识不强，并没有把网络营销提高到战略层面。除此之外，出版社网络营销的应用随意性比较强，缺乏系统的策略和规划，难以形成优势。还有一些业内人士并未认识到网络营销的真正价值，仅把目光关注于销量。而实际上，网络营销不等于网络销售，它是很难看到立竿见影的效益的。但是网络营销促进与读者的沟通、提升出版社的品牌形象方面，具有极其重要的意义，重视程度需要进一步加强。

---

① 刘观涛：《高校教材之营销"连环术"》，《中国图书商报》2006年4月28日。
② 回眸2007营销6大趋势，http://www.cbbr.com.cn/info_14260_1.htm。

二、电子商务的引入

数字传播技术的进步对发行环节的影响是实质性的。① 目前国内大多数出版社还主要通过传统的货运渠道发货,但随着电子商务技术和数字版权保护技术的发展,业内人士认可程度提高,出版物的发行完全可以在网上完成。

电子商务这种交易方式相对于传统的发行方式,具有快速高效、双向实时沟通、全时性等优点。电子商务主要指网上购物和网上销售,这是以互联网作为商务平台工具的重要体现。2007年12月,中国网民网络购物比例是22.1%,购物人数规模达到4640万。而美国2006年8月网上购物的比例则已经达到了71%。② 电子商务为广大网络用户和商家提供平台,双发在互联网的基础上实现沟通与交易的目的,这也是目前政府和社会大力提倡的商业模式。电子商务在出版产业的应用包括:

1. 网上书店

网上书店,改变了传统意义的图书主发制,取消了二级批发商和零售商,发行流程相应地被大大缩短了。

例如创办于1995年7月的亚马逊网上书店,创办人就是有电子商务教父之称的贝索斯。经过短短十几年的发展,亚马逊已经成为全球出版产业的航母。亚马逊的成功,归根结底缘于其网站的四大优势:便利的购物方式、优惠的价格、快捷的服务和品种齐备。③

首先是便利的购物方式。在传统书店里购书实际上是一件费时费力的事,对于生活节奏加快并注重效率的现代人来说,网络书店更方便快捷。亚马逊的在自己所有的网页上都是设计了"一点通"功能,任何人只要在网站上购书一次,系统就会自动记录用户的相关信息,下次购买时只要点击所要购买的图书产品,系统就能自动完成余下的操作。此外,发达的搜索系统也使读者寻找相关图书变得更加容易。

其次,是优惠的价格。亚马逊可以称作是世界上最大的折扣商,这无疑也是对消费者的最大吸引力之一。亚马逊坚持薄利多销的原则,网络书店上的商品,

---

① 吕志军:《数字出版对传统业务流程的影响》,《大学出版》2007年第2期。
② 第21次中国互联网发展统计报告,http://it.people.com.cn/GB/8219/114643/index.html。
③ 黄海龙编:《电子商务帝国——亚马逊网上书店传奇》,北京:经济日报出版社2000年版,第27—34页。

无论是书籍、CD、DVD,大部分都可以享受 40% 的优惠价格,平装书的价格优惠也在 20% 以上。由于亚马逊网络商店直接向出版社、供应商取货,少了很多中间商的环节,而且邮资也是由消费者来付,减少了很多常规书店的运营成本,所以使价格优惠成为了可能。

再次,亚马逊拥有快捷的服务。例如顾客将填好的订购单单击确定并发出后,几秒钟之内,系统便完成了所有的购买程序。亚马逊承诺从找到商品到装运货物,绝不会有片刻耽搁。这一点也受到顾客的广泛好评。而且网络书店具有全时性的特点,不会受到实体书店营业时间的限制。

第四,亚马逊网上书店不仅经营图书、CD 等出版物,还经营化妆品、宠物用品、礼品、药品等等,任何人想要购买的商品,几乎都可以从网页目录中找到。传统的实体书店如果拥有 5 万种图书已非常少见,而亚马逊提供几百万种的书籍选项。亚马逊制定了独一无二的退货规定:从 1999 年开始向顾客承诺,只要读者对亚马逊的推荐图书不满意,可以无条件退货。

贝索斯这样描述亚马逊网络书店所扮演的角色:

> 我们扮演了一个"信息经济商"的角色。在我们的左手边是放着的许多商品,在我们的右边是等着的许多顾客,亚马逊就站在两者中间加强联络。结果就会是:我们联系着两组顾客,一组是需要买书的消费者,一组是正在努力寻找消费者的出版商。①

国内的网络书店也已经发展到一定的规模。例如成立于 1999 年 11 月的当当网,目前是全球最大的中文网上图书音像商城,面向全世界中文读者提供近 30 多万种中文图书和音像商品,全球超过 1500 万的读者在当当网上选购过自己喜爱的商品。而被亚马逊收购的卓越网,为了应对中国电子商务行业的信用瓶颈问题,卓越网还推出"零风险购物"的服务——15 天之内用户在卓越网上买到的任何物品,不论原因,都可以在卓越网进行无条件退货。

2. 数字阅读付费

类似以发行电子书、电子期刊、手机报等为主要内容的数字出版实质上是一种"无发行"的电子出版。其突出特点是作品的发行环节可以在网上自动完成。出版内容提供商把信息发布到网上,而出版内容的消费者到网上去下载,交易的

---

① 黄海龙编:《电子商务帝国——亚马逊网上书店传奇》,北京:经济日报出版社 2000 年版,第 35 页。

双方借助计算机以及互联网来进行。这种形式针对性更强,意味着一对一的"发行",传统出版中的主发概念消失了。

例如起点中文网自 2003 年 10 月开创了在线收费阅读即电子出版的新模式,它的收费模式是在线阅读每千字 2 分。目前,"起点中文"已经建立了完善的以创作、培养、销售为一体的电子在线出版机制,成为国内优秀的文学作品在线出版平台,树立了业内具有影响力的行业领导地位。目前无论是签约作家人数、每日上线人数、点击量、网站流量等指标都独占鳌头,在数字付费阅读领域引领风骚。

又如新兴的数字出版形式——手机出版近年来在我国发展迅速,遍地开花。2004 年 7 月 1 日《中国妇女报》推出了全国第一家"手机报"——《中国妇女报彩信版》。进入 2005 年,各省的大报和一些报业集团也纷纷推出手机报业务。2006 年 11 月,新华社开通"新华手机报",2007 年 2 月《人民日报》也开始面向全国正式发行手机报。此外,无线音乐(包括手机彩铃、手机铃声、手机音乐)、手机游戏、手机动漫、手机小说、手机杂志、手机视频、手机博客等,都属于手机出版的范畴。

目前,手机出版的赢利模式目前主要有两种,一种是收取订阅费,例如手机报每月收取 3 元费用;另一种是在出版物内插入广告收取广告费。虽然我国的手机报纸、手机彩铃、手机原创文学等各种出版形式齐全,但还不够成熟。据中国互联网信息中心的统计,截至 2011 年 6 月底,手机网民用户达到 3.18 亿,相比 2010 年底增加了 1495 万人,从 2008 年到 2010 年中国手机网民呈高速增长态势,短短两年多,手机网民数量净增 2.04 亿[①],尽管日益增幅趋缓,但从总的趋势看,移动互联网展现出了巨大的发展潜力,如此众多的手机使用者都可以成为手机出版的潜在客户,相信我国手机出版的前景将十分广阔。

三、对版权贸易的影响

随着国际交往的日益增加,国内的出版社与国外的版权贸易将越来越多。参加国际书展为版权贸易提供了一个平台,但这种交易模式存在这一些问题。首先,中国出版界曾多次以较大阵容参加国际书展,但却没有很好地利用这种难得的机会开展对外版权贸易交流。例如,在极具国际声望的法兰克福书展上就

---

① 中国互联网络信息中心:《中国互联网络发展状况统计报告》,2011 年 7 月。

出现了这样的场景：中国展位上图书很多，成交量却很少。其次，参加国际书展的费用很高，而国际书展每年召开的次数有限，不能提供日常的版权贸易平台。最后，图书的版权贸易过程相对比较复杂，因为要涉及到外汇版税、版权管理以及一些特殊条例等，因而手续繁多。和国外相关出版商的谈判有时也会耗时1年以上。

数字传播技术，尤其是网络的发展，为出版社的国际版权贸易提供了更加方便、快捷的平台。通过 Internet 网络，国内出版社可以与国外出版商进行协商，从而迅速解决相关问题。国内的出版社可以在外版图书的编辑制作阶段，同步进行翻译工作，甚至能做到与国外图书的同步出版。

2001年，由中国出版对外贸易总公司和科利华软件集团合作建设的中国版权交易网正式开通，这是我国的版权贸易开始走上数字化道路的标志性事件。国内外的出版商、著作权人，都可以在版权交易网站上进行作品展示，并通过电子邮箱或网络聊天工具进行贸易协商，洽谈购买转让事宜。目前，某些国内的版权交易网站可以免费展示作品，只有在交易成功后，由买方按照版税 5%—10% 的比例，支付费用。

目前通过在线进行版权代理和版权贸易的公司越来越多，影响比较大的有中国版权保护中心网站、国际版权网、版权网等。

数字传播技术的发展为版权交易的双方提供了平等的交流平台，无国界的网络为著作人、出版社等提供了巨大的交易市场，版权贸易形式变得更加灵活、透明。

第六节　数字传播技术对反馈环节的影响

一、专家与媒体评价

在传统出版过程中，出版社接收到的反馈主要来自于专家和媒体。专家的评价几乎贯穿了出版过程始终：从图书策划，到编辑制作，再到图书上市，图书出版的每一个环节几乎都需要征求专家的意见和建议。而媒体的评价主要以书评的形式发布。

事实上，一个国家书评业的发展规模也能够大致反映出该国出版业的发展状况。西方一些出版业发达的国家，书评业发展的规模也很大。如美国，图书评论已有了100多年的历史，全国性和地方性的媒体大多设有专门的书评栏目，并拥有一大批书评家,经常撰写新书评论。各类图书都拥有自己的书评园地。①

在数字传播技术的影响下,尤其是互联网络的兴起,人们多了一个发表自己观点的渠道,撰写书评不再是少部分人的特权,专家和媒体的评价对于出版社的影响力有所降低。一方面专家的观点只能代表一部分知识结构与之相似的人,而对于绝大多数的读者来说,并不具备代表性;另一方面,出版社把书评当作销售工具的意图逐渐被识破,人们对传统书评体系的怀疑程度加深。因此,书评媒体从以前的报纸、专刊等单一媒体逐渐向报纸、期刊、电台、电视、网络等多媒体形式发展。近几年,国外的书评媒体逐步形成以电子网络为主的格局,出版社相应地提高了对网络读者评价的重视程度。

二、读者评价与读者服务

以纸质出版物为主的传统出版是以作者、编者为主体的单向传播,即使读者想要向出版社提出建议和反馈,也缺乏沟通与交流的渠道。因此,对于出版社来说,读者反馈所发挥的作用微乎其微。而在数字传播技术的应用下,出版业可以利用互联网即时性和互动性的特点,使读者和作者、编者间的交流和互动变得非常容易和灵活。

实践证明,读者的反馈信息是极有价值的,目前国内大量涌现的点评网站(豆瓣网、点评网等)足以说明这一点。当媒体宣传越来越容易受到控制,商品极大丰富的今天,用户评价已经成为人们购买决策的重要参考,购买图书也不例外。在购买前查看网上相关评论已经成为多数人购书过程中不可缺少的一个环节。优秀的读者评价不仅是图书产品的一个竞争优势,更是一种影响上游出版的有力武器,成为出版流程中的必要部分。

此外,对于出版业来说,广大网民就是一个庞大的审稿委员会。特别是对于很多网络文学的出版,读者的作用更加重要。很多网络作家开始写作都十分偶然,正是在网友的鼓励下才坚持写作。而且很多网络文学在写作过程中,网友就会以回帖、发邮件等方式实时提出自己的评价和建议,这些方式对于作者的写作大有助益。此外,正如前文所说,一些出版社的选题往往也来源于网络,来自于普通的读者。同时,对于尚未出版的图书选题,可以事先在网络上征集读者的意见,及时修改方案,这不仅降低图书出版的风险,也大大提高了成功的几率。

---

① 刘婷婷:《中外图书评论比较》,《出版科学》2006年第4期。

目前,图书的生产制作成为我国出版业的重心。但是,现代管理理论强调生产者要以读者为中心,真正把读者作为灵感的策源地和衣食父母。

国内外一些网站已经开始进行了针对性的读者服务。为了让读者得到最好的购物体验,亚马逊网络书店的服务器系统会记录下客户购买和浏览过的书目,当他再次登陆时,系统会自动识别你的身份,并根据你的喜好推荐有关书目。国内豆瓣网的计算机网络会忠实地记录用户的阅读喜好,跟踪购书品味相似的人群以及他们喜欢和不喜欢的书籍,帮助读者走入一个拥有共同喜好的群组中。显然,这种更具针对性的服务对维持客户的忠诚度有极大帮助。而这一点在传统的实体书店是很难做到的。

令人遗憾的是,我国图书业的思想观念还没有达到这个程度,大多数出版社都没有建立读者反馈信息库和数据库的意识。而在数字传播技术普遍应用,社会上普遍倡导传者、受者平等的今天,出版业必须重视读者的反馈,了解读者的需求。

三、读者群的累积

尽管根据相关部门的统计,国民的阅读率成逐年下降的趋势。但实际上有些专家认为,随着数字传播技术的普遍应用和人们生活节奏的加快,国民阅读率并没有完全降低,而是阅读方式变得多元化,由阅读图书这种深度阅读的方式,向互联网浏览等浅阅读的方式转变。而且网络阅读的成本相对来说更加低廉,更易被人们接受。

近年来,越来越多的网络作品因高点击率而进入传统出版环节。过去的出版模式是出版社编辑先把关,之后才能交到读者手上。而网络作品的出版则颠覆了这一模式,是先由网上读者点击"投票",也就是点击率,再由出版社跟进出版。例如《明朝那些事儿》、《鬼吹灯》等热门网络作品在接受网络读者"检验"并被出版社结集成书,拥有着不俗的销量。

同传统意义上的媒体不同,互联网络上的读者群更加细分化。经常浏览同一博客或作者网页的读者,在某种程度上也是作者价值观、审美趣味、文字风格的认同者。而当该博客或作者作品正式出版以后,他们自然而然地会成为第一批购买者,也是最稳定的支持者和传播者。前文已经谈到了博客对图书的促销作用,实际上它对出版产品口碑的树立也起到很大作用,因为读者间的传播更能影响到人们的购买行为。

例如,拥有着过亿点击量的徐静蕾的博客,虽然她的博客出版后并没有得到市场的认可,销量平平,这多少也是由于该书内容的原因,充满个人情感、生活等无序的记录,内容偏"软",不足以激发人们购买的欲望。但是博客的高点击量却为徐静蕾的电子杂志《开啦》积累了极高的人气,在经营的第一年就实现了赢利。而以杨澜为名的《澜 LAN》电子杂志早已在 2005 年 12 月便正式上线出版,并且已经实现营运赢利。这些数字出版的成功运营与普通网友的支持是分不开的。

同时,网络读者会由于对作品的喜爱,自发组织读者群,或在百度贴吧、豆瓣网等网站上建立自己的网页,经常交流与沟通,无形上为出版社节省了很多宣传、营销成本,这些读者的自发行为相对于单方面的媒体宣传来说,更有助于出版社品牌的树立。

மற
第五章 数字传播与出版管理

虽然我国数字传播呈现出蒸蒸日上的蓬勃发展态势,但是新的发展态势必然带来新的问题,因此,数字传播也给我国出版业传统的管理模式提出了挑战。如何通过管理创新,适应数字传播条件下我国出版业的管理,创造出一种促进产业发展的新的管理模式,是摆在我们面前的艰巨任务。

第一节 数字出版传播管理现状

由于计算机技术发展相对滞后,我国数字出版的起步落后于欧美国家。直到上世纪90年代初,我国一些科技出版社才相继开展数字出版业务,但也仅局限于CD-ROM的生产,内容也比较单一,主要针对教学、实验和资料信息库的建设。1998年,新闻出版总署颁布了数字出版领域的第一个五年规划——《"九五"国家重点电子出版物出版规划》,此后数字出版开始向系统化、产业化和自主创新的方向发展。2000年,人民出版社开通网站"人民时空";辽宁出版集团和美国秦通公司推出电子阅读器——"掌上书房";北大方正电子在第八届BIBF(北京国际图书博览会)上推出Apabi数字资源平台,这是中国第一个自主研制的数字出版技术支持软件。经过十多年的发展,我国数字出版产业从无到有,从弱到强。近年来,随着我国互联网络的普及,我国数字出版产业的内容和形式也不断丰富,呈现出"百花齐放"的格局。

与我国数字出版产业共同发展进步的是我国数字出版管理体制,在我国数字出版产业迅速发展的十余年时间里,我国数字出版管理体制也实现了从无到有的发展历程。在我国数字出版业务产生初期,我国政府有关数字出版传播的管理模式完全沿袭传统出版管理的那一套方式方法。这一套管理模式在数字出版发展的初期起到了一定的积极作用。但随着数字出版产业的发展,尤其互联网出版的兴起,数字出版出现了很多传统出版所没有的新特点,比如传播与更新速度快、全球性和跨文化性、多媒体、互动性。[①] 面对数字出版的新特点,这种沿袭传统出版管理的模式越来越无法发挥作用,甚至在一定程度上阻碍了我国数字出版产业的发展。因此,1998 年 1 月 1 日,由新闻出版总署制定的《电子出版物管理规定》正式实施,这是我国第一部专门针对电子出版物的管理规定,充分体现了我国政府管理者对数字出版传播的日益重视。

目前,我国数字出版已经形成了一项新兴的产业。与此同时,经过不懈的探索,我国数字出版传播管理体系也初步形成,这一体系的建立既包括政府相关管理者的重视,也包括企业、个人主体所发挥的作用。

一、数字传播的特点及给我国政府传统管理体制带来的挑战

数字出版尤其是互联网出版时代的到来,使得数字出版传播较之传统出版有了许多新特点:第一,数字出版传播具有开放性,学者师曾志认为"网络出版从根本上改变了出版机构和部门的中介地位。出版行为的实施已不仅是出版者独有的行为,互联网的不断完善为人人成为出版者提供了技术的支持和可能。"[②]这也造成了传播主体的多元化,既包括传统的出版单位,也包括高科技企业,还包括个人主体。第二,数字出版传播主体具有匿名性,与传统出版相比,由于技术等原因,数字出版传播主体一般具有较强的隐藏性,不易被发现具体身份和地区。第三,数字出版具有很强的交互性。匡文波教授认为"在电子出版过程中,出版者和读者之间可以通过网络进行有效地交流与沟通,及时做出调整,甚至出版者和读者之间的交流本身也可以成为电子出版的一部分。"[③]第四,无成本复制的特性,使互联网出版与过去几千年中人类使用信息介质相比有着根本的不同,其无成本复制、无限传播的物理特性,对传统出版业产生了灾难性的影响。传统出版之所以能成为商业,主要是实物介质生产过程中产生的成本对信息复制产生了限制,由此提供了商业循环的条件,传统出版者利用资金的优势,对文化资源加以复制和传播,获取商业利润;而在无复制成本的情况下,以前曾支持传统出版生存的产业生态即已完全改变。此外,数字出版传播还具有即

---

① 匡文波:《电子出版与网络出版教程》,北京:中国人民大学出版社 2008 年版,第 4 页。
② 师曾志:《网络出版对我国出版业的影响及对策》,《中国出版》2000 年第 8 期。
③ 匡文波:《电子与网络出版教程》,北京:中国人民大学出版社 2008 年版,第 5 页。

时性、全球性等特点。数字出版传播的上述特点给我国政府传统出版的管理体制带来严峻挑战,这决定了在数字出版传播的管理过程中,政府相关管理者不能完全沿用以前管理传统出版的方式方法,必须改革现有的管理体制,才能适应数字出版传播的发展。

二、我国数字出版传播管理体系的基本框架

近年来,我国政府管理主体一方面深入分析我国数字出版产业发展的现状和存在的问题,一方面借鉴国外相关管理经验,逐步形成了一套自己的管理体系。这一体系由法律、行政、产业政策和行业自律等方面构成。具体来讲,构成我国数字出版传播管理体系的主要是指我国政府管理者制定实施的一系列法律法规,这包括《电子出版物管理规定》、《互联网信息服务管理办法》、《中华人民共和国著作权法》和《互联网出版管理暂行规定》等,这些法律法规构成了一套较为完整的数字出版传播管理的法律法规体系。从行政管理体制上来看,我国对数字出版产业主要采取"多头多级"的管理体制。这主要是指,从横向上看,我国具有数字出版产业行政管理职能的政府部门是"多头"的,除了新闻出版总署之外,还有国务院新闻办、工业和信息化部、文化部、公安部等部委;纵向上看,我国数字出版产业的管理采取中央统一领导下的分级管理。从产业政策上看,我国政府相关管理者对数字出版产业实施积极的扶持政策,鼓励传统出版机构开展数字出版业务,对开展数字出版业务的各类机构都实行一定的税收、金融等优惠政策。同时,各地方政府也纷纷建立数字出版及文化创意产业基地,鼓励发展数字出版及相关创意产业。

三、我国数字出版企业主体的管理现状

数字出版产业是具有投资前景的行业之一,国际出版企业巨头对数字出版业务的巨额投入也体现了这一点。从国内来看,我国发展数字出版产业的机构主要有两种类型,一种是传统的出版单位,这些出版机构往往占有丰富的出版资源,但由于对数字出版领域不是很熟悉,再加上数字出版的赢利模式尚不清晰,缺乏开展数字出版业务所必需的人才,因此,这一部分企业开展数字出版业务的热情不是很高。另外一种就是专门从事数字出版相关业务的高科技公司,比如北大方正、九城、盛大网络等公司。这些公司在管理体制较为灵活,资金来源较为广泛,因此数字出版业务发展较快。但这些企业人员流动比较大,给企业在员工相关业务培训和管理上造成了一定困难。加上公司不掌握传统的图书资源，缺乏核心竞争力，因此其发展也受到一定的限制。近年来，随着数字出版产业的大发展，这些高科技公司纷纷大量引进人才，但这些人员一般没有经过系统的数字出版内容规制的培训，其内容把关能力有待提高，这也增加了数字出版企业管理上的难度。

从行业自律方面看，我国数字出版企业及个人的自律水平有所提高。目前，在我国政府的支持和鼓励下，中国互联网协会等行业组织纷纷建立，并制定了《中国互联网行业自律公约》、《互联网新闻信息服务自律公约》等自律公约。已有国内数千家数字出版企业和网站加入这些组织，并签署了相关公约。2009年4月22日，由全国"扫黄打非"工作小组办公室、国家版权局和中央电视台联合主办，中央电视台社会与法频道承办的"绿书签行动2009"在全国31个省、自治区、直辖市同时启动。这是政府针对互联网出版时代的特点，为提高我国公民的个人自律水平而采取的积极措施，将在一定程度上提高我国公民抵制传统盗版出版物及互联网盗版的自律水平。

总之，我国数字出版传播管理体系已经初步建立，并发挥了重要的作用，这其中，政府管理者发挥了主导作用，同时，作为数字出版传播重要组成部分的企业和个人用户也应在管理体系中占有一席之地。但就目前看来，构成我国数字出版传播体系的要素还存在一些问题，法律上，我国数字出版传播相关法律体系虽然已经建立并逐步完善，但还存在着法律不够细化、法律级别不高、执法难度大等问题；行政管理上，目前我国政府采取"多头多级"的管理体制，在一定程度上造成职能重叠、管理交叉和管理空白地带等问题；产业政策上，我国政府对数字出版产业实行积极的扶持政策，但这些政策在执行过程中遇到一些难题；行业自律上，目前我国企业及个人自律水平亟待提高；企业自身管理上，无论是传统出版单位的数字出版业务，还是专营数字出版的高科技企业，在内部管理中都不同程度存在赢利模式不清晰、人才匮乏等问题。这些问题对我国数字出版产业的健康发展产生了不利影响，因此只有对我国数字出版传播管理体系进行改革创新，才能使这一体系发挥更加积极的作用，促进我国数字出版产业的发展。

第二节 数字出版传播法律管理

数字出版传播的特性使其受到使用者的追捧，甚至有人认为数字出版，尤其是互联网出版并不需要法律的裁定,是一种真正无拘无束的新媒体。但事实上,没有法律约束的数字出版,将会滋生包括互联网盗版、色情信息、互联网犯罪等种种问题,这将会极大损害合法数字出版商和个人用户的利益。因此,法律管理是数字出版发展的必然要求,只有加强数字出版法律建设,才能为数字出版保驾护航。随着数字出版的快速发展,其影响也越来越大,因此各国纷纷加强了数字出版的立法管理工作。虽然我国数字出版出现的时间晚于欧美发达国家,但发展速度很快,因此我国政府相关管理者十分重视数字出版产业的立法工作,我国数字出版传播管理的法律体系逐步完善。

一、我国数字出版传播法律管理的现状

经过十多年的发展,我国有关互联网信息传播的法律法规已达 90 多部,制定主体包括中宣部、信息产业部(现工业与信息化部)、国务院新闻办、公安部、文化部、新闻出版总署、广电总局等 14 个参与互联网管理的部门,这也形成了较为完善的法律体系。[①]

1.《电子出版物管理规定》

这是我国第一部专门针对电子出版物的管理规定,由新闻出版总署制定,于 1998 年 1 月 1 日开始实施。这部规定从电子出版物的定义、出版单位的设立、出版管理到如何确认电子出版物侵权行为、如何对侵权等其他行为进行处罚等进行了详细的规定。这部规定也是我们处理与数字出版产业有关的纠纷的主要法律依据。但随着互联网技术的飞速发展,数字出版产业也不断出现新情况、新问题,这些新情况、新问题有很多在《电子出版物管理规定》中找不到相关依据,这就给我们处理这些问题带来了一定困难。为进一步促进数字出版产业的发展,更好地指导数字出版企业开展业务,2008 年 4 月,新闻出版总署颁布了新的《电子出版物管理规定》,对原来的《规定》进行了很多补充和修订。

2.《互联网信息服务管理办法》

这是国务院 2000 年 9 月 25 日开始颁布实施的法规,这部法规主要目的是规范互联网信息服务活动,其中包括数字出版产业,并将我国互联网信息服务分为经营性和非经营性两类。国家对经营性互联网信息服务实行许可制度,对非经营性互联网信息服务实行备案制度。此外这部法规还对如何申请经营许可证

---

① 中国出版科学研究所:《几种网络出版形式的特点及管理规制研究》,《出版发行研究》2007 年第 7 期。

做出了明确规定,着重指出互联网信息服务提供者不得制作、复制、发布、传播的内容,这包括反对宪法所确定的基本原则、危害国家安全、散布谣言、散布淫秽、色情等内容,并对违反上述规定的处罚办法做了严格限定。

3.《中华人民共和国著作权法》

这是有关著作权的最高规格的法律,我国《著作权法》在2001年修订以前对信息网络传播权(即以有线或者无线方式向公众提供作品,使公众可以在其个人选定的时间和地点获得作品的权利)没有做出专门规定,但是随着上网人数的剧增和电子商务的发展,因信息网络传播引起的著作权纠纷也在不断增多。于是,2001年修订后的《著作权法》已经建立有关信息网络传播权及技术措施的法律制度,有关数据库的特殊权利保护虽然尚未建立,但也引起政府的关注。2010年我国对《著作权法》再次修订。

信息网络传播权的设立,使我国著作权制度与《世界知识产权组织版权公约》、《世界知识产权组织表演与录音制品条约》的规定已大体一致。设置信息网络传播权有利于保护著作权人的合法利益,遏制以营利为目的的网站擅自将许多著作权保护的作品复制上网的行为。它的设立是顺应社会发展、科技进步和法学进化的结果,反过来也必将极大地促进社会的发展、科技的进步和应用以及法律体系的完善。[①]

4.《互联网出版管理暂行规定》

这是一部专门针对互联网出版的法规,2002年6月由新闻出版总署和信息产业部共同制定。该规定明确了新闻出版总署管理全国互联网出版工作的职责;并规定从事互联网出版活动,必须经过批准,对行政审批和监督管理做出了规定;并规定了互联网出版机构的权利和义务及违反规定的罚则。该法规的颁布实施,充分体现了政府管理者对互联网出版的重视,有利于进一步规范互联网出版产业,促进数字出版的发展。

如上所述,目前,我国与数字出版有关的法律法规的主要内容一般分为三部分,第一部分是对开展数字出版业务的行政审批制度,如2002年8月开始实施的《互联网出版管理暂行规定》中明确规定了从事互联网出版活动应当具备的条件,包括实行批准制、有确定的出版范围、有符合法律法规规定的章程、有必要的编辑出版机构和专业人员、有适应出版业务需要的资金、设备和场所等条

---

① 匡文波:《电子与网络出版教程》,北京:中国人民大学出版社2008年版,第53页。

件。① 第二部分是政府对数字出版的管理,在2008年4月开始实施的《电子出版物出版管理规定》②中对数字出版的管理进行了详细规定,这包括:(1)电子出版物出版单位实行编辑责任制度;(2)电子出版物出版实行重大选题备案制度,未经备案的重大选题,不得出版;(3)申请出版境外著作权人授权的电子出版物管理规定;(4)进口电子出版物成品的规定;(5)非卖品管理;(6)委托复制管理;(7)年度核验等七方面的管理,这基本上涵盖了电子出版物管理的所有方面。第三部分是对数字出版机构权利和义务的规定,包括数字出版应该登载和禁止登载的内容。第四部分是相关罚则,即对违反以上规定的数字出版机构进行相关处罚的规定。

虽然我国数字出版传播管理相关法律法规力求细化,但仍然有沿袭传统出版法律法规的痕迹。这主要体现在,对我国开展数字出版业务的单位实行批准制;内容上实行编辑责任制和重大选题备案制度;对数字出版单位的义务要求多,权利则规定较少;法律法规制定主体级别不高等。这些问题使得我国数字出版法律法规在执行时遇到较多困难,出现"执法难"等问题,需要政府改革现行的法律法规体系,建立更加适合数字出版传播的法律法规体系。

二、数字出版传播法律管理存在的问题及对策

目前,我国数字出版业法律规范按照其规范的对象不同大致可以将其划分为四类:一是对数字出版机构创办的规范;二是关于数字出版物内容的规范;三是对数字出版活动的调控;四是对违法数字出版行为的法律责任的规定。虽然我国数字出版传播相关法律法规已形成一定体系,但必须看到,我国数字出版传播法律管理体系中还存在一些问题。这些问题也要求政府相关法律的制定者能够进一步修订法律法规,充分发挥法律法规在数字出版传播管理中的积极作用。

1. 数字出版法律法规相关条款有待进一步细化

总体来讲,目前我国数字出版相关法律法规能够在一定程度上满足现阶段数字出版管理的需要。但随着数字出版尤其互联网出版的迅速发展,这些法律法规的条款设置不够细化,也不能够完全反映正在变化中的数字出版业。同时,就法律法规的具体条款来讲,框架性东西多,缺乏可操作细则,这就给法律和法规的实施造成了一定的障碍。比如在数字出版单位普遍关注的互联网盗版问题

---

① 新闻出版总署、信息产业部:《互联网出版管理暂行规定》,2002年6月。
② 新闻出版总署:《电子出版物管理规定》,2008年4月。

上,我国数字出版相关法律法规并没有给出权威性的规定,也没有规定对互联网盗版侵权问题的处罚措施,互联网盗版侵权案件只能依照《著作权法》的相关规定进行处理。Web2.0时代,博客传播等新的个人出版行为纷纷出现,数字出版法律法规对这种个人传播方式并没有相关的规定。

因此,我国政府相关法规制定者应在完善数字出版法律法规的基础上,进一步细化法律法规的相关条款,并及时反映数字出版的新情况、新问题,尤其应强化对Web2.0时代互联网个人出版行为的规定,只有这样,才能使法律法规有实施的基础。

2. 法律法规规格不够高,需要进一步提高相关规格

互联网传播的特性使得世界各国都通过法律等手段加强了管理。英国先后颁布了《2000电子通讯法》、《信息公开法》、《通信监控权法》、《2003通信法》等一系列法律来规范互联网;美国也相继颁布了《儿童在线隐私保护法案》等法律。近年来,随着我国政府管理者对互联网及互联网信息传播的日益重视,相关法律法规的制定也纷纷付诸行动。

总体来讲,我国与数字出版产业相关的法律体系层次比较复杂,法律少,规章多。一方面,我国法律涉及管理部门比较多,容易出现管理职能交叉的情况。目前我国数字出版相关法律法规的制定者主要是新闻出版总署、文化部、国务院新闻办等一些部级单位,由于这些单位级别相同,制定的法规法律效力也基本相同,因此在执行时容易出现法律相互冲突的问题。另一方面,法律法规规格不高导致法律在执行起来有一定的难度。我国数字出版产业的发展亟需一部规格高的法律来统一协调各部委的法规。据了解,《互联网出版管理条例》已被列入国家立法计划,并将以国务院的名义正式发布。这将弥补之前的管理暂行规定中的不足,进一步规范我国数字出版产业的发展。当然,仅仅一部管理条例是不够的,政府管理部门应在此基础上制定更高规格、系统、完整的专门法,加大对数字出版产业进行立法保护的力度,尽快建立与WTO相适应的规章条例,完善与社会主义市场经济相适应的数字出版法制体系。

3. 法律法规执行难度较大,"有法不依"现象大量存在

如上所述,目前我国数字出版传播法律体系已经比较完善,但在法律法规的执行方面却有很大难度,"有法不依"现象大量存在,这主要有以下几方面的原因:第一,我国数字出版法律体系的组成要素——90多部法律、法规、部门规章是由新闻出版总署等十多个部委分别制定的,这种现象就造成了法律的效力相

互抵消的问题。针对同一出版行为，不同部委的法律法规可能会有不同的规定，这就造成执法标准无法统一。例如，2000年国务院颁布的《互联网信息服务管理办法》[①]规定，互联网信息服务分为经营性和非经营性两类。经营性互联网信息服务，是指通过互联网向上网用户有偿提供信息或者网页制作等服务活动。非经营性互联网信息服务，是指通过互联网向上网用户无偿提供具有公开性、共享性信息的服务活动。国家对经营性互联网信息服务实行许可制度；对非经营性互联网信息服务实行备案制度。但在2002年新闻出版总署和信息产业部共同颁布的《互联网出版管理暂行规定》[②]中规定从事互联网出版活动，必须经过批准，只有经过管理部门的批准，才能从事互联网出版活动。这实际上就是实行许可制度，并没有区分经营性和非经营性。这与《互联网信息服务管理办法》中只对经营性互联网信息服务实行许可制度相矛盾。当然也就影响到法律的实施。第二，数字出版传播相关法律法规框架性的规定多、实施细则比较少，条文多从传统法律转来，与互联网特点结合不紧密，使得在具体的法律操作中可借鉴的条款不足，这就给法律的实施造成很大困难。第三，随着互联网的高速发展，数字出版也发展迅速，新技术、新事物大量出现，而法律法规建设相对滞后，这导致很多新的数字出版违法侵权行为没有可以参考的法律规定。同时，技术的进步，使得违法行为具有更强的隐蔽性，网络内容具有很强的流动性、易变性，这给互联网出版违法行为的举证造成了很大困难，导致数字出版传播法律法规的执法难度加大。第四，基层执法者对法律法规解读不够，对相关违法侵权行为的判定存在一定误差。这些问题是造成当前数字出版"有法不依"现象产生的原因。

总之，现阶段，我国数字出版法律建设中出现的种种问题是由多方面原因造成的。这需要法律法规的制定者深入数字出版产业发展的实际情况，及时调整法律法规的相关规定；需要法律法规的执行者能够深入研究相关法律法规，在量刑和判罚标准上实现统一；需要有一个相对独立的机构协调各部门数字出版法律法规的制定工作，以减少法律法规相互重叠、相互矛盾的现象。

4. 在数字出版活动的法律调控方面，预防制与追惩制相结合

出于历史和社会原因，我国目前对数字出版活动的调控仍然采取预防制，这主要是借鉴了传统出版的管理方式。尽管在数字出版时代，数字出版产品作为特殊商品，其商品性大大增强，但归根到底，数字出版产品的意识形态属性更重

---

① 中华人民共和国国务院令(第292号)，互联网信息服务管理办法，2000年9月25日。
② 新闻出版总署、信息产业部，互联网出版管理暂行规定，2002年6月。

于其商品属性。预防制能更加彻底地"防患于未然",但它是一把"双刃剑",由此带来的出版效率问题已经越来越突出。另外,从技术条件上讲,对数字出版实行实时、动态监管具有一定难度。因此,预防制在互联网时代具有很大的局限性。应当注意的是,大多数西方国家采取的主要是追惩制,并且在实践中也达到了较好的惩罚、威慑违法数字出版行为的结果。追惩制非常适合数字出版传播的管理,通过管理数字出版者的不法行为,可以在很大程度上使数字出版商能够遵守法律法规和相关职业道德。因此,在时机成熟的时候,政府管理者可以考虑将我国的数字出版调控预防制过渡为追惩制。

5. 坚持依法治国、依法行政,降低数字出版管理活动中行政处罚的分量,加强司法的作用

依法治国是党领导人民治理国家的基本方略,就是广大人民群众在党的领导下,依照宪法和法律规定,通过各种途径和形式管理国家事务,管理经济文化事业,管理社会事务,保证国家各项工作都依法进行,逐步实现社会主义民主的制度化、法律化,使这种制度和法律不因领导人的改变而改变,不因领导人看法和注意力的改变而改变。依法治国是发展社会主义市场经济的客观需要,是社会文明进步的重要标志,是国家长治久安的重要保障。党领导人民制定宪法和法律,并在宪法和法律范围内活动。依法治国把坚持党的领导、发扬社会主义民主和严格依法办事统一起来,从制度和法律上保证党的基本路线和基本方针的贯彻实施,保证党始终发挥总揽全局、协调各方的领导核心作用。

2004年4月,国务院发布《全面推进依法行政实施纲要》,这是我国政府关于依法行政的最高指导文件,也是现阶段我国建设法治政府的重要保障。依法行政的基本要求是,各级行政机关以及依法享有行政权的机构和组织或个人在行使法律赋予的行政权力时,必须依据法律,并承担由此带来的一切法律后果。具体地说,第一,行政职权要有法律授权,职位是由法律设定的,有职位就赋予相应的职权,职位与职权一体。职位有多大,职权则有多大;职位撤销,职权随之丧失,既不得行使无法授予的权力,更不得逾权而滥用。第二,行使权力,做出行政行为必须有法律上的依据,无法律依据的行为即属违法。第三,职责统一,权责一致。行使权力,必须承担由此带来的一切法律后果,任何人都不得逃避责任的追究。对行政行为,行政相对人有权提出诉讼,因行政行为给相对人造成损害、损失的,相对人有权请求赔偿。所以从一定意义上讲,无法律即无行政。第四,行政结果,要符合法律精神,要杜绝利用合法的政策、合法的程序、合法的手段达

到不合法的目的的现象。① 目前,与完善社会主义市场经济体制、建设社会主义政治文明以及依法治国的客观要求相比,依法行政还存在不少差距,主要是:行政管理体制与发展社会主义市场经济的要求还不适应,依法行政面临诸多体制性障碍;制度建设反映客观规律不够,难以全面、有效解决实际问题;行政决策程序和机制不够完善;有法不依、执法不严、违法不究现象时有发生,人民群众反映比较强烈;对行政行为的监督制约机制不够健全,一些违法或者不当的行政行为得不到及时、有效的制止或者纠正,行政管理相对人的合法权益受到损害得不到及时救济;一些行政机关工作人员依法行政的观念还比较淡薄,依法行政的能力和水平有待进一步提高。这些问题在一定程度上损害了人民群众的利益和政府的形象,妨碍了经济社会的全面发展。解决这些问题,适应全面建设小康社会的新形势和依法治国的进程,必须全面推进依法行政,建设法治政府。②

目前我国对于违法数字出版行为的法律责任,主要规定了行政责任、民事责任和刑事责任。我国出版行政管理机关对违法违规数字出版主体行使行政处罚权,处罚的方式有警告、罚款、没收非法收入、封存出版物、责令出版单位停业整顿直至吊销许可证等。现有的数字出版违法责任体系一方面存在着出版规章、政策效力层级过低的问题;另一方面,行政处罚比重大大超过司法处分,这对于执法透明性、公正性都是不利的,也违背了我国实行依法行政、建设法治政府的总体目标。从整体上讲,行政处分过多,不利于形成稳定统一的管理体系,也使得数字出版商、相关管理者处于混沌状态,最终受害的还是我国数字出版产业。

因此,政府在数字出版传播管理过程中,应逐渐降低行政处分的分量,加强司法,始终坚持依法行政、建设法治政府的要求,依照宪法和现有的数字出版传播相关法律法规处理各种事件。依法行政还要求政府在制定相关法律法规时,应明确规定相关违法行为的标准和责任,使得数字出版产业管理"有法可依",最大限度地保证执法活动的程序性和公正性。

第三节 数字出版传播行政管理

与法律管理的权威性、强制性相比,我国数字出版传播行政管理具有及时性、灵活性等特点。经过十余年的发展,我国数字出版传播行政管理也已经形成

---

① 池松军:《服务型政府与公共政策》,北京:光明日报出版社2007年版,第77页。
② 中华人民共和国国务院,全面推进依法行政实施纲要,2004年3月22日。

一套较为完整的管理体系,这一管理体系包括数字出版传播管理主体、管理客体、管理内容等方面,并发挥了越来越重要的作用。

一、我国数字出版传播行政管理体制的现状

1. 管理主体上实行"多头多级"管理体制

我国数字出版传播行政管理体制的管理主体是指在行政管理体制中处于主导地位,通过制定相关政策来对社会生活各个方面进行管理的管理者。现阶段,我国数字出版传播行政管理体制的管理主体是中央及地方各级政府相关机构,实行"多头多级"的管理体制。所谓"多头多级"管理体制,是指从横向上看,目前我国具有数字出版产业行政管理职能的政府部门是多头的,除了新闻出版总署之外,还有国务院新闻办、工业和信息化部、文化部、公安部等部委。这些部委分别管理数字出版不同的领域。

(1) 新闻出版总署

根据2002年6月27日新闻出版总署与信息产业部联合出台的《互联网出版管理暂行规定》第四条规定:"新闻出版总署负责监督管理全国互联网出版工作。"[①]并规定其主要职责是:① 制定全国互联网出版规划,并组织实施;② 制定互联网出版管理的方针、政策和规章;③ 制定全国互联网出版机构总量、结构和布局的规划,并组织实施;④ 对互联网出版机构实行前置审批;⑤ 依据有关法律、法规和规章,对互联网出版内容实施监管,对违反国家出版法规的行为实施处罚。

(2) 国务院信息化工作领导小组

成立于20世纪90年代中期,这是国务院专门设立的网络管理部门,主要负责协调、解决有关国际联网工作中的重大问题。1996年2月1日国务院发布,1997年5月20日修改的《中华人民共和国计算机信息网络国际联网管理暂行规定》第五条规定:"领导小组办公室按照本规定制定具体管理办法,明确国际出入口信道提供单位、互联单位、接入单位和用户的权利、义务和责任,并负责对国际联网工作的检查监督。"

(3) 国务院工业与信息化部(原信息产业部)

2000年9月25日国务院发布的《互联网信息服务管理办法》第十八条规

---

① 新闻出版总署、信息产业部,互联网出版管理暂行规定,2002年6月27日。

定:"国务院信息产业部主管部门和省、自治区、直辖市电信管理机构,依法对互联网信息服务实施监督管理。"同时发布的《中华人民共和国电信条例》第三条规定:"国务院信息产业主管部门依照本条例的规定对全国电信业实施监督管理。省、自治区、直辖市电信管理机构在国务院信息产业主管部门的领导下,依照本条例的规定对本行政区域内的电信业实施监督管理。"其管理重点是网络运营、接入及安全问题。

（4）国务院新闻办

2000年10月8日国务院新闻办、信息产业部发布的《互联网站从事登载新闻业务管理暂行规定》第四条规定:"国务院新闻办公室负责全国互联网站从事登载新闻业务的管理工作。省、自治区、直辖市人民政府新闻办公室依照本规定负责本行政区域内互联网站从事登载新闻业务的管理工作。"其管理重点是互联网络内容。

（5）国家广播电影电视总局

1999年10月1日国家广播电影电视总局发布的《关于加强通过信息网络向公众传播广播电影电视类节目管理的通知》第三条规定:"在境内通过包括国际互联网络在内的各种信息网络传播广播电影电视类节目,须报国家广播电影电视总局批准。"2003年2月10日发布的《互联网等信息网络传播视听节目管理办法》第四条规定:"国家广播电影电视总局是信息网络传播视听节目的主管部门,负责制定信息网络传播视听节目的发展规划,确定视听节目网络传播者的总量、布局和结构。"其管理重点是视听节目的网络传播。

（6）文化部

2003年文化部发布的《互联网文化管理暂行规定》第六条规定:"文化部负责制定互联网文化发展与管理的方针、政策和规划,监督管理全国互联网文化活动。"其管理重点是网络游戏、网吧等。

（7）公安部

1994年2月14日国务院发布的《中华人民共和国计算机信息系统安全保护条例》第六条规定:"公安部主管全国计算机信息系统安全保护工作。国家安全部、国家保密局和国务院其他有关部门。在国务院规范的职责范围内做好计算机信息系统安全保护的有关工作。"第十五条规定:"对计算机病毒和危害社会公共安全的其他有害数据的防治研究工作,由公安部归口管理。"

1997年12月11日国务院批准,1997年12月30日公安部发布的《计算机信息网络国际联网安全保护管理办法》第三条规定:"公安部计算机管理监察机构负责计算机信息网络国际联网的安全保护管理工作。公安机关计算机管理监察机构应当保护计算机信息网络国际联网的公共安全,维护从事国际联网业务的单位和个人的合法权益和公众利益。"其主要职责是对网络有害信息、网络犯罪、网络安全等进行管理。[①]

从纵向上看,"多头多级"管理体制是指我国数字出版产业的管理采取中央统一领导下的分级管理,如在全国新闻出版总署之下有各地方新闻出版局。这种"多头多级"的管理体制是目前我国数字出版传播管理主体的主要构成方式,也影响着我国政府数字出版管理的具体方式方法。

2. 管理客体的多元化

所谓管理客体,是指我国数字出版传播管理主体采取的相关管理措施的作用对象。数字出版传播管理客体经历了一个发展变化的过程。在数字出版产生初期,由于技术上的专业性,使得数字出版技术主要掌握在少数计算机专业人士手中,这时的管理客体比较单一,主要是指开展数字出版业务的企业。随着互联网技术的发展,尤其是Web2.0时代的到来,博客、播客等新的数字出版传播方式不断涌现,个人作为独立的主体也能够参与到数字出版中来,数字出版传播管理客体呈现多元化的趋势。现阶段,我国数字出版传播管理客体主要包括企业、个人两部分。

企业客体是我国数字出版传播管理客体的主要构成部分。数字出版企业是我国数字出版产业的主力军。现阶段,我国数字出版企业主要有两种类型,一种是开展数字出版业务的传统出版企业,目前我国各大出版机构比如中国出版集团、上海世纪出版集团、外语教学与研究出版社、北京师范大学出版社等都开展了数字出版业务。这类企业一般占有丰富的图书资源、充足的资金和人才资源,因此这类出版企业是我国数字出版产业发展的主要推动力量。另一种是掌握一定数字出版技术的高科技公司。这类公司往往规模不是很大,但掌握着一定的数字出版核心技术,他们往往体制灵活,而且抓住了数字出版的商机,积极地搞起了电子书、信息资源库、数字图书馆、数字动漫、手机阅读等,并实现了初步的赢利。

个人客体是随着网络技术的发展而出现的一个新型客体。进入21世纪以来,以博客、播客出版为主的Web2.0技术给传统的出版技术带来了全新的变革。Web2.0技术使广大普通网民参与互联网出版的门槛大大降低,博客出版

[①] 钟瑛、刘瑛:《中国互联网管理与体制创新》,广州:南方日报出版社2006年版,第36页。

使普通人参与到数字出版中成为可能,个人出版作为一种全新的出版方式呈现在人们眼前,这也使数字出版传播管理客体从企业扩大到广大普通网民。

3. 管理内容的复杂化

政府相关管理者对传统出版产业的行政管理主要集中在资格审查、内容审查和市场监管上。如上文所述,与传统出版相比,数字出版尤其是互联网出版具有很多新特点,这些特点给数字出版传播行政管理带来新的课题,也导致管理内容复杂化。现阶段,我国政府管理主体对数字出版传播的管理主要有推进数字出版单位体制改革、净化市场等方面。

(1) 加快推进传统出版单位体制改革

目前,我国传统出版单位体制改革仍在进行之中,所谓出版体制改革,是指将原有的政府及相关事业单位主管、主办的出版机构转变为自负盈亏、独立自主的市场主体,各类出版机构在市场经济环境下公平竞争。2003年,党中央、国务院启动了文化体制改革试点工作,新闻出版系统21家试点单位全面完成了改革试点任务。新闻出版总署2006年12月发布的《新闻出版业"十一五"发展规划》中指出,要推动新闻出版单位深化改革。确定转制为企业的报刊社、出版社,要完成由事业向企业的体制转换,真正成为自主经营、自负盈亏、自我约束、自我发展的市场竞争主体。"十一五"末,国有独资的出版企业基本完成规范的公司制改造。以集团建设为龙头,培养一批导向正确、实力雄厚、国际竞争力和市场控制力强大的企业集团,使之成为市场的引领者和产业发展的战略投资者。积极培育一批内涵式发展的大社名社,形成市场中坚力量。引导中小报刊社和出版单位走"小而专"的道路,以专业化服务取得市场地位。推进公益性新闻出版单位"三项制度"改革,以转换机制、增强活力、改善服务为重点,强化责任意识,充分开发利用各种资源,发挥好宣传和引导社会舆论的职能。① 2009年4月,新闻出版总署又印发了《关于进一步推进新闻出版体制改革的指导意见》,对当前我国新闻出版体制改革进行阶段性总结,并指出进一步推进我国新闻出版体制改革的重要性和紧迫性,提出了我国新闻出版体制改革的指导思想、原则要求和目标任务。《意见》指出,要推进公益性新闻出版单位体制改革;推动经营性新闻出版单位转制,重塑市场主体;推进联合重组,加快培育出版传媒骨干企业和战略投资者等。② 推进出版体制改革,是我国政府促进出版业发展的重

---

① 新闻出版总署,新闻出版业"十一五"发展规划,2006年12月31日。
② 新闻出版总署,关于进一步推进新闻出版体制改革的指导意见,2009年4月6日。

要举措,也必将会极大推动我国数字出版产业的发展。

(2)净化市场环境,维护市场秩序

目前我国数字出版市场,尤其互联网出版市场秩序比较混乱,存在较为严重的盗版侵权、低俗内容等现象,这些现象一方面需要企业自身加强管理,更重要的是政府管理主体发挥其主要作用。2009年1月5日,国务院新闻办、工业和信息化部、公安部、文化部、工商总局、广电总局、新闻出版总署等七部门召开电视电话会议,部署在全国开展整治互联网低俗之风专项行动,包括Google、百度、新浪、腾讯等在内的首批19家网站被曝光批评。截至2009年4月24日第十批网站的曝光,共有10批115家网站因为登载大量低俗内容而被曝光。这些网站纷纷对出现低俗内容的栏目进行关闭整改,对整改不力的网站,政府管理者给予吊销许可的严厉处罚。七部委也对互联网低俗内容进行了严格界定,"所谓低俗内容,包括宣扬血腥暴力、凶杀、恶意谩骂、侮辱诽谤他人的信息;容易诱发青少年不良思想行为和干扰青少年正常学习生活的内容,包括直接或隐晦表现人体性部位、性行为,具有挑逗性或污辱性的图片、音视频、动漫、文章等,非法的性用品广告和性病治疗广告,以及散布色情交易、不正当交友等信息;侵犯他人隐私的内容,包括走光、偷拍、露点,以及利用网络恶意传播他人隐私的信息等;违背正确婚恋观和家庭伦理道德的内容,包括宣扬婚外情、一夜情、换妻等的信息。"①经过三个多月的努力,整治互联网低俗之风专项行动取得了阶段性的胜利,极大净化了互联网站的内容,减少了互联网站之间的恶性竞争,维护了互联网市场的秩序,有利于互联网络的健康发展。

二、数字出版传播行政管理体制存在的问题及对策

1. 改革"多头多级"行政管理体系

我国政府实行"多头多级"的行政管理体系,这种管理体系一方面使各级管理部门都有行政审批的职能,尚存在着行政审批行为不规范、权责范围不清、扯皮推诿等现象。这既容易出现管理相互交叉,又容易出现各方都没有规定的空白地带。例如,随着数字多媒体技术的发展,互联网视频业务迅速发展,不仅仅是一些专业视频网站大量出现,数字出版单位也纷纷在原来静态的出版业务中加入了视频等多种表现形式,按照上述的分头管理模式,互联网出版属于新闻出

---

① 中国互联网违法和不良信息举报中心,http://net.china.com.cn/index.html。

版总署管理，互联网视频业务属于广电总局管理，但对于互联网出版中的视频业务如何管理则没有明确界定。这造成了数字出版管理的真空地带。在管理互联网盗版侵权等问题上，按规定属于公安部门的管辖范围，但由于取证工作要通过新闻出版总署的相关程序，这在一定程度上延误了取证的时间，不利于受侵害者一方维护自己的合法权利。此外，"多头多级"行政管理体系使得出版单位必须遵守部门主管主办制度，出版单位在性质上是国有的，依附于党政机关与社会团体，管理部门直接参与数字出版经营，既管理又经营，政企不分，政事不分，出版单位无法形成独立的市场主体。

因此，只有改革这种"多头多级"的管理体系，改"多头多级"为"分级一体"，即将同一行政级别的现有的各个涉及数字出版行政管理职权的部门进行职权上的合并，统一由各级的新闻出版行政主管部门（新闻出版总署和各级新闻出版局）管理，才能形成科学有效的行政管理体系。随着我国数字出版产业尤其是互联网产业的迅速发展，政府可以考虑成立网络出版管理局，直属于国务院，其主要职责是协调并指导各部委制定有关数字出版管理的法规政策，减少数字出版管理盲区，提高数字出版管理的科学性。

2. 改变现有标准不统一的现状，加快制定国家标准

互联网传播的突出特点在于信息资源的共享与兼容，但在一些方面，数字出版由于各种系统标准不统一，难以相互通用，不仅没有提高出版发行效率，反而造成了大量重复性劳动。例如，北大方正、清华同方、书生公司、中文在线等几家制作电子书的较大企业，目前均具有自己独立的电子书格式和制作系统。作为读者，为了读到各大网络出版发行商的电子书，需要在自己电脑上安装不同的阅读软件或者使用不同的阅读器，这给广大读者造成了很大不便，并增加了用户阅读的成本，在一定程度上影响了数字出版的普及。因此，数字出版技术标准的有待统一。①

在这一过程中，政府管理者应该起到带头作用。首先，应积极研究和借鉴国际相关的先进技术标准。其次，政府要正确引导，企业发挥主体作用。目前，我国数字出版产业相关体制还未完全理顺，市场竞争机制尚未真正形成，在这种情况下，政府应加强对数字出版标准化工作的正确引导。同时，标准应该是产业链条中上下游企业相互协调、妥协的结果，各方的利益都应反映在标准中。所以企

---

① 苏秦、谢金海：《论我国数字出版的发展》，《东北农业大学学报（社会科学版）》2007年第8期。

业是标准的执行者,同时也应该是标准的制定者。再次,要重视业务专家、标准化专家和技术专家的高度结合。制定数字出版标准的人员既要求熟悉出版业务,又要熟悉信息技术,同时还要熟悉标准化工作,这种复合型人才并不多。因此,应该综合考虑各方专家的意见,才能制定出真正符合产业发展的行业标准。①

2007年7月,新闻出版总署阎晓宏副署长在第二届中国数字出版博览会上发言指出,我国数字出版标准化工作正逐步展开,要建立一个涵盖新闻出版各个行业范围的、科学合理的信息分类与编码体系,形成符合行业规范的新闻出版业标准化体系。建立并依据新闻出版标准体系表、印刷标准体系表、出版物发行标准体系表和信息标准化体系表,完成基础标准和关键标准的制订与推广。重点是解决数字资源标识符(DOI)标准的制订和实施;建设标准化数据交换平台和标准动态维护系统;研制数字印刷标准格式及新兴数字媒体和《出版物二维码》、《出版物物流二维码》、《出版物标识数据格式》等各项标准的制订。② 2009年4月,新闻出版总署同工业与信息化部等单位召开了《手机出版标准体系》等项标准制定工作会,对手机出版的赢利模式、呈现格式等标准的制定进行了深入讨论。这是我国政府日益重视迅速发展的手机出版的一种表现。③

第四节 数字出版传播产业政策

数字出版产业是一项新兴产业,也是一项对社会产生深远影响的产业,欧美发达国家十分重视本国数字出版产业的发展。作为一项新兴产业,数字出版前期投资巨大,一般企业难以承受,因此,需要政府采取积极的产业政策来为数字出版产业的发展创造有利条件。

一、我国数字出版传播产业政策现状

1. 我国政府有关数字出版的宏观产业政策

随着数字出版产业的发展,数字出版尤其互联网出版发挥了越来越大的作

---

① 张书卿:《我国数字出版标准化现状及对策》,《出版发行研究》2008年第11期。
② 阎晓宏:《我国将大力实施数字出版战略加快数字出版标准的制订》,《中国新闻出版报》2007年7月17日。
③ 刘颖丽:《手机出版标准体系》,等标准制定工作会召开,中国出版网,http://www.chuban.cc/bwkx/200904/t20090424_47709.html。

用,因此政府管理者对数字出版亦越来越重视,并先后制定了一系列宏观产业政策来促进数字出版产业的发展。

  2006年3月全国人大公布的《中华人民共和国国民经济和社会发展第十一个五年规划纲要》中指出,要发展现代出版发行业,积极发展数字出版,重视网络媒体建设。这是政府最高规格的有关数字出版产业发展的规划。同年新闻出版总署公布的《新闻出版业"十一五"发展规划》中也指出,"十一五"期间,我国新闻出版业虽然取得了长足进步,出版物的品种、数量和类型不断增加,产业规模进一步扩大,体制改革积极稳妥推进,结构调整初见成效,法律法规日益健全,对外交流成效显著,但仍存在诸多问题,主要表现为体制、机制不适应社会主义市场经济的要求,增长方式不尽合理,产业结构趋同、集中度低,市场秩序有待进一步规范等。针对目前所存在的问题,《规划》中提出了包括"大力发展数字出版"在内的发展战略,鼓励、扶持以互联网络为主要载体的图书、报纸、期刊、数据库、新闻、游戏、动漫、音乐以及电子书等各种数字产品的开发、制作、出版和销售,积极推动用数字传播技术改造传统出版的生产、管理和传播方式,以提升出版产业的整体实力和核心竞争力。

  与此同时,我国各地方政府也加大了对数字出版产业的支持力度。目前全国有三分之二的省市区都提出要建设文化大省,几乎所有的省都把发展文化产业列为"十一五"规划的重点。北京、上海、广州、深圳、杭州、南京、天津、重庆等城市将包括数字出版在内的创意产业作为城市发展引擎,并且在产业规划、政策引导、园区建设、资金扶持和相关举措方面有所作为,其中上海、北京、南京、重庆等几个城市更是先后专门编制了创意产业的"十一五"发展规划,用以指导产业发展。2008年7月上海市在张江建立了目前国内唯一的国家数字出版基地——张江国家数字出版基地,并成立了上海张江数字出版产业发展有限公司。基地享受上海市、浦东新区及张江基地的一系列优惠政策,鼓励企业发展文化创意产业。目前已有起点中文网、盛大网络、第九城市等数字出版企业落户张江。根据上海新闻出版局公布的数据:2009年上海数字出版产业总产值已达185亿元,比上一年增长50.41%,约占全国的四分之一。仅张江国家数字出版基地2009年的总产值已达90亿元。张江国家数字出版基地已认定的数字出版企业181家,基本形成网络文学、互动教育、网络游戏、艺术典藏、手机出版等特色产业聚集的数字出版产业链。①

2. 我国数字出版企业的准入门槛

在我国数字出版产生的初期,数字出版准入门槛很高。随着互联网技术的发展,我国开展数字出版业务的机构越来越多,数字出版企业的准入门槛也逐渐降低。2002年8月开始施行的《互联网出版管理暂行规定》第二章专门对数字出版企业的行政审批进行了规定,"从事互联网出版活动,必须经过批准。未经批准,任何单位或个人不得开展互联网出版活动"②同时规定了从事互联网出版业务的单位必须具备的条件:(1)有确定的出版范围;(2)有符合法律、法规规定的章程;(3)有必要的编辑出版机构和专业人员;(4)有适应出版业务需要的资金、设备和场所。这四条主要针对开展数字出版业务的企业,对于个人开展数字出版业务,则没有明确规定。2003年,新闻出版总署正式批准了50家单位从事互联网出版业务,我国的互联网出版自此进入产业化发展阶段。

2008年4月开始施行的《电子出版物出版管理规定》第六条专门规定了设立电子出版物的出版单位应具备的条件:(1)有电子出版物出版单位的名称、章程;(2)有符合新闻出版总署认定条件的主管、主办单位;(3)有确定的电子出版物出版业务范围;(4)有200万元以上的注册资本;(5)有适应业务范围需要的设备和工作场所,其固定工作场所面积不得少于200平方米;(6)有适应业务范围需要的组织机构,有2人以上具有中级以上出版专业职业资格等。与《互联网出版管理暂行规定》相比,《电子出版物出版管理规定》对开展数字出版业务的单位的资格审查更加细化,也相应提高了其准入门槛。

3. 我国数字出版企业的金融政策

所谓金融政策,是指政府为了促进数字出版产业的发展而采取的一系列包括信贷、投融资等在内的产业政策。目前我国政府对数字出版产业的金融政策主要集中在信贷政策和投融资政策两方面。

信贷政策主要是指中央及地方政府金融管理机构对有关数字出版企业的资金扶持优惠政策。数字出版机构要想取得发展,资金是一个瓶颈,金融机构的资金支持无疑是数字出版机构扩展业务的主要资金来源。因此政府对数字出版机构的信贷行为采取优惠政策,可以为数字出版企业提供较为充足的发展资金。我国政府在《新闻出版业"十一五"发展规划》中提出"鼓励、扶持以互联网、移动

---

① http://it.sohu.com/20100611/n272714350.shtml.
② 新闻出版总署、信息产业部,互联网出版管理暂行规定,2002年6月27日。

通信网和数字电视网为主要载体的图书、报纸、期刊、数据库、新闻、游戏、动漫、音乐以及电子书等各种数字产品的开发、制作、出版和销售,鼓励开展基于各种网络的出版、发行活动。到'十一五'末,建设4—15个数字出版产业基地,形成10—20个网络出版强势企业。"①2008年9月广东省制定了《关于加快推进广东数字出版产业发展的若干意见》,提出将推进将数字出版纳入现代信息服务业和高新技术发展范畴,享受减免税等优惠政策;完善数字出版产业公共服务体系的相关措施。② 2009年3月上海张江数字出版基地推出8项扶持政策,包括对建设大型数据库给予资助,最高资助额度可达200万元;支持数字出版基地的公共服务平台建设;鼓励数字出版企业技术研发和内容原创;奖励创新性强的数字出版产业化项目,奖金数额可达300万元;对重大数字出版项目采用贷款贴息方式支持,贴息数额可达200万元;支持数字出版企业进行国内外市场推广,以及让入驻企业享受房租补贴,等等。③

在投融资政策方面,就数字出版单位的所有制性质来说,我国开展数字出版的企业可以分为两类,一种是传统出版企业开展的数字出版业务,这种类型的企业沿袭传统的管理体制,即属于"事业单位,企业化管理",企业所有权属于各级新闻出版管理机构,管理上实行企业化管理,这种出版企业对于投融资比较谨慎,虽然有2008年辽宁出版集团等单位实现了上市,但社会上针对出版界的投入很少,社会融资比较困难。我国数字出版另一类企业就是以盛大网络、第九城市等为代表的高科技公司,这些企业往往体制较为灵活,对投融资的运作也较为成熟。在国内上市受到限制之后,他们绕过政策限制,纷纷在海外上市,这类企业包括搜狐、盛大、网易、巨人、九城、网龙等,并构成了网络游戏概念股。作为我国网络游戏出版的主力军,这些企业的融资情况一定程度地反映了我国网络游戏的发展状况。目前网络游戏在数字出版产业中占据较大比例,2009年网络游戏的总产出256.2亿元,占整个数字出版的比例超过32%,接近三分之一。当然,业界对网络游戏是否属于数字出版存在着较大的争议,目前国家把网络游戏纳入到数字出版的范围,但很多人认为网络游戏不能算作数字出版。

---

① 新闻出版总署办公厅,新闻出版业"十一五"发展规划,2006年12月31日。
② 邓圩,广东:《数字出版业享受减免税优惠政策》,金融界,http://finance.jrj.com.cn/biz/2008/09/0221271839102.shtml。
③ 劳动报,上海张江数字出版基地推出8项扶持政策,http://www.zhaoshang-sh.com/zsxx/2009/3-9/093993932EF32CJ7E1F2IBBAHD956.html。

二、我国数字出版传播产业政策存在的问题及对策

1. 调整准入门槛,实行"分级分类"管理

如上所述,相对于欧美等国家的登记制来说,我国数字出版的准入沿袭传统的管理模式,采取批准制。相对于互联网的公开性和参与性,批准制不利于我国数字出版产业的发展。当然降低门槛并不意味着完全放开,事实证明,数字出版尤其互联网出版如果没有政府的管理,将陷入恶性竞争的境况。

因此,在对数字出版的准入政策上,国家行政主管部门对数字出版可考虑实施"分级分类"管理,即对符合一定条件的互联网出版企业允许其登记备案,并划定信息发布级别和出版范围;对其中达到一定资质标准的企业授予其互联网出版权。所有管理都应与电信部门联手实施,并建立相应的年检制度。[①]

2. 落实金融支持政策,扩大企业投融资范围

虽然我国中央政府及地方各级政府都十分重视数字出版产业的发展,也纷纷采取了鼓励数字出版发展的信贷政策。但由于种种原因,这些信贷政策的实施有一定困难。由于我国很多数字出版企业规模都不是很大,属于中小型企业,这些企业在进行信贷业务时,往往与金融机构相关的信贷政策冲突。金融机构往往对中小数字出版企业的信贷需求热情不高,中小数字出版企业进行信贷业务时遇到很大困难。因此,政府相关管理者应该联合金融管理者对中小数字出版企业的信贷行为进行专门的信贷政策,简化信贷手续。对于有发展前景的企业,必要时可以采取政府出面协调资金信贷问题。

目前,我国开展投融资业务并取得显著效果的主要是以网络游戏公司为代表的企业,对于传统的出版企业来说,由于在目前的体制下,"内容编辑方面的资产不能有社会资本和外资进入"这一政策底线在一定程度上限制了出版企业的资本运作,出版企业还无法在市场竞争中做到自由、公平、公正,与资本市场的期望值还有一定差距。随着外资部分进入国内出版行业,传统出版业的竞争压力日益加大,在数字出版行业,越来越多的 VC(风险投资公司,Venture Capital)将从事新媒体产业的技术公司揽入怀中,曲线进入内地数字出版行业。国内出版商在新兴行业的开疆破土之际,对资本的需求日渐加大,却无法在纯市场的环境中有效吸收资本营养。[②]

---

① 张立:《我国数字出版产业的发展趋势及对策分析》,《出版发行研究》2008 年第 10 期。
② 屈辰晨:《出版业的数字化战略整合》,数字出版在线,http://www.epuber.com/? p = 239。

当然,通过上市谋求企业的价值突破并不是唯一出路,出版业整体实力不强,盲目上市存在风险,出版商可以通过合并、托管、收购、兼并、分立以及风险投资等资本运作方式弥补自身产业链的不足。因此,我国数字出版产业的发展,离不开政府改变数字出版企业,尤其是改变开展数字出版业务的传统出版企业投融资体制,只有扩大数字出版企业的投融资范围,才能使数字出版企业能够筹集到足够的资金,促进数字出版产业的发展。

应加大对数字出版高科技企业种子基金、风险投资基金的支持力度。所谓种子基金,根据《现代经济词典》的解释,是指专门投资于创业企业研究与发展阶段的投资基金。新兴的高技术企业需要经历一个探索与创业的艰难过程。在这个过程的初期,即研究与发展阶段,高科技专业人才与风险投资者相结合,共同参与创业。这时需确定技术和商业方面的可能性,进行市场研究,制定经营计划。当创业企业成长起来之后,种子基金便退出,投资于其他新的对象。①

风险投资基金又叫创业基金,是当今世界上广泛流行的一种新型投资机构。它以一定的方式吸收机构和个人的资金,投向那些不具备上市资格的中小企业和新兴企业,尤其是高新技术企业。它无需风险企业的资产抵押担保,手续相对简单。它的经营方针是在高风险中追求高收益。风险投资基金多以股份的形式参与投资,其目的就是为了帮助所投资的企业尽快成熟,取得上市资格,从而使资本增值。一旦公司股票上市后,风险投资基金就可以通过证券市场转让股权而收回资金,继续投向其他风险企业。在一些风险投资较为发达的国家,风险投资基金主要有两种发行方法:一种是私募的公司风险投资基金,通常由风险投资公司发起;一种是向社会投资人公开募集并上市流通的风险投资基金,目的是吸收社会公众关注和支持高科技产业的风险投资,既满足他们高风险投资的渴望,又给予了高收益的回报。

目前,我国政府对出版领域的种子基金及风险投资基金管理较为严格,数字出版单位一般很难通过种子基金和风险投资基金获得必要的资金支持,因此,政府应考虑在时机成熟时适当放开数字出版行业的种子基金和风投基金,让更多的中小数字出版企业能够募集到足够的资金。

总之,资金问题是我国数字出版产业发展的一个瓶颈,从政府角度来讲,应

---

① 刘树成主编:《现代经济词典》,南京:凤凰出版社、江苏人民出版社 2005 年版,第 1254 页。

该采取各种措施,鼓励数字出版企业,尤其是中小网络出版企业拓宽融资范围,以募集到更充裕的资金,来发展自身业务。

第五节 数字出版传播行业自律

如上文所述,数字出版传播的特点决定了在数字出版传播的管理过程中,政府相关管理者不能完全沿用以前管理传统出版的方式方法。事实也证明,传统的管理方法并不适应现代数字出版传播,在数字出版传播管理过程中,除了采取传统的法律、行政管理等刚性措施之外,应充分重视数字出版行业自律等柔性措施的作用。行业自律一方面是为了约束数字出版企业的行为,从道德上、从社会责任感上敦促数字出版企业避免登载不良信息、盗版侵权行为等;另一方面是为了约束数字出版读者的个人行为,由于互联网出版的交互性,个人在其中发挥了越来越重要的作用,这要求个人应该提高自己的道德意识,做到不传播不良信息、不支持盗版侵权行为等。目前我国数字出版行业自律也主要是围绕这两方面来建设的,而且取得了一定成效。

一、我国数字出版传播行业自律现状

1. 我国数字出版传播行业自律公约

在我国,由于数字出版产生的时间不长,因此还没有专门的数字出版行业自律组织和公约。随着互联网的产生与发展,数字出版与互联网传播紧密结合,成为互联网传播的一部分,因此我国数字出版行业自律主要参照互联网行业自律组织和公约。

(1)互联网行业协会

中国互联网协会,英文名为"Internet Society of China"(简称 ISC),成立于 2001 年 5 月 25 日,是一个非营利的、全国性社团组织,主管单位是工业与信息化部(原信息产业部)。该协会的成立是由国内从事互联网行业的网络运营商、服务器提供商、设备制造商、系统集成商以及科研、教育机构等七十多家互联网从业者共同发起。现有会员三百多个,大部分为团体成员,也有一部分互联网业界影响较高的个人成员。

协会由十一个工作部门组成。其中责任与道德委员会的工作,主要是针对互联网行业的道德状况,组织贯彻国家有关互联网管理的方针、政策和法规,制定并宣传《中国互联网行业自律公约》，推动业界建立行业自律机制，并对行业自律的执行情况实施监督，发挥协会在沟通、协调等方面的作用以维护会员的合法权益。新闻信息服务工作委员会主要针对我国互联网新闻信息事业，组织制定互联网新闻信息服务自律规范并组织实施，组织开展业务交流与合作，为促进我国互联网新闻信息服务事业的健康发展做出贡献。①

该协会的主要职责是协调互联网行业间的关系，制定并实施互联网自律公约、监督公约执行情况，开展对外交流与合作，促进我国互联网行业的发展。数字出版传播作为互联网信息传播的重要组成部分，当然也要遵守中国互联网行业协会的相关规定。

（2）互联网行业自律公约

《中国互联网行业自律公约》

这是我国最为正式的互联网职业道德规范，《公约》于2002年3月26日上午在人民大会堂正式签署生效，其规范对象包括"从事互联网运行服务、应用服务、信息服务、网络产品和网络信息资源的开发、生产以及其他与互联网有关的科研、教育、服务等活动的行业"②将互联网相关行业一一囊括。制定该《公约》的目的是："规范（网络）行业从业者行为，依法促进和保障互联网行业健康发展。"③截至2004年6月，已有1500余家企业签约。

《公约》共分为四章，即总则、自律条款、公约的执行与附则。四章之下划分为三十一条。在我国，该《公约》指涉了互联网行业的所有领域与相关内容，具有较强的价值导向性，成为我国网络道德建设指导性规范。

《互联网新闻信息服务自律公约》

这是专门针对我国从事互联网新闻信息服务的企业的公约，该《公约》由中国互联网协会互联网新闻信息服务工作委员会于2003年12月8日颁布。其目的是"加强行业自律，进一步规范互联网新闻信息服务行为，维护良好的互联网发展环境，促进我国互联网的快速健康发展，更好地为社会主义现代化建设服务。"④《公约》共分十条，要求提供互联网新闻信息服务的企业：第一，要根据国家有关法律、法规取得合法资格；提供的新闻信息内容来源合法、客观真实、导向

---

① 中国互联网协会，http://www.isc.org.cn/。
② 参见中国互联网协会，《中国互联网行业自律公约》。
③ 同上。
④ 中国互联网协会互联网新闻信息服务工作委员会，互联网新闻信息服务自律公约，2003年12月8日。

正确;提供的其他服务文明健康。第二,不制作和传播危害国家安全和社会稳定、违反法律法规以及淫秽、色情、迷信等有害的信息,坚决抵制与中华民族优秀文化传统和道德规范相违背的信息内容。第三,要加强管理,自觉维护广大用户的合法权益,引导广大用户文明使用网络,增强网络道德意识,自觉抵制有害信息的传播。第四,要自觉接受政府的管理和公众的监督,加强从业人员的管理和教育,提高从业人员的业务和道德水平。第五,开展经营活动遵循诚实信用、公平竞争的原则,反对不正当竞争行为,倡导团结协作,实现共同发展。

2. 我国数字出版企业行业自律现状

在我国,从事数字出版业务的企业是行业自律的主体,一方面,企业要遵守中国互联网协会的各项规定,遵守《中国互联网行业自律公约》和《互联网新闻信息服务自律公约》等行业自律公约。另一方面,企业自身为了树立自己良好的公关形象,完善内部管理,避免不必要的矛盾纠纷,一般在创办之初就出台一系列相应的管理规章,比如服务条款、隐私声明、版权声明、免责声明等。所谓服务条款,主要是对网站与用户双方的权利与义务进行阐明;隐私声明,是对用户个人资料的保护、使用以及用户拒绝使用的方法等进行说明;版权声明,是声明网站对其内容、服务及技术等的所有权;免责声明,是对网站不能承担的责任进行明确说明。互联网企业所出台的这些管理规章,主要都是为了维护网站自身的利益,有的条款对网民甚至带有一定强制性,因此在实施过程中可能会遇到一定困难。

3. 我国数字出版用户自律现状

如上所述,互联网传播的特点包括开放性和互动性,在互联网出版时代,人人都可能成为出版者,因此除了数字出版企业要加强行业自律之外,数字出版用户个人作为独立的参与主体也应有自律规范。目前我国有关互联网个人用户的自律规范还没有形成体系,主要有《全国青少年网络文明公约》。该《公约》由团中央、教育部、文化部、国务院新闻办、全国青联、全国学联、全国少工委、中国青少年网络协会于 2002 年 11 月向全社会发布,其内容包括:要善于网上学习,不浏览不良信息;要诚实友好交流,不侮辱欺骗他人;要增强自护意识,不随意约会网友;要维护网络安全,不破坏网络秩序;要有益身心健康,不沉溺虚拟时空。经过大力宣传,该《公约》对我国青少年合理使用互联网起到一定积极作用。

2009 年 4 月 22 日,由全国"扫黄打非"工作小组办公室、国家版权局和中央电视台联合主办,中央电视台社会与法频道承办的"绿书签行动 2009"在全国

31个省、自治区、直辖市同时启动。绿书签行动是以"4·26世界知识产权日"为契机,以特别设计制作的绿书签为载体,以"拒绝盗版,从我做起"为宣传口号,倡导公众尊重创意、支持正版,在全社会掀起营造繁荣健康有序的文化市场环境热潮的年度主题行动。① 该项活动的举办有利于提高我国广大读者的版权保护意识和自律意识。

二、我国数字出版传播行业自律问题及对策

1. 数字出版行业自律公约执行难问题亟待解决

虽然我国互联网行业自律公约(如《中国互联网行业自律公约》和《互联网新闻信息服务自律公约》等)的颁布已经有一段时间了,数千家互联网企业也纷纷加入了这些公约,但目前互联网上仍然存在大量违反公约的信息,数字出版行业自律公约遇到执行难的问题。这一问题之所以会产生,首先是因为自律公约本身对提倡和禁止的内容划分不明,导致许多互联网机构为了私利大打擦边球。比如,《中国互联网行业自律公约》第七条规定"鼓励、支持开展合法、公平、有序的行业竞争,反对采用不正当手段进行行业内竞争"。但何为"不正当手段",公约并没有给出明确规定。再比如,第九条第二款规定"不链接含有有害信息的网站,确保网络信息内容的合法、健康",但何为"含有有害信息的网站",公约也没有给出明确界定。这就造成了互联网企业在进行竞争时,采取一些不正当的手段来进行恶性竞争,严重影响了数字出版企业的声誉。因此,这就要求行业自律组织应进一步细化公约条款,使其能够真正约束数字出版企业的不正当行为。其次,相对于欧美等发达国家,我国自律行业协会和公约主要都是由政府组织指定的,企业在这一过程中并不处于主导地位,这些自律公约在多大程度上反映了互联网企业的要求值得怀疑,因此互联网企业在执行这些公约时可能会大打折扣。要想使互联网企业都能遵守自律公约,必须提高其参与制定公约的积极性,使公约能够真正体现这些企业的要求。在公约的制定过程中,应充分征询数字出版企业的意见,也要在公约中反映数字出版企业的要求。只有这样,制定的自律公约才有实施的基础。

2. 我国数字出版企业自律意识亟待提高

目前我国数字出版企业的自律意识不高,主要体现在:一方面网络盗版、侵

---

① 人民网,"绿书签行动2009"今日在全国31个省区市启动,文化频道,http://culture.people.com.cn/GB/87423/9177276.html。

权现象严重,其中大部分属于数字出版企业的行为,另一方面互联网上存在着大量色情、暴露等低俗内容,以商业网站2008年5月的读书频道为例,一些如《婚外有情人:今生我与富婆有约》、《她今夜伴谁入眠》等隐含低俗内容的原创小说均排在读书频道原创点击榜前列。

即使是网络热门小说的追捧者,也不能不承认它们的"低俗化"。虽然"低俗小说"存在的合理性已经不容置疑,我们需要探讨的是,各大读书网站娱乐化低俗化,追求点击率阅读率,热炒黑幕、隐私、言情、玄幻甚至色情的背后,存在着的那只手。① 毫无疑问,出现这种情况,一方面是各家网站为了提高自己网站的点击率,获得更大的利益而故意为之;另一方面则是网站为了迎合一部分网民的需求,故意对网民上传的色情等内容不加审查或审查不严。归根到底,是我国一部分数字出版企业自律意识不高,根本没有遵守互联网行业相关的自律公约,片面追求经济利益。这些内容的大量存在,极大地损害了互联网的声誉,不利于互联网的健康发展。

我国数字出版企业整体自律水平不高,一方面是由我国互联网行业整体自律水平不高造成的。但主要原因还在于数字出版企业自身片面追求经济利益,为了满足一部分读者的低级趣味,为了眼前利益,而大量登载低俗内容。这要求我国政府加大对数字出版企业登载低俗内容的监管、处罚力度,整治互联网低俗之风。另一方面,也要求数字出版企业自身能够有长远眼光,加强自律,为读者多提供高品质的精神文化食粮。

3. 我国数字出版读者的自律意识亟待提高

由于互联网在一出现的时候就是以它的免费分享为特点,这在一定程度上成为广大消费者的一种思维定式,即认为只要是在互联网上传播的,不管是否有版权,都应该是免费的。在我国尤其如此,由于广大读者没有形成版权意识,读者不知道在什么情况下自己的行为属于侵犯出版机构的版权,也不知道侵犯版权需要承担法律责任,这说明我国数字出版读者的自律意识亟待提高。出现这种情况,一方面是因为我国并没有专门针对广大网民的自律公约,另一方面我国广大网民没有经过自律的系统教育,中国古代所讲的"独善其身"的优良传统并没有在互联网上得以体现。相反,由于缺乏监督,我国一部分素质不高的网民会做出破坏数字出版版权、上传低俗内容等不符合道德规范的举动来。

---

① 蓝格子:《低俗化背后是市场的那只手——冷观各大门户网站读书频道》,《出版广角》2008年第8期。

因此，数字出版读者自律意识的提高对我国数字出版传播的发展也具有重要意义。政府相关管理者应该组织制定互联网个人用户网上行为自律公约，并大力宣传，使得每一个上网的人都能够提高自己的自律意识，注意自己在网络上的一言一行。对普通网民来讲，自身修养和素质的提高需要自己在平时多加注意。总之，数字出版的开放性要求广大网民提高自律意识，只有这样才能促进数字出版的健康发展。

从目前来看，我国数字出版传播行业自律虽然取得了一定的成效，但还存在着执行力度不够、企业和个人自律意识不强等问题。这需要各方面的共同努力，首先，政府应加强对数字出版企业和个人的不良行为的监督工作，对于情节严重触犯法律的行为，一定要加以严惩，只有将法律强制性与自律自觉性相结合，才能提高企业和个人的自律意识。其次，数字出版自律协会应该加大相关自律公约的宣传力度，同时加强对违反自律公约的企业曝光力度，使企业真正认识到自律对其自身名誉的重要性，督促企业自觉提高自律水平。再次，对于个人主体来讲，政府和行业自律组织通过加大自律公约的宣传教育工作，使广大互联网用户能够真正认识到自律公约的重要性，从而使自己能够自觉履行公约。

总之，作为数字出版管理重要组成部分的行业自律，需要政府、自律组织、企业和个人的共同努力，只有这样，才能真正净化我国数字出版环境。

第六节　数字传播企业管理

进入21世纪，随着我国互联网的高速发展，数字出版技术日益成熟，我国开展数字出版业务的各类企业数量大大增加。根据《新闻出版业"十一五"发展规划》的统计，截止到2009年，我国已有图书出版单位580家，音像制品出版单位380家，电子出版物出版单位250家，网络出版机构129家。数字出版企业已在出版业整体中占据了一席之地。

一、我国数字传播企业管理现状

1. 我国传统出版单位开展数字出版业务情况

传统出版单位是我国出版产业的主力军。在出版体制改革之前，我国出版单位都是事业单位，在市场经济条件下，这种体制显得较为呆板，不能灵活适应市场的需求。因此，在数字出版出现的初期，传统出版单位的反应较为冷淡。随着出版体制改革的深入，自负盈亏的企业化改革促使传统出版单位更加关心市场和出版技术的发展。在此基础上，我国传统出版企业也逐渐开展了数字出版业务。1999年2月，中国第一家出版改革试点单位——上海世纪出版集团宣告成立后不久，其网站——易文网也投入运营，这也是国内传统出版单位开展数字出版业务较早的出版集团。之后，高等教育出版社、人民教育出版社等单位也纷纷推出自己的数字出版业务。2008年4月22日，我国最大的出版集团——中国出版集团公司在北京正式成立了"中版集团数字传媒有限公司"，公司初期投资1000万元，将充分利用集团的政策优势和资金优势，聚合集团各成员单位的数字出版资源。首先在集团范围内实现"共建、共享、共赢"，即共同开发集团及成员单位的数字资源，共同建设集团的数字出版大平台，按照既定的商业运营模式和工作需求在既定范围内开放集团及成员单位的数字资源，实现资源共享，完成市场增值效应，达到共同发展、共赢市场的目的。① 国内最大的外语出版社——外语教学与研究出版社也于2008年底将原北京外语音像出版社正式更名为外语教学与研究出版社电子音像网络出版分社，全力投入网络与无线内容的研发。目前该社已有《悠游外语世界》、数字学习平台FLTRP-Learning等多个数字出版项目投入运营。② 此外，商务印书馆提出了一套完整的数字出版理念，并在此理念的指导下开展了以工具书内容系统为代表的一系列数字出版实践活动。③

目前，我国传统出版单位开展数字出版业务主要是对自身资源的二次开发，比如上海世纪出版集团的易文网首创了大型中文工具书网上查询系统，实现了《汉语大词典》（5000万字）、《中华文化通志》（100卷，4000万字）、《中华古汉语字典》和《中央日报》标题索引（1929年—1947年）的网上查询，为专业工作者提供信息服务。有的出版单位与数字出版技术企业合作开展数字出版业务，比如，国内80%以上的出版社在应用方正Apabi技术及平台出版发行电子书，每年新出版电子书超过6万种。有的则是自己投入人力物力开发数字产品，如上文中所提到的外语教学与研究出版推出的数字学习平台——FLTRP-Learning等，该平台以数字资源超市、教学一体化为服务理念，具有GPS学习诊断、考试试题

---

① 新的起点新的征程——中国出版集团公司数字出版扬帆起航，中国出版集团公司，http://www.cnpubg.com/space8/? action-viewnews-itemid-339。
② 外语教学与研究出版社，http://www.fltrp.com/。
③ 传统出版与数字出版的对接——第二届中国数字出版博览会部分嘉宾发言观点辑要，《中国编辑》2007年第5期。

库、教学互动、资源驿站以及我的地盘等五大功能模块,是一个能够实现零等待的全智能系统。

在数字出版业务内部管理上,传统出版单位基本沿袭了传统出版业务管理体系。在机构设置上,有的出版单位专门成立数字出版业务公司,这主要是指一些大型的出版集团,比如,上海世纪出版集团的易文网,中国出版集团公司的中版集团数字传媒有限公司。有的出版社则专门成立分社,比如外研社的电子音像网络出版分社。有的则没有专门成立相关机构,只是在内部有开展数字出版业务的专业人员。在人员构成上,传统出版单位中从事数字出版业务的人员以传统出版人才为主,加上少量专业计算机技术人才。既熟悉出版专业知识,又擅长计算机专业知识的复合型人才较少,这也造成数字出版业务人才瓶颈的出现。在激励机制上,与传统出版并无二致,主要以出版物的多少来定工作量和相关奖励。在赢利模式上,国内一些出版机构已经开始探索数字出版业务的赢利模式问题,例如,商务印书馆"工具书在线"上线运营,施行的是典型的互联网运营战略——首先免费提供在线查阅服务,再逐渐探索介入赢利方式。高教出版社制定了"向数字化内容服务业转型"的战略构想,定位于在线的"内容服务商"而非简单的"内容提供商",目前该社全力开展了"内容管理系统"项目,对内容的整理、分类和标注已经开始。其他如社科文献出版社、知识产权出版社等等,都立足于自身内容特色,抓紧整合整理自有资源,朝着互联网营运方式深入或逼近。①

2. 数字出版高科技企业开展数字出版业务情况

这一类企业是我国数字出版产业的重要组成部分,也是我国数字出版产业最为活跃的一部分。按照开展具体业务的不同,这一类企业又可以分为:(1)专门开展数字出版业务的企业,比如北大方正、中国知网(CNKI)、万方数据知识服务平台,这些企业一般都有政府背景,开展数字出版业务较早,企业规模较大,企业赢利模式、管理模式较为清晰。(2)开展网络游戏的企业,比如盛大、九城等企业,这种企业一般属于股份制企业,经营体制较为灵活。(3)专门开展网络文学等业务的互联网公司,比如红袖添香、晋江原创网、起点中文网、新浪读书等网站,这些网站以登载网络小说为主,其用户数量较多,具有一定影响力。赢利模式多样化,以收费或者免费加广告的形式为主。

---

① 张赛加:《互联网特性与出版探讨》,《科技与出版》2007年第12期。

（4）开展手机出版的公司。手机出版作为一项新兴的数字出版形式,已经开始崭露头角。中国首部手机短信连载小说的作品名为《城外》,作者笔名前夫长。2004年8月,其版权被电信运营商华友世纪通讯公司以18万元人民币的价格买断。①（5）开展阅读终端服务的企业,如汉王等,通过与传统出版单位签约购买版权销售掌上阅读器。

总之,这些企业一般拥有大量的专业技术人才,采用现代管理手段,经营体制较为灵活,在一定程度上享受了政府对高新企业的各方面支持,成为较为成熟的数字出版企业。这类数字出版高科技企业在我国数字出版产业的发展中发挥了越来越重要的作用。

二、我国数字传播企业管理存在的问题及对策

1. 我国传统出版企业数字出版业务管理存在的问题及对策

如上所述,由于体制等方面的原因,我国传统出版企业开展数字出版业务起步较晚,加之开展数字出版业务需要大量的前期资金、人力的投入,我国数字出版赢利模式也尚不清晰,因此我国传统出版企业开展数字出版业务的热情并不高。在数字出版经营管理过程中,也存在一些问题,主要包括以下几点:

（1）出版业从业人员的观念滞后

经过几十年的发展,我国传统出版单位图书出版的编、印、发等环节已形成一套成熟的经营管理模式,原有的从业人员也已经习惯于采用此方式来运作。而这套工作模式显然不能完全适用于数字出版。开展数字出版业务需要投入大量的人力、物力进行技术设备、运营模式等的全面升级。这不仅提高了运作成本,风险也随之提升。对于一个自己完全陌生的领域,出版界难免存在一定排斥感。因此,国内虽然有很多出版社在出版电子书,但电子书还没有形成书业的主流,多是一些纸介质图书的辅助产品,还有许多出版社对于数字出版处于观望态度。与出版社对数字出版的漠然相比,一些企业抓住了数字出版的商机,积极搞起了电子书、信息资源库、数字图书馆、数字动漫、手机阅读等,并业已实现了初步的赢利。数字出版业要发展,需要有当前垄断着大量出版资源的出版社的参与,需要改变数字出版技术企业与传统出版社"一头热一头冷"的现象,需要出版从业人员不断学习新技术,了解出版业发展新趋势。观念的改变是传统出

---

① 匡文波:《电子与网络出版教程》,北京:中国人民大学出版社2008年版,第35页。

机构加大数字出版业务投入的前提条件,也是各家出版机构能够真正重视数字出版业务的表现之一。

(2) 掌握数字出版技术的人才和管理人员相对缺乏

与传统出版业不同,数字出版及其管理人员需要一定的计算机网络软、硬件专业技术知识,需要对数字出版物的制作以及数字出版业的信息化商业运作模式有所了解。目前,由于各方面的原因,我国数字出版业仍处于探索尝试阶段,许多有关数字出版的知识和规律需要在实践中不断总结,因此,发展数字出版需要既了解出版专业知识,又掌握新兴数字传播技术的复合型人才。目前,各出版单位主要由计算机专业背景的人员从事数字出版,而这些人员对出版专业知识相对缺乏,制约了数字出版业的进一步发展。为此,面对新的数字出版方式,出版业不能知难而退,应重视对适合数字出版的复合型人才的培养,尽力做好数字出版的前期准备特别是智力储备工作。

(3) 传统出版单位开展数字出版的赢利模式尚不清晰

统计数据显示,2007—2008年集中出版的科技期刊数据库、个别文学原创网站、网络游戏取得了骄人的成绩,但除此之外,无论是新媒体还是传统出版单位的数字化转型,在赢利模式上仍然处于探索阶段。特别是传统出版单位开展数字出版,在整体经营上尚未找到赢利模式,仍处于投入大于产出阶段。这也是传统出版单位在数字出版面前顾虑重重的主要原因。由有关调查显示,数字出版从创作到制造、流通和消费都需要采用全新的商业模式,需要将计算机网络技术、电子商务技术相结合,构建出版生产、信息资源和要素公开交易的平台,降低交易成本,推动数字出版物的流通。数字出版需要建立知识资源共享和在线交易,但是目前亟须制定出版行业电子商务硬性规则,为数字出版者和消费者提供快捷、方便、安全的服务。[①] 同时,数字出版要打破原有的"物以稀为贵"的赢利模式,内容资源越集中、越丰富就会越好销售。传统出版单位自身拥有的内容资源还不足以支撑数字出版业务的发展,因此,与其他出版社、IT企业合作开发并组建统一的数字化内容资源出版发行平台,将成为一种可行的赢利模式。

2. 我国数字出版高科技企业管理存在的问题及对策

相对于传统出版企业开展数字出版业务时遇到的种种问题,我国数字出版高科技企业由于都属于新兴企业,没有传统体制等方面的包袱,因此,在开展数

---

① 参见葛存山、张志林、黄孝章:《数字出版运作模式研究》,《科技与出版》2008年第2期。

字出版业务时所受到的阻碍也相对较少。体制灵活、管理科学,再加上资金来源多样化,促进了我国数字出版高科技企业的发展,这其中以盛大、九城等网络游戏出版商最有代表性。但数字出版业务开展得好,并不代表这些企业在经营管理上就不存在问题。相反,数字出版高科技企业在经营管理过程中也存在一些问题,这些问题严重影响了数字出版企业做大做强,具体来说,主要有以下几点:

(1) 高科技企业从业人员鱼龙混杂,社会责任感有待加强

目前,我国数字出版产业高速发展,这其中有很大一部分是高科技企业的功劳,这些以网络小说、网络游戏等为主业的互联网出版企业为了扩大规模,大量招收新员工。由于人数众多,且多为计算机专业技术人员,加之企业疏于培训,因此,这些新上岗的员工缺乏基本的出版专业知识。如果让他们参与数字出版内容的把关,网站就会出现很多违反出版道德的内容,比如色情、暴力等低俗内容。

在传统出版时期,主要由出版社各类编辑人员扮演出版内容"把关人"的角色,他们往往接受过较为专业的出版专业培训,而且把关周期比较长,因此,把关职能发挥得也比较充分。但互联网时代,尤其 Web2.0 时代,由于网络传播的开放性、即时性和全民参与性,传统的"把关人"理论受到了严重冲击,一时间,互联网上暴力、色情等低俗内容和虚假新闻等内容大量出现,但这正好说明网络把关具有很重要的现实意义。

数字出版企业,尤其是以赢利为目的的企业,在网站内容的把关上往往存在一些问题,如本文第五章第二节的介绍,目前我国开展网络阅读业务的数字出版企业大多都存在把关不严导致内容低俗化的情况。这些内容虽然可能暂时会赚取一定的点击率,但长此以往,将严重影响数字出版企业的声誉和形象,最终受害的还是数字出版企业自身和广大读者。因此数字出版企业应高度重视这一问题,首先要加强企业员工,尤其直接参与内容把关的员工的教育培训工作,加强他们对《中国互联网行业自律公约》、《互联网新闻信息服务自律公约》等自律公约的学习理解,使其在具体的内容把关过程中能够严格遵守上述两个自律公约。其次,政府相关管理机构应该加强对重点网站的监督管理工作,以高科技手段加强对网站低俗内容的排查工作,一经发现,绝不姑息。

总之,目前我国数字出版高科技企业在人员构成和相关教育培训上存在一定问题,这些问题关系到企业的社会责任感,更关系到企业的长远发展,因此,只有加强管理,才能提高数字出版企业员工的整体素质,从而相应提高数字出版企

业的社会责任。

(2) 高科技企业数字出版内容缺乏核心竞争力

近年来,随着大量个人资本进入数字出版领域,数字出版高科技企业呈现出欣欣向荣的繁荣景象,但在这繁荣的背后,却存在着一个严重的问题——内容缺乏核心竞争力,这主要体现在:首先,以红袖添香、起点中文网等文学网站为例,这些网站所登载的文章主要来源于网络写手的创作,内容具有高度的类似性,无非是爱情婚姻类、武侠武打类、科幻探索类、游记类等文章。这使得文学网站缺乏核心竞争力,用户的依附性较弱,也不利于文学类网站开拓市场。其次,在我国,传统出版企业往往掌握着大量的图书资源,新兴的数字出版企业一般很少有这种内容优势。因此,为了发展,数字出版企业一般要向传统出版企业购买版权,但这样使得网站运营代价又过高,因此,文学网站很少刊登传统出版企业拥有版权的文章。这样极大影响了其内容的权威性,更是影响其核心竞争力。

要想解决以上问题,首先,需要文学类网站能够准确定位,找到自己的专长并努力发挥比较优势。比如铁血网,作为专业的军事新闻及原创文学网站,主打军事牌,吸引了一大批军事发烧友。其次,数字出版企业应该加强与传统出版企业的合作。目前我国数字出版企业与传统出版企业的合作主要还维持在委托加工阶段,这种初级合作形式对双方都不利。2008年2月,中华医学会所属系列期刊与万方数据股份有限公司结成战略合作关系,双方联手共同打造中国的STM在线出版业务,这也标志着传统出版企业与数字传播技术公司的合作已经走出了"委托与代理"关系,向着价值统一体方向发展。①

总之,作为我国数字出版传播的主要构成部分,无论是传统出版单位的数字出版业务,还是高科技公司的数字出版业务都是我国数字出版产业发展的基石,只有这些数字出版业务迅速发展,我国数字出版产业才能有较大提高,才能缩短与欧美发达国家的差距。只有我们正视我国数字出版传播管理中出现的问题,才能解决问题,也才能促进数字出版整体的发展。

在人类文明史上,纸质图书扮演了重要的角色,在一千多年的时间里,它始终扮演着人类文明载体的角色。20世纪50年代末60年代初,随着美国《化学题录》磁带版的出现,人类正式迈入了数字出版时代。这场文明革命的大幕也

---

① 张立:《我国数字出版产业的发展趋势及对策分析》,《出版发行研究》2008年第10期。

徐徐拉开。借助互联网传播而迅速发展的数字出版,带来的不仅是人类文明传播载体的更迭,它对人类社会传统的经济、文化、交流方式、精神家园等所带来的冲击更是难以估量的。

数字出版传播具有开放性、传播主体匿名性、交互性、无成本复制、即时性、全球性等特点。一方面这些特点完全颠覆了传统出版的作用方式,同时给政府管理数字出版传播带来了挑战。另一方面,数字出版的这些特点和其巨大的影响力,也在客观上要求政府和数字出版企业必须加强对其的管理力度。

现阶段,我国数字出版传播管理主体主要分为两部分。从宏观上来看,政府是我国数字出版传播的管理主体,在管理过程中发挥主导作用,这体现在政府所采取的法律、行政、产业政策和行业自律等措施上。从微观上来看,数字出版企业既是我国数字出版传播的管理主体,又是管理客体。说数字出版企业是管理主体,主要是指它在企业内部管理中的作用,而说数字出版企业是管理客体,主要是针对政府这个管理主体而言,企业受到政府相关管理政策措施的制约,必须在政府相关管理政策措施范围内活动。

目前,我国政府已经建立了一整套相对完善的数字出版传播管理体系。这一体系由法律管理、行政管理、产业政策和行业自律四部分构成,并已经在数字出版传播宏观管理中发挥了重要作用。

依法治国、依法行政是我国治国的基本方略。在数字出版管理中,也应该充分重视法律的作用。具体来讲,构成我国数字出版传播管理法律体系的是由十余个部委参与制定的九十多部法律、法规,这些法律、法规的层次比较复杂,真正意义上的法律少,部门规章多;框架性的东西比较多,执行细则比较少;条文多从传统法律转换而来,与互联网的特点结合不够紧密,执行起来有一定难度。这主要是由于互联网发展迅速,而法律建设又相对滞后。因此,政府应进一步细化法律法规相关条款,修改不符合数字出版传播规律的法律条款,提高法律法规相关规格,以减少"有法不依"情况的出现;在数字出版活动的法律调控方面,条件成熟时可采用预防制与追惩制相结合的方式。同时,要加强司法的作用,降低数字出版管理活动中行政处分的分量。

在行政管理方面,我国政府对数字出版传播采取"多头多级"管理体制,参与我国数字出版传播相关管理的有中宣部、国务院信息化工作领导小组、新闻出版总署等14个部委,其管理内容主要是推进传统出版单位的体制改革,净化市场环境,维护市场秩序等。这种"多头多级"的管理模式,一方面可以细化责任分工,但另一方面使各管理部门都有行政审批的职能,造成权责范围不清、管理相互交叉,又容易出现各方都没有规定的空白地带,在一定程度上降低了政府管理数字出版传播的效率。因此,有必要改革目前"多头多级"的行政管理体系,政府可以考虑成立网络出版管理局,以协调并指导各部委制定有关数字出版管理的政策法规。

从产业政策上看,我国政府十分重视数字出版产业的发展,在《中华人民共和国国民经济和社会发展第十一个五年规划纲要》、《新闻出版业"十一五"发展规划》、《文化产业振兴规划》、《关于进一步推动新闻出版产业发展的指导意见》以及《关于加快我国数字出版产业发展的若干意见》等一系列文件中都提到了要加快数字出版产业发展,并在信贷、投融资政策等方面向数字出版企业倾斜。但在实际操作过程中,这些信贷政策的实施有一定困难。政府应落实金融支持政策,同时扩大企业投融资范围,加大对高科技企业种子基金和风险投资基金的支持力度,使数字出版企业的资金来源更加多样化。在准入制度上,我国对数字出版企业实行批准制。在传统出版时期,批准制可以控制出版单位的数量,但在数字出版时代,这种制度的作用十分有限。政府应调整准入门槛,实行"分级分类"管理,并建立相应的年检制度。

数字出版传播的特点决定了政府在管理过程中,不应只重视法律、行政管理,应同样重视行业自律的作用。目前我国行业自律组织主要有中国互联网协会,行业自律公约主要是《中国互联网行业自律公约》、《互联网新闻信息服务自律公约》等,这些构成了我国数字出版行业的自律体系。现阶段,我国数字出版企业和个人的自律水平不高,这体现在互联网上存在大量盗版现象、低俗虚假信息等。数字出版企业和个人的自律意识亟待提高。为此,政府应加强对数字出版企业和个人的不良行为的监督工作,将法律强制性与自律自觉性相结合;数字出版自律协会应该加大相关自律公约的宣传力度,同时加大对违反自律公约的企业曝光力度,督促企业自觉提高自律水平。

构成我国数字出版产业的企业主要有两种类型,一种是开展数字出版业务的传统出版单位,一种是高科技数字出版企业。对于传统出版单位来说,开展数字出版业务面临专业人才缺乏、观念滞后、赢利模式不清等问题,这需要传统出版单位更加重视数字出版业务,增加数字出版业务的投入,同时探索新的赢利模式。对于高科技数字出版企业来讲,主要存在内容缺乏核心竞争力、员工培训不到位等问题,企业管理者应加强与传统出版社的合作,同时开发具有自主知识产权的新产品,强化员工出版专业知识的培训。

总之,我国数字出版产业的发展,需要政府的管理和引导,也需要数字出版的主体——企业的管理方式的创新,只有政府和企业都能遵循数字出版传播的规律,才能促进数字出版产业的大繁荣。

第六章 数字出版与赢利模式

本章选取赢利模式作为切入角度,从利润来源出发,全面梳理了数字出版产业链结构,系统归纳并探讨了目前存在的典型赢利模式,并通过个案研究,详细分析了数字出版企业发展中在赢利模式方面的优势、劣势、机遇和挑战。

第一节 数字出版产业链结构

1985 年,美国哈佛商学院教授迈克尔·波特(Michael E Porter)在其著作《竞争优势》(*Competitive Advantage*)中首先提出了价值链(Value Chain)理论,这一理论是基于单个企业的管理思想。它倡导从企业活动的每个环节寻找价值增值点,进而获取并维持竞争优势。在此之后,价值链理论研究不断深入,范围扩大到与单个企业关联的整体产业当中。约翰·沙恩克(John Shank)和菲·哥芬达拉加(V Govindarajan)认为:产品的基本价值与其供应商、渠道和卖方的各种活动连接起来构成同一价值系统,企业是价值生产过程中整个系列的一部分。[①] 价值链被分为企业价值链和产业价值链(Industry chain),后者就是我们通常所说的产业链,旨在描述产业内部分工合作的基础上实现产品和服务连续增值的过程。

数字出版在中国正处于快速成长期,但作为一个产业,还远未形成经济规模,产业链也未理顺[②]。现有的基本产业格局中,上游掌控内容的传统出版单位数字观念不强,部分有志发展数字出版的单位也由于技术和收益等原因心存忧

[①] V Govindarajan,《Management control systems》, Boston, MA: McGrawHill/Irwin, c2004.
[②] 郝振省:《2005—2006 年中国数字出版产业年度报告》,北京:中国书籍出版社 2007 年版。

虑;中游提供技术平台的服务提供商数据整理相似度较高,存在重复浪费问题;下游本来属于销售商,但是目前状况是内容服务商自产自销,少数如电子书、游戏等由无线运营商销售,基本没有形成稳定的下游企业,行业缺乏专业分工。而且,现有的数字出版产业结构也只是雏形,整体格局正在不断变动,产业链顺序尚未最终确定。目前看来,处于上游、提供内容的传统出版单位正在积极寻求开发自有数字平台,直接向下延伸到销售;而处于中游的服务提供商也试图绕开出版单位直接接触作者,牢牢把内容控制在自己手中。数字出版产业链出现延伸和整合的趋势。

数字出版产业链追踪了数字产品及服务的增值路径,企业赢利正是在价值增值中获得,因此理清产业链结构是归纳及探索数字出版赢利模式不可或缺的部分。由于数字出版包括电子书、互联网期刊、网络游戏等众多类型的业务,它们涉及的企业性质和运营方式不尽相同(见表6-1),所以本节在分析数字出版产业链结构时将上中下游分类为内容提供商、服务提供商、销售商,每一产业层次再根据业务类型的不同具体阐述。

表6-1 数字出版产业链结构

产业链位置	主体		主要企业构成			收入来源
上游	内容提供商	传统出版单位	手机CP/SP		游戏开发商	出售内容
中游	服务提供商	平台运营商	电子书出版商	互联网期刊出版商	网站读书、音乐频道、搜索引擎	付费阅读、下载、广告等
下游	销售商	自建销售平台(在线销售)	分销商(书店、专业分销渠道)		零售商(超市、报亭、网上书店)	批发折扣

一、产业链上游——内容提供商

内容是数字出版生存和发展的源泉,生产内容的企业提供了整个产业的物质基础,它们从一定程度上将主导产业的未来方向。数字出版的内容提供商包括以出版社、期刊杂志社、报社和唱片公司为代表的传统出版单位,手机内容和服务提供商(CP/SP),以及游戏开发商。

1. 传统出版单位

（1）出版社

图书是出版社的核心资源，因此经营数字图书馆业务的四大电子书出版商（方正 Apabi、书生、超星、中文在线）是其最主要客户。出版社主要通过直接授权和一次售卖两种方式与数字出版商进行内容合作。初期，出版社由于对数字出版、电子书等概念并不熟悉，也不确定其是否有赢利空间，大多把图书数字化的权利直接售卖给电子书出版商，由其全权处理。电子书出版商一般将图书内容数字化，集中成丰富的电子书库，再通过各种方式获取利润。此后，出版社采用一次售卖的方式较多，也因此成就了四大电子书出版商的迅速崛起：书生公司的"书生读吧"号称"全球最大电子书门户"；超星电子书总量超过 50 万种，[①]并且每天不断地更新增加；中文在线在不到 10 年的时间里，通过与国内 400 余家出版机构、2000 余位知名作家、5 万余名网络作者的正式签约授权，每年可提供 7 万—10 万种电子图书，已成为中文电子图书最大的网络内容提供商之一。[②]

（2）期刊杂志社

九千多家期刊杂志是四大互联网期刊出版商的内容来源。清华同方知网、万方数据、维普资讯、龙源期刊是四家以数字化传统期刊为服务内容的企业，内容涵盖自然科学与人文社科的各个层面。

期刊杂志社与互联网期刊出版商合作方式和出版社方面相同，互联网出版社付费从杂志社取得期刊数字化授权，然后将文献、信息加以分析、加工和整合，形成大量内容的数据库。数据库处在不断更新中，不同库更新周期不同，清华同方知网已做到每日更新，拥有的资源量也是四大数据库中最多的。

期刊文章篇幅较短，内容深度不及图书，期刊数据库的意义在于提供大量关联度较多的文献，读者才有参考价值。而单独的期刊杂志社根本无法达到数字出版商集中后的规模，不太可能像出版社那样建设自有数据库。杂志社也有很多出电子版的，但主要目的在于提升阅读量，拉动纸刊销售，与互联网期刊出版商的经营模式完全不同，二者不存在竞争。现在看来，期刊杂志社与网络出版商赢利模式不同，分工较明确，在未来一段时间内，期刊杂志社依然会是网络期刊出版商稳定的内容提供者。

---

① 丛立：《超星 E-BOOK 探析》，《现代情报》2006 年第 5 期。
② 参见该公司网站，http://www.chineseall.com/about.shtml。

(3) 报社

与出版社、期刊杂志社相同,报社也为报章文献数据库提供内容数字化授权。但是目前中国报纸数据并不多,规模也远小于电子书库和期刊数据库。代表性的有清华同方知网的"中国重要报纸全文数据库",收录了 2000 年以来全国公开发行的七百多份报纸的全文内容,报道文章不分报纸,分篇数字扫描入库,供读者查找使用;另一个是方正"爱读爱看网"的数字报刊,收录报纸 300 多份,以每份报纸为单位,制作成电子报,供读者选择阅读。

由于报纸以报道新闻为主,时效性较强,整合成数据库资料价值并不大,因此,报社对与数据库合作的热情不高。数字报业的热点集中在报纸网站和无线业务的拓展上,手机报近来得到不少报社的青睐。手机报发源于日本,《读卖新闻》《朝日新闻》不少大报都成立了无线编辑部,精选当天报纸新闻,二次制作成手机版,通过与运营商合作订阅给手机用户,获得了不错的收益。中国继 2004 年第一份手机报《中国妇女报彩信版》出现之后,《人民日报》、新华社、广州报业集团等大型报业组织纷纷推出手机版,全国手机报总量已超过 60 份。[①] 手机报还将是未来报业追逐的热点。

(4) 唱片公司

现在,越来越多的人通过网络在线收听或下载音乐,唱片销售量急剧下滑,卖唱片赚大钱的好日子似乎已经到头了。2006 年在线音乐收入 1.2 亿元人民币,以手机为终端的无线音乐前景也十分乐观,唱片公司开始注意到互联网,以内容资源优势与数字平台商展开合作,以下几种方式比较有代表性:

苹果 Itunes 模式:苹果公司的 Itunes 模式指苹果与唱片公司合作,由唱片公司提供正版音乐资源,苹果将其整合到 Itunes 音乐数据库中,通过收取用户下载费、双方分成获取利润,下载一首音乐一般为 99 美分。而使用 Ipod(苹果一种音乐播放器)的用户群体非常广泛,苹果公司就通过庞大的顾客群体扩展音乐平台用户。国内的爱国者音乐超市也是采用这种方式。

百代与百度模式:双方协议,百代唱片公司授权百度使用其所有华语歌曲,供网民在百度 MP3 搜索上免费试听,百代和百度通过广告商的赞助获取收入的分成。百度 MP3 上特设有百代音乐专区,页面上会显示有哪些广告商投放了广告,这是分成比例的一个指标。

---

① 何明:《中国大陆手机报纸研究》,西北大学 2006 年新闻学硕士学位论文。

新浪"乐库"模式:新浪以互联网技术平台身份打造了音乐数据库,目前为其提供正版音乐资源的有环球、索尼、BMG、华纳、百代及滚石六大唱片公司。新浪"乐库"的目标是"打造最全面的海量正版音乐资源库",唱片公司也希望借此控制作音乐内容的生产环节。双方合作方式非常简单,唱片公司提供音乐,新浪开发内容服务模式,双方按约定比例分配利润。

2. 手机内容和服务提供商(CP/SP)

手机出版包括手机报纸、铃声、彩铃、音乐、游戏、动漫等,需要大量的内容来支撑。手机 CP,即 Content Provider,内容提供商,就是这些内容的生产者,可以分为内容收集类和内容创作类。收集类手机 CP 一般与源数据拥有者签订授权协议,将源数据制作成符合自身需要的内容,像我们平时下载的手机铃声基本都只截取了一首歌的高潮部分,就是手机 CP 对原歌曲的一次再制作;创作类手机 CP 现在特别多见于手机彩铃业务中,下载排名靠前的彩铃基本都是网络原创作品,搞笑、搞怪类彩铃尤其受欢迎。

手机 SP,即 Service Provider,服务提供商。目前手机出版领域的服务提供商主要是以无线增值业务为主的网站,空中网、掌中米格是专业的手机 SP,为手机移动平台提供彩信(MMS)、WAP 游戏、JAVA 游戏、图片、彩铃、音乐等无线业务的下载;另外,新浪、搜狐、凤凰网等实力强大的门户网站也在积极拓展无线增值服务。

3. 游戏开发商

游戏开发商负责制作、调试游戏软件等一系列工作,是游戏的生产者和知识产权的拥有者。主要有三种类型:第一种是独立的开发商,专门从事游戏的研发;第二种是与发行商签约,为发行商"贴牌"开发游戏,这种开发商通常具备特有技术,但缺乏资金;第三种开发商是发行商公司的一个内部部门,自产自销。世界顶级的游戏开发公司大多集中在国外,像是以魔兽和星际争霸系列闻名的 Blizzard(美国暴雪娱乐公司)、ATARI(雅达利公司)、Bandai(万代)等。国内游戏开发起步较晚,规模较大的企业有四家:盛大,以传奇起家,推出过武林外史、英雄年代、梦幻国度、热血传奇、仙境传说等一大批畅销游戏;网易,一家主推游戏的网站,梦幻西游、大唐豪侠是其代表作品;金山,原本是计算机软件服务商,联想入股后向游戏开发方向发展,有金山游侠推出;以上三家游戏开发商推出的基本是大型角色扮演类游戏,久游网则以休闲游戏见长,代表作品有劲舞团和劲乐团。

二、产业链中游——服务提供商 & 平台运营商

服务提供商和平台运营商是数字出版产业链的中游。对于电子书、互联网期刊及在线音乐数字出版业务来说,服务提供商是沟通上游源内容商与顾客的桥梁。这类服务提供商一般依托传统出版单位的内容,将其数字化后分类整合到自己的平台上,以数据库的方式将集中化了的大量信息提供给顾客。与传统出版单位相比,数字服务商平台上的信息内容虽然没变,但对用户的作用已大不同于传统,传统出版物以传播知识为主,服务商集中整合后的数据库以满足用户查找文献、搜索相关信息、便捷阅读为主。相比之下,数据库更有利于识别内容的相关度,查找也很方便,在数字化、信息化的环境中有很大的生存空间。

目前,以整合传统出版物内容为主营业务的服务提供商,在电子书领域主要有方正 Apabi、超星、书生、中文在线四家公司;在互联网期刊领域主要有清华同方知网、万方数据、维普资讯、龙源期刊四大数字出版商;在音乐领域,比较有名的是新浪的"乐库"、搜狐的"在线音乐"和腾讯的"12530 彩铃",这几大音乐数据库绝大多数内容都来源于唱片公司,配以少量的网络原创音乐,组成了资源丰富的音乐服务平台,业务形式主要有在线听歌、音乐下载和手机无线服务。另外,以搜索引擎闻名的 Google 网站 2007 年 3 月正式推出了中文图书搜索服务,让用户通过图书搜索全文查找所需图书,合作的图书出版商可以免费加入,并取得与 Google 在图书页上的广告分成。Google 的野心还不仅止于此,在推出中文图书搜索引擎之前,它已与密歇根大学、哈佛大学、斯坦福大学、纽约公立图书馆、牛津大学、弗吉尼亚大学、加泰罗尼亚国立图书馆、德州大学奥斯汀分校、马德里完全大学、威斯康星—麦迪逊大学和加利福尼亚大学合作,扫描其全部或部分藏书。有消息说,Google 计划在未来 3—5 年扫描完世界所有图书馆的藏书,建立一个涵盖各种语言、各种版本的超级数字图书馆,图书搜索引擎将是超级数字图书馆的一项业务。如果计划实现,Google 可能成为全球最大的数字图书服务平台。

平台运营商是数字出版产业链中游的另一个重要构成部分。对比来看,服务提供商和平台运营商是一"内"一"外"的角色,前者的任务是内部资源的聚合与建构,而后者的任务则是资源的对外发布和运营。电子书出版商、互联网期刊出版公司、在线读书和音乐频道,都是以互联网为运营平台的。这些企业大部分以技术起家,具备建设发布平台的能力和优势,因此服务提供和平台运营大多企

业都能集于一身，他们在内容整合的基础上自建网络平台，运营聚合后的信息资源。书生公司有"书生读吧"网站，方正 Apabi 有"方正爱读爱看网"，超星建有"超星数字图书馆"，中文在线初创期是"FANSO"网站旗下的文学频道，后独立成"chineseall.com"网站；清华同方知网、万方等互联网期刊公司也是以自己的网站为数据库的平台入口；而新浪、搜狐、网易等公司本身就是互联网公司，其读书、音乐、游戏频道一开始就是以网络平台优势打造出来的。

无线领域的数字出版，如手机报、手机游戏、手机音乐、铃声的下载，无线搜索、彩信业务等，则必须通过基础电信运营商，即中国移动、中国联通等电信平台才能接入手机终端；而网络游戏虽然基于互联网平台，但也必须通过中国电信、中国网通、中国铁通等电信运营商的平台运行。因此，基础电信运营商是网络游戏和无线数字出版业务的主要支持平台，通过对网络游戏的电信业务计时收费或手机游戏的无线增值服务收费获得收入。在中国，电信运营商是国有企业，控制着手机服务的收费渠道，在与手机 SP 合作中优势明显，垄断了大部分利润所得，手机 SP 与中国移动一般按照 15：85 的比例分配利润。

三、产业链下游——销售商

产业链终止于接触终端消费者的企业，它们是产品的分销渠道，也就是销售商。数字出版也不例外，但由于发展时间不长，分销渠道并没有理顺，大多数企业还处于自产自销阶段，目前业内的销售情况大致有几种：

1. 在线销售平台

以四大互联网期刊出版商、新浪等门户网站和四大电子书出版商为代表，它们以出售信息资源，对客户阅读下载资料收费的形式获取收入。这些都是新技术企业，网络平台基本就是销售平台。以万方为例，进入万方数字图书馆或万方数据资源系统后，读者可以通过搜索引擎寻找需要文献，搜索结果会显示相关标题、作者、发表刊物、刊载日期和文章开头部分的节选内容。如果读者对信息感兴趣，可以点击全文阅读或下载，这时页面就会跳转至用户登录界面，只有用户注册并付费后才能看到全文。万方数据的账户充值可以通过网上银行、神州行手机充值卡、支付宝、银行或邮局汇款等方式。采用在线支付方式销售的企业基本以网络平台为销售平台，与相关支付渠道合作，进行产品销售。

2. 分销商系统

渠道分销商是销售的重要环节，在数字出版领域也形成了一些比较著名的分销企业,如联邦软件、云网公司、晶合时代、万众骏网等。联邦软件起步较早,以区域分公司和控股公司以及直营和特许经营专卖店的实体形式为主体,并随着互联网的发展,开拓了电子商务业务。成立于2000年的万众骏网公司,分销方式非常多样化:在全国各大主要城市建立全资子公司、销售中心等实体营销网络,为各级经销商等不断推出适合本区域特点的分销服务;通过网络平台骏网在线销售,专门为经销商或网吧提供非实物的游戏点卡的采购和销售,利用电子商务,打造零风险、零库存、低成本的在线配送、销售体系;推出骏网一卡通,将在线游戏、消费软件、影视娱乐和在线教育等资源,整合为骏网的卡类通用产品,配以不同面值发售,供消费者选择。

3. 零售商

超市、报刊亭、网吧、数码产品销售柜台是数字出版产品的主要零售渠道,这些渠道直接面向终端客户,是付费充值卡、游戏点卡销售的实体单位。传统图书发行系统,也是数字出版商的重要销售渠道,因为二者的客户群体基本是一致的。清华同方知网就选择了西单图书大厦、王府井新华书店、中关村图书大厦等大型书店作为知网卡的销售商;北京一百易科技公司推出的英语学习资源库"100e 网络英语学习平台",也是与传统书店合作发行,在书店设立体验专柜,搭建终端销售网络。另外,当当、卓越等网上书店物流渠道通畅,货物配送方便快捷,顾客与数字出版产品使用群体重合度较高,也是各大互联网出版商争取的销售伙伴。

四、产业链的整合

内容与技术的二元分置,是数字出版产业分工形成的一个重要因素。长久以来,传统出版单位通过政策屏障控制了几乎所有源内容,而服务商以技术为壁垒也筑起了一道数字高墙。各有所长、互为补充的行业状况是内容商与服务商画地为牢、相安无事的基础。但是随着技术的普及、数字出版与发行平台方案的出现,传统出版单位发展数字出版的时机渐趋成熟,已不愿将核心内容拱手让于服务商,越来越多的出版单位决心从内容提供商变身为数字出版商,最大限度地发掘二次利用内容的价值;而服务商也希望摆脱上游出版单位的挟制,彻底解决内容来源问题,因此积极联系读者、建立原创基地,尝试 WEB2.0 环境下用户创造内容的新途径。内容与技术的二元格局渐被内容、技术一体化取代,内容提供商与服务商的业务分别向产业链的后端和前端延伸,产业链边界开始模糊。在这种情况下,产业链的延伸与整合成为必然趋势,具体表现在以下两方面:

1. 传统出版单位从内容提供商转向全方位数字出版商

在出版社方面,高等教育出版社、电子工业出版社、上海世纪出版集团是数字出版的先行者。高等教育出版社在 2003 年就斥资 2000 万元打造 ERP(企业资源计划)系统①,对出版流程实行系统化的数字再造;复旦大学出版社、中国建筑工业出版社等一大批出版社发展了电子书出版业务;上海世纪出版集团走得更远些,旗下易文网集出版物介绍、在线销售等出版社网站的传统功能和网络出版、电子书阅读、在线学习等数字出版平台功能于一身。教育类、专业类出版社对数字出版态度也很积极。高等教育出版社 2007 年高调声明向"内容服务商"转变,强调"数字时代,了解学习者需求,在知识库中进行高效的数据挖掘和智能搜索,主动向读者传送不断推陈出新的内容,使学习者能够按需选取,是教育类出版社的必然选择"。他们认为数字教育出版领域的发展趋势是:数字化→专业化、集成化、平台化→个性化、主动化(提供个性化内容的主动服务)→结构化(注重内容之间的集成与关联)。②

国外教育类出版社在数字化方面进行了更多的探索,培生、麦格劳-希尔等教育出版集团大多深入在线教育领域,业务形态主要有六类:一是在线课程,使用视频、音频的多媒体技术,为学生提供在线教育课程;二是家庭作业管理;三是在线测试,利用开放软件系统对学生的学习效果进行测试;四是电子书,提供在线阅读和下载服务,有的电子书还二次加工,加入了视频内容,令在线阅读可以享受到更生动、更有趣的体验;五是在线课外辅导;六是在线虚拟体验。

专业出版社则把按需印刷作为数字转型的突破口。知识产权出版社开始从以编辑加工、印刷出版纸载体的专利文献为主的传统专业社,转变为以数据内容加工、专利信息服务为核心业务的提供商,并在人员构成、机构设置、收入利润等方面完成向数字出版机构的转变。中国标准出版社也已建立起较为成熟的按需印刷网络出版发行系统,信息服务成为该出版社发展数字出版的主要方式。对于专业出版社来说,根据数字出版的特点重新组织资源,建立新的销售服务模式,实现从图书产品生产向专业化信息服务转化,是今后发展的主要方向。

唱片业领域,唱片公司也希望通过整合网络渠道走上数字道路。太合麦田唱片公司发起的数字发行联盟就是这方面的尝试。此联盟是由太合麦田牵头,

---

① 吴琳琳:《试水 ERP,高等教育出版社尽显英雄本色》,《电子商务》2003 年第 11 期。
② 参见任殿顺:《八大趋势引领数字出版》,《中国图书商报》2007 年 7 月 20 日。

集技术平台、销售、盗版阻截功能为一体数字音乐发行组织。具体整合方式是由太合麦田提供音乐内容、太乐网作为互联网平台提供数字版权认证，TOM、搜狐、腾讯等提供销售服务，百度提供盗版阻截和营销支持，微软负责全面的技术方案支持。

总而言之，内容是数字出版的核心资源，而广大传统出版单位也意识到自己的优势，开始不甘心只做一个内容提供者，"为他人做嫁衣裳"，纷纷发展独立的数字平台，意图在新出版格局中争得更大的利益。相比之下，集中和整合图书内容的数字出版商已具有一定的规模优势，短期内现在产业格局还不会彻底打破。

2. 服务提供商着意打造原创内容

传统出版单位另起门户的威胁，加之读者需求越来越多样化，服务提供商必须要发掘新的内容作为储备，大量网络原创作品成为另一内容来源。为了掌控和整合这些网络原创作品，大多服务提供商选择了建立或收购原创文学网站。方正Apabi推出"爱读爱看网"，并成功启动了书赢天下网络文学大赛，吸引了大量互联网"草根"作者参与；中文在线推出的"17K文学"已收入了2万多部作品，成为国内最大的原创网站之一；网易则收购了起点中文网作为自己的读书频道。业内把网络作品称为"UGC"，User Generate Content，即用户创造内容，这是WEB2.0的典型特征。服务提供商顺势向上游内容领域挺进。另外，他们在有条件时会绕过出版单位，直接与作者签约。中文在线声称与国内50%以上的畅销书作家签署了独家协议，巴金、冰心、海岩、郭敬明等都是其签约作家。他们如果再版或出新书，电子版权自动属中文在线所有。如此，服务商就控制了上游出版社的命脉，保障了电子书库内容的同步更新。

第二节　数字出版赢利模式

通过对产业链的梳理，数字出版价值增值环节已经比较清楚。本节将打破以往基于业务类型的分类标准，抽象为产品交易型和服务型两种赢利模式，并从赢利对象、核心价值两方面分析目前赢利模式的成熟度和持续能力。

一、赢利模式分类

正如经济学大师Elliot归纳出的简单方程：赢利 = 收入 − 成本，赢利模式就是具体分析收入从哪里产生，为取得这些收入，成本会花在什么地方。任何企业要实现赢利,就要关心其产品成本的构成、价值的产生、收入的获得、抓住消费者的需求。本节对数字出版赢利模式的研究,主要是针对终端为数字化产品的出版企业。从目前发展情况来看,这些企业的收入主要来自两方面:一是交易产品获取收入,网络付费阅读、按需出版、手机音乐下载等都在此列;另一类是提供服务获取收入,美国的 Iuniverse.com 和 Xlibris.com 两大网站、台湾的 Udn.com 数字阅读网都以提供在线编辑出版服务取得收入,大陆的搜狐、书生读吧也开始探索数字出版领域的服务赢利模式。

1. 基于产品交易的赢利模式

以产品交易为基础获取收入,是目前中国数字出版业务最主要的赢利模式。不管是以传统出版为内容来源的电子书网站、互联网期刊数据库、门户网站的作品连载,还是网络原创内容为主的电子杂志、原创文学网站,都是以为读者提供阅读内容来获取收入的,收入或来自直接的读者付费,或来自网络广告、增值服务等,但本质来讲都离不开内容这个核心资源,也就是数字出版的产品。

(1) 直接进行产品交易获得收入

直接进行产品交易,即把数字内容销售给用户,是数字出版获取收入的重要来源,特别是对于互联网期刊出版和电子书这类以信息集成数据库形式出现的企业,用户付费阅读、下载是其主要的收入和赢利渠道。手机报订阅、手机音乐下载和按需出版、印刷,加上 2007 年相继启动读书频道的 VIP 作品收费阅读的新浪、搜狐、腾讯等门户网站,形成了直接进行产品交易的数字出版赢利模式。这些企业的赢利本质相同,但在具体业务形式上却各有特色(见表 6-2)。

表 6-2 产品交易型赢利模式

业务类型	代表企业	收入来源	收费渠道
电子书网站	四大电子书网站(方正"爱读爱看网"、"书生读吧"、中文在线等)	用户付费在线阅读、脱机借阅、购买 Ebook 等	销售阅读卡、通过网上银行、手机充值卡在线支付
门户网站读书频道	新浪/搜狐/腾讯的读书频道、起点中文网、幻剑同盟	用户付费在线阅读作品 VIP 章节,或发送到手机 WAP 阅读	给注册的账户充值,兑换成网站虚拟货币购买(如新浪 1 元 = 0.5 读书币、搜狐 1 元 = 1 狐币)
互联网期刊数据库	四大互联网期刊数据库(知网、万方、维普、龙源)	用户付费查阅、下载文献	同上

(续表)

业务类型	代表企业	收入来源	收费渠道
手机报、手机小说、手机游戏、手机音乐	中国移动手机报、12530.com	用户付费订阅、下载（彩铃要每月支付一定服务费）	从手机话费中扣除（一般下载每首音乐2元，彩铃服务费5元/月）
按需出版	知识产权出版社、中国标准出版社	用户付费、按需要出版	多种方式
在线教育（E-learning）	高等教育出版社、人民邮电出版社中国电信网上大学的课程、外研社、商务印书馆《英语世界》的部分、电子工业社、人大社哈佛商学院课程	用户付费在线学习、下载资料	多种方式

电子书网站主要提供纸质图书的数字版本，根据图书出版时间、内容的不同，四大电子书网站都设有免费阅读和收费阅读的书库。一般来讲，专业图书、教育类图书和热门文学类图书都在收费之列。像方正"爱读爱看网"就把电子书分成休闲图书、教育图书、财经图书、专业图书和全文免费图书。除全文免费图书外，其他类图书只能在线翻阅部分内容，付费后才能阅读全文。如果读者要下载电子书，则所有种类的书都要收取费用，依内容的不同而定，一般最高不会超过纸本书的1/2，方正提供下载到本地计算机的CEB格式和下载到手持阅读器的XEB格式。书生公司的"书生读吧"的收费阅读作品位于VIP专区，也会有部分免费内容。对于下载，书生提供两种服务：一是借阅，读者在借阅图书前在计算机安装书生阅读器，选择借阅方式下载图书并支付费用，一般为2元/次，或期限卡一次期限，就可以在一个月的借阅期内通过阅读器离线读书，期满后程序会自动限制此书继续阅读；二是购买，付费后可永久收藏。

2007年，门户网站新浪、搜狐和腾讯的读书频道相继推出收费作品专区，连同起点中文网、幻剑同盟等原创文学网站，都把热门作品的最新章节放到VIP收费区域中，每看一章支付一定费用，新浪是千字6分，腾讯5元/月可阅读所有包月作品，搜狐按册收费、并提供手机阅读服务。随着新章节的连载，网站每天会释放一定的VIP章节为免费内容，以保证最新内容的付费价值。

互联网期刊数据库与电子书网站收费方式大体相同，只是由于收录的文献大多专业性、针对性较强，价值含量更高，因此没有免费阅读服务，所有文献都要付费后才能打开。电子书网站、互联网期刊数据库和门户网站读书频道,目前收费渠道较多样,在线支付系统、阅读卡销售网络都很成熟,用户使用方便是赢利得以实现的重要条件。

手机出版是数字出版收入比重最高的业务种类,手机音乐和手机报是两大主要来源。手机音乐收入主要来自手机铃声、彩铃和乐曲的下载费,一般2元/首,彩铃还要每月向移动运营商缴纳一定的服务费;手机报赢利形式比较多样,但在中国还是以订阅为主,近来推广较好的中国移动手机报每月收取2至3元订阅费,以手机为支付终端。

按需出版业务比较适合专业性出版社,像是知识产权出版社、中国标准出版社。据悉,这些出版社已把按需出版当作核心业务来培养,并初见成效。知识产权出版社2006年总收入的50%、利润的60%都来自这方面[1]。

E-learning,即在线教育,把专业课程内容数字化通过网络为用户提供在线学习、下载,以收费来赢利。这方面,国外教育出版社发展比较成熟,国内也有部分出版社在积极开发。人民邮电出版社就是其中之一,其依托于信息产业部资源优势,根据多年积累下来的网络通信方面的资源,结合通信领域客户的特殊需求,开发了系列关于电信新业务推广、电信企业运营与管理、电信客户管理、电信产品与服务等方面的课程,取得了良好的效益。在线教育、培训或可给掌握稀缺资源的出版社带来可观的收益。人大社的哈佛商学院课程也属于此类型。

(2) 基于免费内容的"第三方"赢利模式

不同于直接出售内容、由读者付费的产品交易赢利模式,"第三方"赢利模式依靠免费的数字出版内容以吸引受众,最终通过网络广告和增值服务获取收入(见表6-3)。

表6-3 "第三方"赢利模式

业务类型	代表企业	收入来源	收费渠道
多媒体电子杂志	Zcom、Xplus、Poco	网络广告	广告主
图书搜索、在线音乐	Google、Baidu	网络广告	广告主
网络游戏	盛大	以增值服务和道具收费、嵌入式游戏广告	提供增值、道具卡、广告主
工具书在线	商务印书馆、易文网	促进纸质图书销售、广告	未确定

---

[1] 董铁鹰:《对专业出版社向数字出版转型的思考》,《科技与出版》2007年第7期。

网络广告是"第三方"赢利模式最大的收入来源。据艾瑞咨询发布的报告显示，2009年中国互联网网络广告比2008年呈现21.2%的增速，市场规模达206.1亿元，他们预计2010年中国网络广告收入将达到300亿元。① 目前，以网络广告为赢利主渠道的有多媒体电子杂志、图书搜索引擎，运作模式较为成熟；在线工具书和网络游戏也在试行广告模式，尚属初探阶段。

多媒体电子杂志（Multimedia Magazine），以P2P技术、互动技术和多媒体技术为支撑，融合了声音、图像、动画、视频等多种形式，是交互性、可视性、个性化更强的杂志类型。本文所研究的多媒体电子杂志不是传统纸质杂志的电子版，而是直接在互联网上编辑、出版、发行的新媒体出版形态。Zcom、Xplus、Poco三大发行平台是多媒体电子杂志代表，收入主要来源于网络广告。其中Xplus旗下的《爱美丽ME》、《男生志WO》、《漫秀》等电子杂志下载量在百万次以上，内容针对性很强，受众群体很集中，也很明确，非常适合广告的定位投放。Zcom的CEO黄明明称网站已经形成了一批稳定的广告大客户，英特尔、微软、标致汽车、大众汽车、联想等大牌厂商都在其中。电子杂志对于广告主最大的价值就是能够实现定位投放，因为电子杂志平台会收集杂志下载量、阅读率、平均阅读时间、广告停留时间、甚至用户年龄、阅读偏好等详尽数据，以确定广告内容、表现形式，并实时监测广告效果。此外，电子杂志也在尝试提供无线增值服务，比如增加WAP版，使读者可以通过手机阅读，或在杂志中增加互动环节，读者可通过手机参与到杂志内容中。但这些服务最大的作用还是扩大杂志影响、增加下载人数、为广告赢利奠定基础。

搜索引擎网站，从严格意义上来讲，并不是数字出版企业，只能算作出版业的数字渠道。但是随着Google、百度等网站将数字化的图书内容、音乐加入图书搜索频道和MP3音乐频道，并且Google进一步计划将全球所有图书数字化，搜索引擎网站已经向数字内容服务商转变。在经营上，它们都采取了一贯的用户免费使用、广告赢利的模式；在利益分配上，搜索引擎网站将按照内容的广告价值大小与图书出版社、唱片公司分成。

网络游戏，在2005年以前主要以销售游戏点卡，即玩家付费购买游戏时间来赢利。2005年底，以盛大宣布《传奇》、《传奇世界》、《梦幻国度》几款主力游戏永久免费为标志，网络游戏进入"免费模式"时代。在此模式下，玩家可以免费进入游戏，但如果需要用特殊的武器或装备来提高网络游戏的经验值就要付

---

① 鲁娜：《文化行业有何作为》，《中国文化报》2010年1月7日。

费——付费购买道具卡。道具卡可以转换成游戏里的虚拟道具,往往这些道具在游戏中很难得到,或不可能得到,它会给玩家在游戏时带来很大的帮助。不同的道具有不同价值,需要不同的点数来购买。比如,一把最基本的新剑(网游道具)需要 2 元,为朋友买一束虚拟的花需要 1 元。网络游戏商就以提供这些增值服务和道具获取赢利。此外,广告也有望成为网游新的赢利增长点。网游广告是以游戏为传播载体、将广告置入游戏当中的广告新形式。在这方面,上海大众 Polo 曾选择盛大的《疯狂赛车》做出尝试、可口可乐也在《街头篮球》游戏中投入近亿元的广告费。可以看出,网络游戏的收入来源已经由传统出售游戏时间转为内容免费、依靠增值服务和广告的"第三方"模式。据统计,2006 年投入运营的各款游戏,84% 采用了"免费模式",所获收入占整个网络市场收入的 60% 左右。目前,主要网络游戏商,如金山、征途、智冠等大公司都采取"免费模式"运营,"第三方"赢利模式成为主流。

另外,图书出版社网站的"工具书在线"主要提供工具书词条的在线查阅。代表性的有商务印书馆的"工具书在线",依托出版社的工具书资源,提供《新华写字字典》、《新华正音词典》、《新华拼写词典》、《中华人民共和国地名大词典》、《新华多功能词典》、《新华新词语词典》、《商务馆学汉语词典》、《新时代汉英大词典》、《新时代英汉大词典》、《四库全书总目提要》、《基督教词典》等各类工具书的在线版,易文网的"工具书在线"提供《中华文化通志》、《汉语大辞典》、《辞海》、《中央日报标题索引》和《点石斋画报》的在线版。目前来看,"工具书在线"还没有明确赢利模式,但是长远看来,可以积累和增长出版社网站的使用人数,进而促进纸质图书的销售。有分析人士认为,广告可能是未来取得收入的主要方式。

(3) 多来源混合型赢利模式

数字出版业务大多数的收入来源并非只有一种,而是呈现多来源混合型的赢利模式,但是不同类型的业务会在收入上会偏重以上某一模式。国内手机报收入侧重于用户付费订阅,但是在日本赢利来源已经扩展到付费订阅、广告、无线业务三种;电子杂志领域消费娱乐内容的 Zcom、Xplus 等都以网络广告收入为生,而 DigiBook 等偏专业化的电子杂志则采用付费阅读方式运营。

2. 基于服务的赢利模式

和产品交易型模式不同,这种赢利模式不是建立在产品的生产与提供上的,而是提供某种服务以满足消费者特定的需求,通过收取服务费用,企业实现赢利。基于服务的赢利模式运作比较成熟的是美国两大数字出版网站 Iuniverse.

com 和 Xlibris.com,另外台湾网站 Udn.com 也开始向服务型赢利模式进军。但是,中国内地数字出版主要还是产品型赢利模式,服务型赢利模式还有待开发。综合看 Iuniverse.com、Xlibris.com 和 Udn.com 三大数字出版网站,服务集中在作者、出版商和商业公司三个领域(见表6-4)。

(1)作者服务

作者服务的实质就是为个人作者提供图书出版的平台,网站则按照服务级别的不同收取相应费用。与传统出版社动辄上万的自费价格相比,网络出版费用大大降低,人人都可以当作家,市场拓展相对容易。

从表6-4可以看出,帮助个人出版图书是三大数字出版网站的核心业务,与前文提到的 POD(按需出版或印刷)形式一致。不同的是,Iuniverse.com、Xlibris.com 和 Reading udn.com 所出版的图书都拥有独立的 ISBN 号,网站会将其作为正式出版的图书销售,作者拥有版权并分享版税收入。也就是说,在网络上出版图书不再是个人的自娱自乐,而是与传统出版物一样面向大众发行,网站也会利用自身渠道尽力为作者宣传、为图书促销。Iuniverse.com 网站就专设了一个"作者工具包"的板块,指导作者写作和经营个人图书,以帮助作者提高写作水平和促销能力。这种指导性服务大大提升了自费出版作者的成功机会,从而使用户使用黏性增加。

表6-4 三大服务型出版网站的分级服务赢利模式

	服务级别	收费标准	服务内容
Iuniverse.com	作者俱乐部 (writers club press)	$99(网络交费) $199(邮寄交费)	1. 书稿以 POD(按需印刷)的形式出版; 2. 作者可以自行设计四色彩色封面; 3. 本书拥有独立的 ISBN,并被收入在版书目以及 Ingram 和 Baker&Taylor 的书目数据库; 4. 作者享受20%的版税; 5. 出版周期不超过90天。
	作者展示区 (writers showcase)	$299(网络交费) $399(邮寄交费)	1. writers club press 级别的所有服务; 2. 由专业编辑、作家和咨询顾问组成的资格评定小组对书稿的审查、评价及修改指导。
	按需印刷 (Authors choice press)	$299	1. 绝版书 POD(按需印刷); 2. 专业人员重新设计封面和装帧。

(续表)

	服务级别	收费标准	服务内容
Xlibris.com	基础服务	$ 500	1. 平装本,同时制作成 ebook; 2. 封面采用基本色模式,提供美术设计,可附加作者照片; 3. 独立的 ISBN、进行图书在版编目登记,并通过 Ingram 系统在线销售; 4. 在网站上为作者和图书设立主页,计算销售、版权和摘录数量,并提供 email 促销服务。
Xlibris.com	专业服务	$ 900	1. 提供基础级别的所有服务; 2. 提供平装和精装两种版本; 3. 封面采用专业模式,最多可加三张图片; 4. 图书内部可加 20 张图片、5 个表格; 5. 拥有国会图书馆和美国版权登记。
Xlibris.com	个性化服务	$ 1600	1. 提供专业级别的所有服务; 2. 可以与 Xlibris 设计师合作,自主设计个性化封面; 3. 图书内部可加 30 张图片、10 个表格,并加索引; 4. 图书内部设计可启用自定义模式,实现完全个性化的复杂设计; 5. 作者免费获得图书平装、精装版本各 10 册。
Reading.udn.com	个人出版	3999 台币	1. 提供在线编排系统; 2. 黑白内页印刷; 3. 作者获得 10 本图书; 4. 网站代申请 ISBN 号。
Reading.udn.com	个人出版	7200 台币	1. 彩色内页印刷; 2. 其他与黑白书的相同服务。
Reading.udn.com	个人出版	6999 台币	1. 纪念书; 2. 可加较多图片; 3. 其他与黑白书相同服务。
Reading.udn.com	个人出版	599 台币	1. 相簿; 2. 在线编排系统; 3. 作者获得 1 本作品。

在服务内容上，网站会根据个人需求和经济状况，提供分级服务。作者交纳的费用越高，享受的服务就越丰富、个性化程度就越强。每个网站的分级标准都不太一样，资格评定小组的专业审查和修改是 Iuniverse.com 升级服务的关键内容；Xlibris.com 则把个性化程度的高低作为主要的分级标准；相比之下，udn.com 的出版服务内容还很少，只是简单地按照印刷品质进行了区分，除有公开销售的 ISBN 号，与大陆地区的按需印刷差别不大。

中国内地基于服务型的数字出版企业还不多见，"印客网"、"大众印客网"也只提供一些简单的印刷服务，业务模式还有待成熟。

（2）出版商服务

出版商服务实际上为传统出版社提供了一个网上出版平台，是管理整个出版流程的完整系统，它负责从创造最初的出版资源到最终的发行和版税追踪。Iuniverse.com 设有一个专门的出版商服务区，负责评估出版社的选题策划报告，一旦决定出版，网站将提供选题准备、电子选题管理、半成品管理、个性化定制服务、数字版权管理、按需印刷等服务。使用出版商服务平台，再造了出版和营销流程，新选题开发风险得以有效控制，出版社可以专心进行选题开发、稿件收集、质量监督以及作者的培养，大大提高了出版效率。这项服务推出以来，得到不少出版社的青睐，网站也以收取出版商服务费获得了利润。

（3）商业服务

商业服务是为普通商业公司出版内部文件和手册的平台。网站以数字优势可与公司办公自动化系统无缝对接，从而使公司需要的文件、手册和图书等出版物通过网站数字系统自动、高效传输。如 Iuniverse.com 以 XML 为基础的出版系统和标准格式库创造了一种新的文件格式，这种格式可以通过多种途径使用。任何企业都可以向 Iuniverse.com 提交不同形式的文件和要求，标准格式库将不同来源的文件转化为以 XML 为基础的存储格式，并以用户要求的形式输出。

对于客户较高的需要，网站还可以提供更专业的服务，比如数字内容商务计划与战略、系统集成、用户应用设计等。这种集设计、制作和数字传输的"一站式"服务，大大简化了以往的烦琐环节，给企业带来了方便，也为网站开辟了新的收入来源。

二、赢利模式分析

1. 赢利对象

无论是基于产品还是服务的赢利模式，企业利润都在价值增值中获得，赢利对象也就是连结价值凝结点的上下环节。如图6-1所示,对于数字出版企业,现金流在产业链的下向上游流动,各环节企业都会有赢利,但是这些环节中只有终端用户向产业注入新的资金,其他环节的现金流动只是利润的再分配而已。

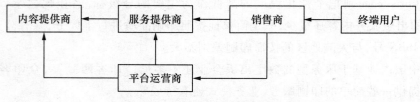

图6-1 数字出版产业现金流向图

（1）直接赢利对象——上下游企业

在现有的产业链中,服务提供商和平台运营商是上游内容提供商的一级顾客,他们主要以支付源内容数字版权费的方式,获得数字产品的源数据,在此基础上加工、整合,建立内容数据库。由于数字出版企业的特殊性,服务提供和运营很大程度上是一体的,因此产业中游结构比较庞大,对整个产业的组织作用很明显。

产业链下游的销售商是连结服务商与终端用户的桥梁,服务商通过出售各种数字内容消费充值卡从销售商处取得收入。当然,由于数字出版企业在线销售平台十分畅通、网络充值渠道又很多样,很大程度上替代了销售商的作用,因此销售商整个群体在产业链中地位并不突出,其获得的赢利也是有限的。

由于数字出版产业链并没有形成严整的格局,内容商向下自建数字服务平台、服务商向上延伸整合内容,数字出版领域的企业呈现出纵向一体化的趋势。这种情况下,利润的分配与再分配环节被大量缩减,企业利润将趋向尽可能的最大化。

（2）最终利润来源——终端用户

虽然数据显示,数字出版企业收入来源分为用户付费和广告两部分,但是广告收入也是出售用户注意力所得,最终还是用户埋单,所以与其他生产型企业一样,利润最后还是全部来自终端用户。

中国数字出版领域的终端用户集中于群体消费者,特别是电子书、数字期刊这类数据库性质的企业收入基本来源于机构用户,一般读者尚未培养起自觉消费习惯,这在很大程度上局限了业务范围,也不利于企业赢利的增加。另外,手机出版领域,由于移动运营商对终端强势的渠道控制,内容商和服务商议价能力较弱,也在相当程度上阻碍了企业的发展。

2. 核心战略

迈克尔·波特曾经说过:"一个企业要生存和发展,只能选择两种战略:一个是差异化战略;一个是成本领先战略。"① 也就是说,一个企业要想真正找出赢利模式,实现永续发展,只有以上两种战略方法。所谓差异化战略,是为那些对价格不敏感的用户提供独特的产品和服务,也就是要让消费者觉得你的企业拥有其他企业所没有的优势。成本领先战略则强调,以较低的单位成本价格为用户生产标准化的产品或提供标准化的服务。以下将从低成本和差异化两方面探讨数字出版企业的发展战略。

(1) 成本领先

低成本战略,是指企业在提供相同的产品或服务时,通过在内部加强成本控制,在研究、开发、生产、销售、服务和广告等领域内把成本降到最低限度,使成本或费用明显低于行业平均水平或主要竞争对手,从而赢得更高的市场占有率或更高的利润,成为行业中的成本领先者的一种竞争战略。

实现利润最大化的对应要求就是成本的最小化,现有产业链的利润现状是:上游内容提供商靠出售原有内容获得纯利润,以网站为主的中游服务商和运营商起步是依靠风险投资,部分企业,像电子杂志、搜索引擎网站等大多刚实现收支平衡,尚未谈及利润;而下游的销售商则与一般生产制造业无异,利润来自分销折扣,没有显著的产业特征。数字出版企业要增加利润,最直接的办法是减少对上级产业链的支出,但是这样做可能引起各方新的博弈,内容提供商会因数字版权转让收益过低,不愿向下输送源内容;而销售商要求折扣过高则会引起服务商另辟销售平台。因此,数字出版业降低成本最可能的方式就是缩短中间环节,减少中间费用的支出。目前,我国数字出版产业链整合的趋势是:内容、技术的二元格局向内容、技术的一体化结构演变,这就把向上游企业支付的成本消化在企业内部,一定程度上把行业利润收归到企业一端,对增加利润具有重要意义。

(2) 差异化

差异化战略,是指在市场中,如果组织的产品比其他同类产品更好地满足某些顾客群体的需要,就发生了差异化。组织采取差异化策略时,就会在市场中取得高于平均水平的价格。

一般来讲,企业主要从以下六方面推动产品差异化:第一,产品特性,企业提

---

① 〔英〕理查德·林奇:《公司战略》第4版,文红等译,北京:中国市场出版社2007年版。

供的产品的特性是竞争者提供的产品所不具备的,主要从新产品功能方面形成差异化。第二,时间选择,第一时间将新产品推向市场,市场唯一性形成差异化。第三,服务,围绕出现故障的产品提供服务的快慢、数量的不同而差异化,比如海尔优质的售后服务一度成为公司差异化竞争的王牌。第四,产品组合,不同产品的组合,向顾客提供多种商品选择机会而差异化。第五,联盟,与其他企业的联合,联盟组织越大,其成员关系就越有价值,可利用资源就越多,从而与其他公司形成差别。第六,品牌,是产品乃至企业形象的外化、品质的积淀,其声誉高低将使顾客对同一功能产品产生截然不同的认知。

　　数字出版企业大多还是新兴公司,又由于行业的特殊性,这些策略并不完全适用,其差异化主要在产品内容和规模两方面形成。首先在产品内容方面,相同业务类型企业生存的主要立足点就是内容上存在较大差异,像电子书网站、期刊数据库在内容的收录上都各有侧重。以四大互联网期刊数据库为例,清华同方知网收录的期刊以学术、技术、政策指导、高等科普及教育类为主;万方数据以科技文献为主;维普资讯以自然、工程等实用技术类文献为主;而龙源期刊人文、社科类文章较多。收录文献内容的差别使各数据库形成了独特的受众,一定程度上避免了被替代的威胁,提高了自己的议价能力。从波特的五种竞争力模型角度看(见图6-2),数字出版企业在供应商和替代产品两个维度拥有核心竞争力。从规模角度看,对数字出版企业最重要的是内容资源。不论是传统出版商要做数字出版,还是服务商要打造数字平台,技术只是一个支持要件,最核心的还是掌握多少内容资源。以电子书出版商来说,内容来自出版社的数字授权,而版权

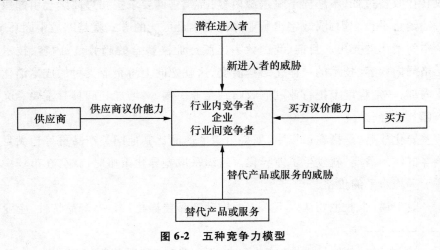

图6-2　五种竞争力模型

的获得并不容易,需要时间的积累,但由于授权的排他性,当版权数量达到一定程度就形成了较高的门槛和壁垒,新的同业公司很难进入,也就在很大程度上规避了潜在进入者的威胁。因此,数字出版企业的规模优势就体现在对内容资源的控制力上。

三、个案分析

前面已经对数字出版的赢利模式进行了宏观分析,在此基础上,这里将选取数字出版业的典型企业进行业务和赢利模式方面的微观研究。考虑到服务提供商长期以来在产业中居组织者地位,又是产业链的中坚环节,业务发展相对成熟,在个案分析中,以运作较成功的企业——中文在线为个案,具体分析其业务构成、赢利状况和发展前景,以期从微观角度近距离地观察数字出版企业现状。

1. 企业基本情况

中文在线(www.chineseall.com)是较早进入数字出版领域的企业,2000年成立于清华大学,前身为FANSO(易得方舟),理念来自于第一届清华大学生创业设计大赛,现公司总裁童之磊即当时参赛的学生团体领队。中文在线的业务目前分为三部分:在线阅读、无线阅读和中小学数字图书馆,产品与服务涉及教育机构、政府机关、大众消费领域等多元市场。目前,中文在线每年能提供新增正版数字图书2—4万种,在每年出版的大众领域适读图书中,中文在线能提供70%以上的正版数字图书。"先授权,后传播",正版数字传播一直是中文在线宣扬的理念,并于2005年联合中国作家出版集团、湖北长江出版集团、四川出版集团、江西出版集团、中国少年儿童出版总社、高等教育出版社等数十家出版机构及律师事务所成立了中文"在线反盗版联盟",成为第一个保护网络图书版权的组织。

2. 产业链关联

中文在线是典型的服务提供企业,位于产业链中游,上连内容,下牵渠道,在平台上流动的是电子书。在上游,"中文在线和全国排名前100名的出版社中80%以上建立了合作关系,国内最畅销作家的50%都和我们签署了独家协议。老一辈作家如巴金、冰心,中年的如余秋雨、海岩,年轻的如郭敬明,都是我们的独家签约作家。"[1]中文在线与作者和出版社的合作,采用出版界的稿费制和版税制模式,已积累了400多家专业出版单位和几千名作者的资源。而且,公司

---

[1] 兰红:《童之磊的数字出版梦想》,《上海信息化》2007年第3期。

1/4 的员工还在不停的谈判争取签约版权,以保持中文在线内容的规模优势。

在下游,中文在线从自身网络优势出发,把渠道定位在手机和互联网两大终端上,因此业务模式鲜明的定位在三大块:无线阅读、互联网阅读和中小学数字图书馆。在庞大的数字内容资源的支撑下,中文在线提供小说内容,移动运营商提供无线网络平台,合作推广移动阅读;与教育部合作建立中小学数字图书馆;另外,在线销售 eBook 也是中文在线的传统业务。综合来看,中文在线的下游渠道包括手机、互联网、机构用户和传统渠道四部分,基本直通用户,省去分销环节,降低了企业的运营成本。

3. 主要业务

前文提到中文在线的主营业务分为三大部分:无线阅读,互联网阅读和中小学数字图书馆(见表6-5),前两项已有较详细的说明,这里就不再赘述,重点介绍一下中小学数字图书馆业务。

表 6-5　中文在线核心业务

	核心业务	运营方式	业务规模
中文在线	互联网阅读	建立网站 www.chineseall.com,在线销售 eBook,价格 3 至 5 元不等;将网上首发的原创畅销书提供给出版社纸质出版。	网站现有 Ebook10 万余种,每年还可新增 2—4 万种,并获得 400 余家出版社和几千名作者的授权。
	无线阅读	与移动运营商合作,利用 WAP 技术将小说内容发送到手机平台,用户付费订阅。	无线阅读已具有 50 万用户规模。①
	中小学数字图书馆	成为教育部"十五"重点课题,由中文在线为项目提供数字内容,中小学以机构用户身份订购。	有 1000 万中小学学生通过中文在线学习科学文化知识。

中小学数字图书馆是面向无力建立纸质图书馆的中小学推出的一项服务。一方面,由于教育部力推中小学教育信息化,大部分学校都建有电子教室,配备了成套电脑;另一方面,全国近一半中小学资金有限,很难建立起图书馆。这种情况下,中文在线向教育部提出将数字化图书内容装入电脑,为中小学生建设数字图书馆的构想,并得到教育部支持。"中小学数字图书馆"作为教育部"十五"重点课题立项,中文在线成为政府机构唯一认证的服务提供商。中文在线联合

---

① 张征:《手机出版,让数字图书大众化——访中文在线总裁童之磊》,《出版参考》2007 年 10 月下旬刊。

基础教育专家精选出近4万册适合中小学生和教师阅读使用的图书,构成数字图书馆的基础内容,同时,中文在线的资源建设团队还在跟踪国内各类教育图书的出版动态,并为用户学校每年提供不低于当年80%图书出版量的最新图书资源的更新。目前有500万手机用户在手机上阅读他们的图书;有1000万中小学生通过中文在线学习科学文化知识;有2000万网民通过中文在线获得在线阅读的乐趣,目前以每年200%的速度快速增长。①

4. SWOT理论视角下的企业前景分析

SWOT是优势(Strengths)、劣势(Weaknesses)、机遇(Opportunities)、挑战(Threats)②四个英文单词首字母的缩写,这一理论旨在通过对企业内部具有的优势、劣势和外部面临的机遇、挑战的矩阵分析,综合考察企业现状,更加清晰地透视未来的发展走向,帮助企业配置资源、做出决策。以下将运用SWOT理论对中文在线进行分析,观察企业前景和可能的战略选择。

Strengths(优势)	Weaknesses(劣势)
1. 1999年成立,起步早,是国内数字出版开创者之一; 2. 内容资源已达到较大规模,对后进入者形成壁垒; 3. 与教育部、信息产业部等主管部门关系良好,公司项目得到政府部门的大力支持; 4. 倡导保护数字版权,发起成立"在线反盗版联盟",抢占了行业话语权。	1. 作为行业先行者,不可避免要承担探索风险; 2. 赢利模式有待接受市场检验,可完善空间较大; 3. 员工数量少,管理团队结构年轻化,可能在决策中难以达到多方意见的平衡。
Opportunities(机遇)	Threats(挑战)
1. 数字出版是出版业的一大趋势; 2. 公司业务切合国家政策,发展空间巨大;	1. 不掌握源内容,很大程度上内容提供商掣肘; 2. 与同业电子书出版商相比,特色不明显,可替代度较高; 3. 上游传统出版社向数字化进军,未来内容有缩减的危险; 4. 门户网站、原创网站大量崛起,形成强烈竞争之势。

图6-3 中文在线SWOT矩阵图

---

① 参见中文在线网介绍,www.chineseall.com。
② 杨小东:《SWOT理论及实战分析》,《井冈山医专学报》2004年10月。

如图6-3所示,数字出版越来越清晰地成为出版业的发展方向,政府对此关注度不断提高,中文在线作为行业的领军者具有得天独厚的政策优势和业内话语权。但是作为先行者所面临的风险也是巨大的,企业内部的赢利模式、管理方法、团队结构等方面都还有待成熟;同时外部也面临着上游内容提供商"自建炉灶"、内容紧缩的危险,以及同业电子书出版商、新起门户网战的竞争。

由于该企业优势较明显、外部宏观政策又有强大支撑,综合看来,企业未来前景总体向好。为克服劣势、规避风险,建议中文在线在以下几方面做出努力:

第一,加快图书数字版权的签约速度,将尽可能多的图书数字化收入电子书库,增大基础资源量,以提高规模门槛,减少后来者的进入机会。

第二,加大对原创文学网站"17k.com"的投入,并适时并购其他原创网络文学站点,以增加企业提供内容的力量,避免完全依赖传统出版单位所产生的风险。

第三,提高数字传播技术的水平,完善网站建设,并不断探索适合的公司治理结构。

第四,继续发展无线业务,争取公司赢利的多元化。

互联网时代,数字内容越来越丰富,据统计,传统媒体内容只有互联网内容的1/4;数字传播载体广泛普及,计算机、手机、MP3等终端接收设备早已进入寻常百姓家,电子纸、手持阅读器、手机二维码技术也在走向成熟,年轻人和知识分子对数字传播技术有着天然的亲近感,将来会更多地采用数字阅读方式。在政策层面上,数字出版已经成为国际文化传播的重要力量,得到政府的积极推动。在《国家"十一五"经济社会发展规划》、《国家中长期科学技术发展规划》、《国家"十一五"期间文化发展规划纲要》等三个重要规划中,都把数字出版技术、数字化出版、印刷和复制列入科技创新的重点。

第三节 数字传播中学术出版的商业模式

学术出版作为出版的重要部分,在数字化条件下面临着构建自身新模式的问题。

一、传统学术出版模式面临的困境

1. 学术图书的特点决定了它的困境所在

众所周知,学术图书读者面比较窄,市场弹性比较小,销售周期很长。它和畅销书最大的差异就是销售周期,畅销书可能过一阵子就不那么畅销了,但是学术书不因为时间的延续失去它的价值。另外,学术书的成本比较高,因此风险大。目前的整个销售模式对学术类图书是非常不利的。因为中国每年出版二十多万种图书,但是在中国最大的图书市场,包括北京图书大厦,上架品种也就二十多万种。加上很多书店受经济效益的驱使,过分追求上架的周转率或动销率,这样首先受害的便是学术著作,学术类图书往往成为最早下架的品种。这些因素使学术出版面临很严峻的挑战。

2. 图书馆订阅的数据库转向

图书馆订阅经费的增长低于图书品种和价格的增长,导致了图书订阅的下降;同时,他们倾向于把有限的资金转向订阅如期刊和报纸等连续性出版物上面。数据库尤其是期刊数据库凭借其庞大的信息量逐渐成为图书馆订阅的重点,这也导致其对图书订阅的压缩,使得学术著作的最主要客户需求大大减少。

3. 现在人们查阅资料的方式的变化

在数字传播条件下,人们查阅资料的方式也发生了变化,图书馆的图书查询只是一种补充。人们更多的是通过网上查阅,不管是期刊还是文献,很多都是通过网络来检索。如此,实际上也减少了人们对学术著作的需求,从而给学术图书出版带来了困境。

4. "OA(Open Access)模式"[①],对传统学术出版产生了巨大的冲击

因为学术出版物价格飞涨,特别是大学图书馆已经不堪重负,这直接导致了一个世界范围内的开放存取式出版模式(Open Access 模式,又称"OA 模式")的兴起。2003 年 10 月,在德国柏林由马克斯·普朗克(Max Planck)社团组织的研讨会上宣布了"柏林宣言——社会和人文领域的知识开放使用"。该宣言强调开放存取出版模式不仅仅涉及期刊文章,而且包括任何涉及研究的事情,如数据和元数据,甚至还包括任何知识和文化遗产的载体,如博物馆藏品和档案存储软件,等等。2003 年 12 月,在日内瓦召开的联合国资助的"关于信息社会世界峰会"上的宣言,声明要推动电子出版,使科学信息在所有国家都得到使用,这种模式实际上在英国和美国的政府间和学术基金会中都在不断地推广。与此相呼应,一些大学宣布应用开放存取出版模式来发表研究成果。例如:澳大利亚昆士

---

① 开放存取(Open Access)是一种学术信息共享的自由理念和出版机制。在这种出版模式下,学术成果可以无障碍地传播,任何研究人员可以在任何地点和任何时间不受经济状况的影响,平等免费地获取和使用学术成果。

兰州立科技大学2004年1月1日开始采用这种模式,葡萄牙米尼奥大学2005年开始正式使用OA出版模式。① 目前越来越多的公众和私人机构都在推行这种"OA模式",这一模式已经开始对学术出版形成了现实的冲击。

二、通过数字化重振学术出版

学术出版是最适合数字化赢利的一个出版领域。当前图书馆对学术数据库投入的加大,既是传统学术出版的危机,也是学术出版数字化的商机。内容的生产周期较长但时效性也长、内容的独创和难以模仿性、用户的小众化和稳定性、检索和继承的必要性、对学术出版编辑的较高要求等,都是学术出版数字化的优势所在。关于学术出版的数字化,目前并没有现成的成熟模式可以拿来就用。笔者认为,在数字传播环境下,可供选择的学术出版商业模式主要有以下六种。

1. 内容再集成,满足个性化需求

出版业从本质上是一个内容的提供者和服务者,它通过对内容的收集、整理、编辑加工、集成服务以及传播来从使用者(消费者)那里获得收益。目前学术界对学术的创新性和研究的个性要求越来越高,在内容集成基础上的再创新成为各种基础研究以及应用研究的基本要求。因此,掌握各个主要研究领域的历史、现状和相关文献,是进一步研究的出发点和前提。数字化恰恰在内容的集成服务方面大有可为。人大报刊复印资料中心的兴盛和危机都充分证明了这一点:它的传统优势是集成服务,把国内最有影响的相关论文集成为一个个连续性专题,长期成为每个研究者案头必备的文献。而在数字化条件下,却没有抓住数字集成的良机,受到了能够提供更大规模集成服务的"中国知网"的强大冲击,在新一轮的数字化竞争面前失去了先机。这对图书出版业来说是一个前车之鉴。

2. 与各种学术组织密切联合,提供在线数据库

与专业型学术团体以及协会等密切合作,提供专业或者行业数据库是当前学术出版数字化的一个趋势,在这方面国外的出版社已经走在我们前面。例如,美国亚历山大·斯特里特出版社正与一些高校出版社和图书馆进行电子版本的合作。他们认为"这个计划一定会为学者们提供更快捷的服务和更多的资料",

---

① 江杭生:《开放使用——学术出版界的战争》,《光明观察》2005年7月14日。

建议出版商要加强合作，而不要互相抗衡。通过借助 Google、雅虎和微软等公司提供的技术支持来开发自己的项目；通过"授权许可和链接"来提供增值服务。加利福尼亚大学出版社与美国人类学协会合作人类学资源合作项目：这项计划的目的在于为人类学家提供"一站式"服务，包括保存的期刊历史资料、音频文件和书目数据等内容。哥伦比亚大学出版社与哥伦比亚大学图书馆的国际关系文献数据库，已经收录了 150 个捐稿机构的 10 万页内容。麻省理工大学出版社启动了 CogNet，连接电子图书、会议资料、14 家杂志，把认知科学的主要文献收集起来，等等。这些都可以作为学术出版数字化的先例。

3. 按需印刷（POD）

按需印刷技术是在近几年来图书数字化发展的基础上产生的。与传统出版相比较，按需付印技术给学术出版带来了一种全新的运作模式：按需印刷解决了长期困扰出版界的短版书、绝版书、专业学术书的出版难问题。按需印刷降低了印刷总成本，增加了销售利润。它还具有印制速度快，没有库存，资金回笼快，可满足不同读者的个性化需要等优点。按需印刷使网络出版如虎添翼，诸如零库存、个性化定制、节约成本等理想均成为现实。国内的知识产权出版社在这方面是走在前面的，他们的做法值得借鉴。

4. 通过教学资源库和教材打包销售

将学术出版作为重要使命之一的中国大学出版社和国外大学出版社的最大差异就是教材出版。中国大学出版社的教材出版占了很高的比例，因此，把学术出版和教材有机结合销售，使它们互为补充，是中国大学出版社的优势所在。教学资源库提供了这样一个好的平台。教学资源库很重要的内容就是提供学科和专业的背景知识，以及相关知识点的背景。在学术图书方面，数字化能够为教师提供大量的相关资料文献，提升教师教学和科研水平。另外，教学参考书也可以通过数字化在网上出版。

5. 盘活短版、断版的出版资源

数字化使断版、短版的学术著作再出版成为现实。这样就把过去无法再版的死资源变成了活资源。与此同时，由于古文献没有知识产权的限制，可以充分利用数字出版，对它们进行数字化并采用可检索的方式加以出版，从而使古文献复活，这对文化传承会起到不可估量的作用。

6. 运用数字化手段扩大现有图书的销售

销售的数字化或者网站的销售对学术著作非常适合。美国大学出版社的图书有将近20%通过亚马逊销售,国内大学出版社与当当网、卓越网的合作也卓有成效,网上学术图书销售的比例在不断地大幅度上升。学术著作的网上销售和学术出版数字化非常符合所谓的"长尾理论",单看每本学术书的销售量都不是很大,但总量加起来却非常大。通过数字化可以使学术出版获得重生,在这方面,学术出版社应该是大有可为的。

第七章 数字传播与著作权保护

数字传播技术的蓬勃发展,使得人类的传播方式再次发生重大变革,数字出版在整个出版业中的地位越来越重要,与之并行的是数字版权保护问题也日益凸显,数字版权引发的侵权案件也越来越多。互联网改变了传统的权利人、传播者和使用者之间的关系,也改变了其利益格局,版权保护在数字出版和网络传播时代呈现出更多、更复杂的新特点。面对这种新变化,如何使版权保护在既保护权利人权益的同时,又能使信息做到最大范围内的共享,如何使著作权保护在更大限度内促进数字出版产业的发展,成为业界人士不断关注的问题。如何既能满足信息时代人们对知识共享的渴求,又能顾及著作权属于私权的特有属性,保护著作权人的合法权益,从而激励其进一步创作的积极性,是本章所关注的核心问题。

第一节 数字版权及其特点

一、数字版权释义

版权即著作权,是指文学、艺术、科学作品的作者对其作品享有的权利。没有作品就没有著作权。《中华人民共和国著作权法实施条例》第二条规定:"著作权法所称作品,是指文学、艺术和科学领域内具有独创性并能以某种有形形式复制的智力成果。"由此可以推出,构成作品要具有三个条件:第一,要有一定的思想观念;第二,这种思想观念必须通过一定的形式表达出来;第三,作品一定要有独创性。

数字版权是版权发展到数字时代的丰富和扩充,是在数字出版过程中产生并由作者享有的以数字化方式保存、复制、发行作品的一系列权利。作品被以二进制数字的形式固化在硬盘、光盘或其他载体上进行复制和传播,这种传播可以通过光盘、硬盘复制,也可以通过互联网或无线互联网以信号的形式传播。

二、数字版权保护历程

现代意义的版权保护制度起源于英国。1709年英国《安娜法》的颁布,标志着世界上第一部版权法律产生。纵观版权法产生和发展三百年的历史,可以得出这样的结论:新技术革命是著作权制度创新和变革的直接动因。从一定意义上说,著作权制度的发展史,也就是传播技术的进步史[1]。因此,可以毫不夸张地说,著作权本身即是现代传播技术的"副产品"。鉴于此,其发展经历可归结为如下三个阶段:

1. 印刷时代的版权保护制度

东西方文化的交流,使得我国的造纸术和印刷术先后传入欧洲。这两项技术在欧洲发达的科学技术和繁荣的文化环境中,极大地促进了科学和文化的普及。15世纪中叶,活字印刷术在欧洲开始广泛流传,这一新技术催生了近代著作权保护制度。古登堡对印刷技术的改进,促进了图书市场在欧洲的形成,使人们传递和存储信息的能力大大提高,从而使出版成为商人有利可图的产业。出版商保护自身权利的强烈愿望,与封建王朝控制异端思想传播的需要不谋而合,出版印刷特许令制度的出炉巧妙融合了封建王室的利益和出版商的利益[2]。然而这一制度的施行,丝毫没有顾及作者的利益,极大地损伤了其创作积极性,也使得出版商的利益成了无本之木,无源之水。在作者层的强烈要求下,英国在1709年颁布了世界上第一部真正意义的著作权法——《安娜法》。

《安娜法》第一次为作者提供了"形式"上的权利,主要是复制翻印权,同时它也照顾了出版商的利益。《安娜法》的诞生维系了当时作者和出版商之间的利益平衡。随后,西方国家都陆续颁布了自己的版权法律。这些法律的颁布都是为了平衡创作者、传播者和使用者之间的利益关系。

2. 电子时代的版权保护制度

1877年爱迪生发明了世界上第一台留声机。此后,录音录像技术、广播电影电视技术、静电复印技术不断问世。这些技术可以概括为电子技术。电子技

---

[1] 吴汉东:《著作权合理使用制度研究》,北京:中国政法大学出版社1998年版,第222页。
[2] 张巍婷:《数字环境下我国版权保护利益平衡机制研究》,北京印刷学院2007年硕士学位论文,第1页。

术对著作权制度产生了前所未有的冲击和挑战。因此,在著作权的概括名义下,又产生了各项相应的财产权。例如,以传送广播与电视为内容的"播放权",以机械光学电磁为技术特征的"机械复制权",摄制电影、电视、录像的"制片权"等。在保护作品原创作者的新型著作权权项产生的同时,保护作品传播者的著作权邻接权制度也开始出现在西方国家的著作权立法文件中,主要包括出版者对其出版物的专有权利,表演者对其表演的专有权利,唱片制作者对其唱片制品的专有权利和广播组织对其广播节目的专有权利等。邻接权的产生,也是现代传播技术的产物,同时它也从一定程度上体现了新的传播技术要求著作权保护制度重新平衡创作者、传播者和使用者之间的平衡关系。

3. 数字时代的版权保护制度

数字传播技术的蓬勃发展,推动着人类进入数字时代。数字传播技术是通信技术、微电子技术和计算机技术的总称,其所具有的数字化、压缩、加工及储存等功能,给作品的创作、传播及使用带来了深刻变化,数字版权的概念也随之产生。数字版权源于规范多媒体技术与计算机网络技术结合而带来的网络传播行为的需要。20 世纪 70 年代中期,个人计算机开始发展起来,进入数字传播技术发展的第一阶段。在版权领域,学者和业界人士多是针对个人计算机上的目标程序是不是著作权保护的客体,以及操作系统、用户界面、数据库、电子游戏等的著作权保护问题展开讨论。20 世纪 80 年代中期,多媒体技术和数据库快速发展,进入数字传播技术发展的第二阶段。多媒体产品和数据库是不是著作权意义上的作品开始成为著作权界讨论的热门话题。至 20 世纪 90 年代以后,多媒体技术与计算机网络技术相结合,数字传播技术发展开始进入第三个阶段,数字版权进入信息时代。①互联网不受时间、地域的限制,并且具有交互性,这些新的特点都使信息传播在很大程度上得到了释放。信息在互联网上的传播,极大地缩短了人们获取信息的时间,数据库以及搜索引擎等的建设开发,又使得人们可以有针对性地获取自己想要的信息,这些既方便了传播者上传信息,同时也使其失去了利益保障。面对新的技术和传播方式,原有的著作权保护体系下的利益平衡关系再次被打破。如何解决互联网时代版权保护问题,重新构建新的利益平衡关系,成为业界学者不断探索和重点关注的问题。

---

① 郝振省:《2008 中国数字版权保护研究报告》,北京:中国书籍出版社 2008 年版,第 11 页。

三、数字版权的新特点

数字传播技术使得数字版权与传统版权有着很大的区别,无论其权利主体、客体还是权利内容,在数字传播环境下都发生了新的变化,呈现出许多新的特点。

1. 权利客体的变化

著作权保护的客体,即作品,是所有文学、艺术和自然科学、社会科学、工程技术作品的总和。传统版权形式下的作品,其表现形式较为单一。一般来讲,都可以用著作权法规定的作品形式加以概括,比如文字作品、美术作品、摄影作品、音像制品等。然而数字传播技术的发展,使得所有的作品类型都以二进制数字编码形式得以呈现和传播,于是信息便可以自由地实现多媒体化。所谓多媒体化,是指利用数字传播技术,依靠对文字、声音、图像等多种表现手段进行统一处理,表现信息效果的一种手段。[①] 在这种新的技术背景下,作品本身发生了显著的变化:

(1)作品形式集成化趋势日益明显。数字和网络技术下的作品,将文字作品、美术作品、影视作品等不同的作品表现形式集成在一起,被称为多媒体作品。比如现在的网络游戏,它是包含了音乐作品、美术作品、文字作品、图形作品、动画作品等艺术形式的集成作品。

(2)作品与载体之间的联系逐渐淡化。传统的作品,无论是传播还是使用过程,都必须将之固化在有形的载体上。数字传播技术的应用,使得所有的作品都能以"0"和"1"的二进制编码来记录,互联网技术的发展,又使得这种以数字方式记录下来的作品得以自由地传播和流通。只要拥有一台电脑和一个网络入口,人们便可以自由地在世界任何地方下载所需要的作品。因此作品毋须固定在纸张、胶片、光盘等有形的载体之上便可以传播。网络和数字传播技术为作品的传播开辟了一个崭新的局面。

2. 权利主体的变化

传统的版权保护中,权利的主体相对比较明确,对于较为复杂的合作作品、改编作品、职务作品、汇编作品等,著作权法也都对其权利归属规定了较为明确的确定标准。这也使传统版权的权利主体认定相对简单,而数字版权的权利主

---

① 吴汉东:《知识产权基本问题研究》,北京:中国人民大学出版社2005年版,第177页。

体则相对复杂,主要体现在以下两个方面:

(1) 数字作品的集成化,使得权利主体更加复杂化

不同类型的作品构成一个新的数字作品,这些新的数字作品多是对已发表的传统作品的改编或变形,而同时这些数字作品又可以被分解、重组成为其他新的作品,这就使得权利主体的认定日趋复杂。

(2) 数字环境下,数字版权的邻接权人也日益复杂化

在现行的著作权法中,对著作权及其邻接权是一起保护的。数字版权时代,由于传播方式的变化,使得数字版权的邻接权也发生了变化,产生了诸如网络服务提供商等邻接权人。网络服务提供商作为传播者,可以帮助实现作品在全球网络中的传播;网络电视、网络现场直播等也属于播放行为。对他们在网络传播中的身份该如何去界定,对于整个数字版权保护乃至数字产业的发展都有着至关重要的作用。而对于网络内容提供商来讲,一方面其通过"0"和"1"的数字符号将传统作品数字化并在网络上进行传播,在这种行为中该如何均衡网络内容提供者和作品原创者之间的利益关系?另一方面,网络内容提供商本身也会创作一些适用于网络传播的多媒体作品。因此,数字版权保护的中心,就不能仅仅局限于对传统版权时代作者权利的保护,而是应兼顾网络服务提供商及网络内容提供商的利益,这样才能真正平衡作者、传播者及使用者之间的利益关系。因此,就数字版权的主体来说,应包括三类,第一类是对于传统作品被数字化并进行网络传播的作品拥有权利的主体,即一般版权法意义上的版权主体;第二类是对于网络原创作品拥有权利的主体,即纯粹的网络作品的版权主体。第三类是网络服务提供商,其作为数字作品的传播者,应作为数字版权邻接权人依法受到相应的保护。

3. 权利内容的变化

版权保护的发展是随着技术的进步而不断发展变化的,版权保护的内容也会因技术条件的发展而变化。在数字传播技术和网络技术的影响下,数字版权保护权利内容的变化主要表现在以下三个方面:

(1) 署名权的变化

传统版权保护下,作者的署名方式已经十分复杂,比如作者有署名的权利,也有不署名的权利;有署真名的权利,也有署笔名的权利。但是,无论怎样,传统版权保护中的署名权都会相对比较容易辨别,作者身份也相对比较容易确认。而在网络环境下,一方面,网络本身的匿名性,使得作者身份的确认更加复杂,相

应作者署名权的辨认就比较困难。例如在陈卫华诉《成都电脑商情报》报社版权侵权纠纷案中，原告陈卫华主张版权的作品，发表在一个个人主页上，作品的署名为"无方"。被告在其报纸上转载这一作品时保留了"无方"的署名。但是，当原告向被告主张其对作品享有的权利时，被告则要求他证明自己就是作者"无方"。由此可见，网络的匿名性使得作者身份更加扑朔迷离，作者要主张权利，必须首先证明自己就是权利人。另一方面，数字传播技术使得人们可以更加方便地将作品掐头去尾，进行篡改，而且这种篡改可以不留任何痕迹，因此，这从更大程度上增加了辨别作者真伪的难度，为数字保护中以署名权为代表的精神权利的保护提出了严峻的挑战。

（2）复制权的变化

复制权是版权的基础和核心。传统版权中的复制权为以印刷、复印、拓印、录音、录像、翻录、翻拍等方式将作品制作一份或者多份的权利，而这些都不能涵盖网络环境下作品的复制方式，数字作品的复制权发生了重大变化，主要表现在：

第一，将作品"数字化"是否属于复制行为？这在数字版权产生之初，就引起了国内外学者的广泛讨论。有的学者认为，将作品"数字化"，其中包含了诸多技术成分，应当将数字作品看成一种新的作品形式，不能简单地归为对原作品的复制。而另外一些学者认为，将作品"数字化"，只是对原有作品形式和载体的简单改变，对其内容未做任何改动，作品的数字化是依靠计算机把一定形式的文字、图像、声音等表现信息输入计算机系统并转换成二进制数字编码的技术，这种转换行为本身并不具有版权法意义上的独创性。经过长期的实践和讨论，目前国内外大多数学者都认定这种简单将作品"数字化"的行为，应当归为复制权的范畴。在我国，虽然目前著作权法中并未将"数字化"这种方式写入复制权的形式之中，但是在司法实践中，却可以找到这种诠释的影子。例如，早在1999年下半年，颇为轰动的王蒙等六位作家状告世纪互联通讯技术有限公司一案中，被告世纪互联未经原告许可，便将其享有著作权的作品进行数字化并在被告自己的网站上进行传播。北京市海淀区人民法院在审理此案时，认为被告的行为并未形成新的作品，对作品的"数字化"是一种复制行为，应依法给予原告赔偿。由此可见，作品的"数字化"使得数字版权的复制权的表现形式更加丰富。

第二，网络传输过程中形成的诸多临时复制文件是否属于复制权的范畴？网络和数字传播技术的发展，赋予了复制更新、更多的涵义。众所周知，在网络传输过程中,从作品被数字化,到其被上载到网上,再到被传输或在硬盘上存储信息,直至被截取或下载,虽然没有传统的有形载体作为基础,但在这一过程中,计算机自动生成了许多复制件。比如一部被贴在 BBS 上的作品,就在上载作品的计算机、BBS 经营者的计算机系统、为 BBS 提供网络服务的在线服务提供者的计算机系统、下载作品的用户计算机中都形成了复制件。而且,在这一信息传输过程中,复制件的生成都是计算机自动完成的。有的在关闭计算机后,就会消失。复制方便了用户的使用,加快了作品的传播速度,但也产生了新的问题:一方面使得权利人很难有效全面地控制复制,给复制侵权的形成留有漏洞和隐患;另一方面,许多计算机自动完成的自动或临时复制都是不能避免的,如果都要求得到权利人的事先许可,会严重影响作品传播的速度和质量,有悖于科技进步的初衷。如何在新的技术条件下对复制权概念的内涵加以重新界定,成为数字版权时代给版权立法带来的又一大难题。

(3) 发行权的变化

我国著作权法规定,所谓发行权,是指以出售或赠与方式向公众提供作品的原件或者复制件的权利,即将发行界定为固定在有形物体上的作品复制件本身在不同主体之间的转移,比如图书、报刊、光盘、磁盘的出售等,都是将作品复制件从零售商手中转移到消费者手中的过程。这里对发行权的界定有一个特点,即权利人将作品"发行"(转让了作品复制件的所有权)之后,权利人则不得干涉复制件随后的转售或分销。这就是所谓的发行权一次用尽原则。这是对权利人发行权的一种限制。然而这一原则在数字环境下遭到了巨大冲击。在网络上,人们很容易地将一个文件从一台电脑传送到另一台甚至更多的其他电脑内。传输一旦完成,原始拷贝文件一般仍保存在发送方的电脑内,但同时该拷贝的复制件被输送到接受方的一台甚至更多的电脑存储器中。在这一过程中,并未发生所谓的复制件的转移,而是在复制的同时完成了作品的发行。因此,发行权利一次用尽原则不再适用于作品的网络传播。

由此可见,新的技术手段衍生了新的作品传播形式,版权保护在新的环境下也受到了严峻的挑战。许多既有的概念和条款的界定已经不能适应新形势的需要。如何针对数字版权呈现出的诸多新特点来完善我国的著作权立法,以使其既能更好地促进作品的广泛传播,又能更大程度地保护权利人的利益,成为亟待解决的问题。

第二节 数字版权保护面临的问题

从版权保护制度的历史可以看出,版权立法之初,其所要调整的就是作品的创作者、传播者和使用者三者之间的关系。保持三者之间的利益平衡,实现既激励创作者的创作激情,又使人类的智力成果在最大范围内得到传播和共享,最终实现人类的总体进步,这是著作权保护的终极目的。然而,数字传播时代,无论是版权保护的主体、客体还是权利内容等都呈现出了诸多新的特点。同时,互联网传播环境下,数字版权还打破了传统版权保护意义上的地域性、时间性及专有性的限制。这使得传统版权保护中的利益平衡机制被打破,而出现了许多新的问题。

一、数字版权专有性与信息资源共享的矛盾

专有性又称垄断性或排他性,是版权的一个基本属性,版权专有性是版权赖以存在和发展的基础。正是确认了版权的专有性质,才产生了版权法。但由于版权作为知识产权的一种,又有着无形性、公开性和社会性的特点,不但可以为社会共享,而且也只有通过社会的公开共享才能获得价值的增值。因此,版权的专有性和信息资源的社会共享之间就产生了矛盾冲突。在数字版权的保护中,这种矛盾进一步激化。

互联网和数字传播技术的广泛应用,信息的复制、传播方式都发生了根本的变化,对于许多以数字形式存在的信息,人们可以更为方便、快捷地将其复制,并在网络上得到迅速、广泛传播。资源的社会共享在技术上首先成为可能。然而,这种技术的快速发展,却严重危及版权人的利益。版权人辛辛苦苦创作了几个月、甚至几年的作品,一经上网,便可在瞬间"昭告"天下,并且常常很轻易地被他人下载、使用甚至盗版。在这种情况下,版权人的权利完全失去了保障,他们甚至无法估量自己所受到的损失有多大,因为他们不清楚自己的作品被下载了多少次、被谁下载。因此,版权人强烈呼吁自己的合法权益应该得到保护。而与此同时,新技术给用户带来的方便、快捷又使得用户要求得到更多、更广泛的社会信息,从而利用其创造更多新的科技和文化产品。

事实上,版权的专有性与其公开性和社会性是对立统一的关系。一方面,数字版权的专有性特点要求我们必须加强对数字版权的保护,从而通过保护权利

人的合法权益来充分鼓励其创造知识的积极性,使社会拥有更多的信息资源,促进科技进步和社会文化的繁荣;另一方面,信息资源共享又是提高社会对信息资源利用率的最佳途径,其目的也是为了让社会通过对资源的有效利用创造出更多的知识和财富。如果追求信息的绝对共享必将导致没有信息可以共享,而版权的过度保护也会阻碍信息的交流与传播,并最终妨碍新作品的创作。由此可见,如何在数字版权时代重新平衡二者之间的利益关系成为亟须解决的一个问题。

二、授权许可使用与数字时代海量授权需求的矛盾

著作权法规定,无论对作品进行复制、发行还是改编、汇编,都要事先征得权利人的同意,这是著作权法对权利人的合法权益进行保护的必要条件,也是对权利人的基本尊重。在传统版权时代,我们大多采用一对一的方式来获得权利人的授权。

而在数字版权时代,许多公共服务领域纷纷走向网络化、数字化,如数字图书馆、远程教育等。它们有着传统图书馆和教育无法比拟的优点,比如数字图书馆方便、强大的检索功能,使得普通使用者可以非常方便、迅速地找到自己需要的信息;日益发展的远程教育,不仅使得本来就相对短缺的教育资源得到了扩大,而且还使得接受教育者不受地点和时间的限制便可获得受教育的机会;日益发达的搜索引擎,数字时代存在于网络上的海量信息以及方便、快捷的检索方式,使得人们更加青睐于利用网络来搜索自己所需要的信息或接受教育。数字作品在网络上的广泛传播,极大地方便了人们对信息的需求,促进了知识的传播和社会进步。同时版权人的作品以数字形式在互联网上进行传播,也使其可以获得更多的利益。无论对使用者还是权利人,这都是一件好事。然而,数字作品在网络上的传播也必须首先得到权利人的许可。如果按照传统的授权方式,一一对应地去寻找权利人并签订许可协议,不仅在实践中极其困难,而且将耗费大量的时间和金钱成本;如果不事先获得权利人的许可,则会损害版权人的利益,属于违反版权法的行为。例如备受关注的全国首例网络文学作品侵权案中,云霄阁网站未经权利人许可,擅自将来自起点中文网、幻剑书盟、91文学网和爬爬E站等文学网站的近9000部文学作品刊载在自己的网站上,虽然这使云霄阁网站一度成为访问量排名第二的中文网站,还通过网站链接广告从中获利,但是最终还是未能逃脱法律制裁的命运,莆田涵江区人民法院判决云霄阁网站负责人

有期徒刑 1 年 6 个月,并处罚金 10 万元。

  由此可见,不经过权利人的事先许可,而擅自收录、传播其作品肯定是为法律所不容的。而如果不违法,就要事先获得权利人许可。试想,获得 9000 部作品作者的事先授权,这工程是何其庞大!更何况,这与互联网传播要求的高效原则是完全背离的。因此,传统的授权模式已经极为不适应数字时代海量授权的要求。人们迫切需要寻求新的授权模式来解决这一矛盾,为信息的社会共享奠定基础。

三、资源的快速更新与版权保护时效之间的矛盾

  法律对版权规定了保护期限,超过这一期限即丧失专有权,进入公共领域。法律对版权的这种时间限制,是出于对权利人拥有的智力成本收回周期——社会利益平衡来确定的。一方面尽可能合理地让权利人收回在智力成果的完成中有形和无形的价值投入,取得相应的经济效益,鼓励人们获得版权;另一方面,不让权利人永远享有垄断权,给社会公众利用过期的尚有价值的智力成果的机会,促进全社会的科技进步和文化传播。

  在网络社会中,信息传播速度快、信息量覆盖面广。一种新的作品,只要在网上一公布,网民就可以在很短的时间内得知,极大地缩短了时间和空间的距离,甚至可以说只存在时间上微弱的差距,而全然没有了空间的距离。这就对版权保护提出了严峻挑战。一方面,网络使权利人更快地应用其权利,从而能尽快收回投资,这使立法者要考虑缩短版权的保护期限,给社会公众以更多利用其知识财产的机会。另一方面,网络社会中的知识财产被无偿利用的可能性也增加了,权利人减少了回收的使用费,这又会使立法者有足够的理由增加版权的保护期限,使权利人的利益不至于因技术的发展而受到损失。

  同时,当前信息化的迅速发展,不仅使得人们所能获取的信息总量急剧增多,也使得信息资源更新的步伐越来越快,信息的老化程度也相应加快,资源的无形损耗也大大加剧。一些有价值的信息资源可能在很短的时间内就会被淘汰,而对其版权保护却可能刚开始不久,等到版权保护期满时,原有的信息早已失去了利用价值。

  因此,数字版权时代,如何调整版权保护期限,以使其适应信息时代发展的要求,平衡创作者和使用者之间的利益,也是十分重要的问题之一。

四、资源的无国界性与版权保护的地域性之间的矛盾

众所周知,知识产权法属于本国法,具有很强的地域性特征。传统的版权保护对版权在空间上做了非常严格的规定,包括权利的产生依本国法、权利的使用(包括权利的限制)依本国法、侵权认定依本国法等。

然而,随着网络社会的不断发展以及数字版权时代的到来,版权的地域性特征与资源的无国界性之间的矛盾日益突出。一方面信息化、网络化使作品的复制和传播速度加快,数字作品的传播借助网络传播的便利条件,实现了跨地域传播的梦想。人们可以自由地在网络上的任何地方创作、发表作品,而不需考虑他到底在哪个国家或地区;另一方面,网络的开放性使得任何人在任何时间、任何地点都可以使用它来获得自己想要的信息。信息的使用和侵犯版权的行为随时随地可能在发生。版权的地域性特征又使得各国对"作品的合理使用"及"私人目的使用"等都有着各自不同的规定。这无疑给信息化条件下的侵权行为找到了最好的借口,版权的侵权也就因地域的模糊而难以确定。

资源的公共属性要求信息对每个地域的人们都是开放的,而版权保护制度的地域性却限制了资源的传播和流动,这与信息化的发展和整个人类的社会进步是相背离的,随着经济、科技和数字版权时代的到来,这种矛盾更加突出。近年来,在版权保护制度上,《伯尔尼公约》和 TRIPS 协议的实施,知识产权的地域性特征已经开始淡化。尽管由于政治、经济、文化背景和科技发展水平的不同,各国大多都根据自己的实际情况制定了相应的版权法或版权保护制度,但其法律保护内容、保护水平几近趋同,只是在程序上保持各国的司法独立。

由上述对数字版权保护面临问题的分析可以看出,无论是数字版权保护的时间问题、地域问题、授权问题还是资源共享问题,其核心都归结于利益平衡问题。网络环境的开放性、交互性和不受时间地域限制的特点,使得版权人和使用者之间的利益平衡关系被打破,侵权盗版问题屡禁不止;数字图书馆、远程教学等公共事业的飞速发展,向既有授权模式下的权利人和使用者之间的版权平衡关系发起了冲击;技术措施的兴起和发展,使得版权法既有的合理使用调解功能逐渐减弱……

如何能够在新的条件下重新建立起新的利益平衡关系,以促进版权业和互联网产业的共同发展,是构建数字版权保护体系的核心问题。

五、数字版权保护中利益失衡问题实例考察

案例名称:482名硕博士论文侵权案

案情介绍:2008年6月8日,482名硕博士陆续将万方数据公司告上法庭,称其独立创作完成尚未公开发表的硕博士学位论文被万方数据公司擅自以扫描录入的方式制作成电子版本,并收录在其制作的"万方数据资源系统"中的"中国学位论文全文数据库"内,通过向全国各高等院校图书馆及其他图书馆出售"万方数据资源系统"的方式,在网站上提供浏览、下载等服务,牟取高额利润。482名硕博士认为,万方数据公司以营利为目的,非法发表、复制、公开并传播、销售其论文的行为,侵犯了其著作权并提起诉讼,要求万方数据公司在媒体及网站上公开致歉,并赔偿经济损失、精神损害抚恤金及律师、公证费用等支出。

案情分析:万方数据公司在庭审中辩称,根据国务院学委会《关于寄送博士和硕士学位论文的通知》,中国科学技术信息研究所是国家法定的学位论文收藏和服务机构,有权对学校论文授予单位寄送的论文进行文献库的开发建设,是履行国家法定职责的行为。同时,其中324名硕博士已授权毕业院校享有处置其论文的相关权利,而院校也曾分别与中国科学技术信息研究所签署过协议,并授权其将论文收入数据库。此外,万方数据公司还指出,"中国学位论文全文数据库"的服务对象仅限于国家图书馆以及高等院校图书馆等用户,并非服务社会公众,其目的在于促进科研成果在有限的科研学术群体范围内交流使用,具有一定的公益性质。

法庭审理:北京市朝阳区人民法院经审理认为,对未签署过授权声明、毕业院校也未曾授权中国科学技术信息研究所使用论文的158名硕博士的论文,万方数据公司的使用已经超出了合理使用的范围。万方数据公司未经许可、未支付报酬的情况下,将论文收录在数据库中,并通过图书馆向用户提供,侵犯了作者的著作权。而对于万方数据公司未曾进行商业销售的抗辩,则因在其自己制作的宣传资料中显示其进行了销售行为而予以驳回。对于曾签署授权声明或其毕业院校曾授权中国科学技术信息研究所使用的324名硕博士的论文,因其中206名硕博士的授权存在瑕疵,而判定万方数据公司的行为构成侵权。

最终法院一审判决,万方数据公司立即停止收录论文,在万方网站刊登连续24小时的致歉声明,并赔偿364名硕博士2300元到5100元不等的经济损失。而另外118名硕博士则因曾将论文的相关权利较为完整地授权给毕业院校而被判驳回。

利益失衡表现：首先，资源的共享与著作权专有性之间的矛盾体现十分明显。万方数据公司收录482名硕博士的学位论文，从信息共享角度和数字图书馆的角度，对促进知识的广泛传播和社会资源的共享是有益的，也有利于硕博士论文发挥更大的创新价值。然而，著作权的专有性决定了只有权利人自己才有权决定如何处置自己作品，并有权对此要求一定的经济补偿。因此，信息资源的共享与著作权的专有性质之间产生了矛盾，导致了本案的发生。

其次，数字版权要求的海量授权与现行的授权许可方式之间产生了冲突。由案情分析可以看出，要想做到对482名硕博士论文的合法收录，就必须一一征求作者同意，并且签署书面协议。虽然这一过程可能由毕业院校或者中国科学技术信息研究所协助完成，然而这种授权增加了很多中间环节，操作起来比较复杂，与庞大的论文作者一一签署协议，也并非短期内就能够完成的工程，需要花费很多的时间和精力，这样做的最终结果很可能背离了万方数据库收录论文的初衷。

由此可见，无论是在理论还是在实践上，数字版权保护问题都是关系整个数字版权产业发展的重要问题，只有做到有效的数字版权保护，重新建立数字版权环境下的利益平衡关系，整个数字版权产业才能健康发展。

第三节 数字版权保护的中外应对

针对数字版权的诸多新特点及其带来的新问题，国际组织和世界各国都对既有的传统版权保护法律制度进行了丰富或扩展，以应对数字版权的新变化。

一、世界知识产权组织的应对

从1961年的《保护表演者、唱片录制者和广播组织公约》（简称《罗马公约》）到后来的《世界版权公约》（1971年修订）和《保护文学艺术作品伯尔尼公约》（简称《伯尔尼公约》，1979年修订），国际著作权保护体系正在日趋完善和成熟。各主要国家目前也都是《伯尔尼公约》和《世界版权公约》的成员国。然而，随着计算机技术的发展和互联网的普及，传统的版权保护国际公约的规定已难以满足在新技术条件下对权利人保护的需要。版权国际公约最重要的《伯尔尼公约》规定的"以广播或其他无线电以及有线电方式向公众传播"与互联网上的传播方式有着非常明显的区别。因为,广播等传播方式是单向的,公众属于被动接收,而在互联网传输中公众是自主地到网络上访问或下载某作品,并且可以自己选择时间、地点,这种传播方式是双向的、交互的,因此《伯尔尼公约》的相关规定不能涵盖这种新的方式。

在这一背景下,20世纪80年代末,国际社会逐渐认识到需要尽快制定有约束力的新著作权保护规则来应对新技术的挑战。于是,从1989年开始,世界知识产权组织经过七年的磋商,于1996年12月20日通过了《世界知识产权组织版权条约》(WCT)和《世界知识产权组织表演和录音制品条约》(WPPT)。WCT在序言中明确指出该协议是为了"承认信息与通信技术的发展和交汇对文学和艺术作品的创作和使用的深刻影响","承认有必要按《伯尔尼公约》所反映的保持作者的权利与广大公众的利益尤其是教育、研究和获得信息的利益之间的平衡"而达成的。由此可见,制定WCT的目的就是为了在信息技术和通讯技术领域,特别是在互联网领域更充分保护版权人的利益,从而重新建立创作者、传播者以及使用者三者之间的利益平衡关系。该条约分别在第四条和第五条增加了对新技术条件下产生的计算机程序以及数据库的版权保护条款,同时在第八条增加了"向公众传播的权利"一条,条约规定,在不损害《伯尔尼公约》相关规定的条件下,"文学和艺术作品的作者应享有专有权,以授权将其作品以有线或无线方式向公众传播,包括将其作品向公众提供,使公众中的成员在其个人选定的地点和时间可获得这些作品"的权利。同样,WPPT也是在承认了信息和通信技术的发展对表演和录音制品的深刻影响基础上制定的。在条约的第十条和第十四条以及第十五条第(4)款中都规定了表演者和录音制品制作者享有的使公众中的成员在其个人选择的地点和时间获得已固定的表演或录音制品的权利,并依法对此享有获酬权。

WCT和WPPT的上述规定所提到的"使公众中的成员在个人选定的地点和时间获得作品"的传播方式则涵盖了交互性的互联网传播。这两个国际条约的颁布,对互联网技术对著作权保护制度的冲击做出了有效的回应,承认了在互联网上向公众提供作品的权利归作者享有,但是它只是勾勒了这种新权利的轮廓,并没有限定具体的保护方式和权利内容,为各成员国根据自己的实际情况制定相应的国内法提供了重要的理论依据,为其留有足够的空间。

二、美国的数字版权保护应对

美国是电子信息产业最为发达的大国,国际互联网的雏形便发端于美国,它也一直是网络技术最先进的国家。正因为如此,美国由数字版权引起的纠纷也较多、较早,这使得美国法学界很早就开始讨论如何保护数字版权的问题。20世纪90年代初,美国接连出现了几起因作品被擅自上载到互联网的电子公告板系统或电子邮件新闻组上供公众随意访问而引起的版权纠纷,引起了人们对版权人的网络传播权的关注,使得数字版权的保护问题提上了议事日程。

1. 1995年白皮书

为了推动信息技术在美国的发展和应用,美国于1993年成立了信息基础设施工作机构(IITF)。在广泛征询各方意见后,该机构于1995年9月公布了信息基础设施工作机构知识产权工作组的报告——知识产权和国家信息基础设施,即通称的"白皮书"。

"白皮书"正文分为四部分:法律、技术、教育和建议。附录包括:立法建议、法律修订稿及参加机构。"白皮书"第四部分"建议"是全报告的关键部分,是工作小组经过前三部分广泛的讨论及深入的分析后得出的最后结论。它体现了美国政府对网络环境下版权法修改的最具代表性的、权威的意见。

(1)"隐含式网络传播权"

"白皮书"以"隐含"的方式将信息网络传播权纳入其原有的版权保护体系之中。它在分析了美国版权法的有关规定后,得出结论:在网络环境下,美国的版权法可以不需要做大的修改,只需要稍作澄清和调整即可。"白皮书"认为,没有必要就作品在网络上的传播再另外规定一种新的权利,版权人现有的公开表演权、公开展示权就足以覆盖这种新的传播方式。因为在美国,这两项权利覆盖的范围是相当广泛的,不仅包括直接意义上的表演和展示,而且包括借助任何装置和过程实现的表演和展示。"白皮书"认为,只要将原有法律中的发行权和向公众传播的权利(公开表演权、公开展示权)结合起来,就足以覆盖各类传播行为。这不仅体现了美国对新兴数字版权的认识,也说明美国的版权法具有很好的前瞻性和包容性,为其他各国修改自己的版权法提供了很好的借鉴模式。

(2)对复制权的扩充

笔者在第一章中分析数字版权的新特点时曾经指出,在数字版权传输过程中会形成诸多的临时复制文件。如何确定这些临时复制行为的性质?它们究竟是否应该纳入版权法规定的"复制权"的范畴?美国1995年"白皮书"给出了自己的解释。"白皮书"注意到,复制在计算机网络的传输中是广泛存在且不可避免的,因为只有当文件被"复制"进用户计算机的内存,才能被其他用户所访问。

同时,"白皮书"又认为,这种临时复制都应当属于版权法意义上的复制,因为根据美国当时的版权法,材料只要进入了计算机的内存就足以借助机器和装置被观看、复制或传播。这种说法固然强调了版权人拥有"广义"上的复制权,是从维护版权人的利益出发的,但是这也从不同程度上阻碍了信息在网络社会中的传播。"白皮书"公布后,便引发了许多有网络服务提供者牵连进来的版权纠纷案件。

2. 1998年数字千年版权法

美国依照《世界知识产权组织版权条约》与《世界知识产权组织表演和录音制品条约》的精神,修订原有的相关著作权法,于1998年颁布了《数字千年版权法案》(简称DMCA),其旨在强化网络环境下对数字作品及其传播的保护。

(1) 扩大合理使用的范围

DMCA将图书馆合理使用规定修正为:允许以数字方式准备作品的三份复制件,但同时规定:任何时间不能使用一份以上复制件,其余的复制件留作备用;对已出版作品的复制件不再强制使用版权标记;授权可以为保存目的制作数字复制本。

美国是世界上图书馆事业最兴旺发达的国家,其计算机化、网络化程度也最高。美国图书馆的三大网络已由局域网发展成国际网,能实现联机编目、合作采访、联机检索、馆际互借等功能。因此,美国尤其重视保护图书馆(实质是公众)在互联网传播环境下的利益。DMCA规定"准备三份复制件"可以确保作品在计算机网络中的安全,避免了计算机及网络突然瘫痪可能造成的巨大损失;授予数字式复制件的制作权意味着图书馆中大量以纸质、胶片等载体形态典藏的仍在版权保护期内的作品,可以制作成数字式文本保存,从而公众对作品的利用也更加便捷。上述所有复制行为由版权法授权图书馆,版权人无权干涉。

图书馆是人类知识的宝库。一方面,它承担着典藏人类科学文化知识信息的作用;另一方面,它又具有系统地提供最新文献信息的功能。在网络环境下,图书馆这种职能不但不能削弱,还应加强。DMCA认为,图书馆合理使用版权作品是版权法维持版权所有人权利与使用者合理需求之间平衡的最明显的表现。对图书馆的合理使用给予较高的保护水平,是美国版权法的特色之一。

(2) 对网上版权侵权的限制

针对"白皮书"对复制权理解的扩充,美国传统已经将临时复制纳入复制权的范畴中,这样的解释虽然为美国采取"隐含式"方式将网络传播权纳入版权法保护体系中提供了依据,但是同时也打击了网络服务提供商的积极性。鉴于此,DMCA 在版权法中增加了新 512 条,规定了 4 种对网络服务商网上版权侵权责任的限制。这些限制是基于网络服务商的下列 4 种行为:

a. 暂时传播:服务商的行为仅限于这种情况,即服务商仅是作为在他人要求下,从网络上的一个点到另一个点传输数字信息的管道。这一限定包括传输、引导或提供信息链接的行为,以及在网络运行过程中自动产生的,中间和暂时性的复制。

b. 系统缓存:第 512(b)对网络服务商在有限期内保存材料复制件的行为所应承担的责任规定了限制。这些材料是由他人而不是服务商提供到网上,并在其指示下传输给用户。服务商保存这些材料,以便通过信息传输保存的复制件来满足后续的对相同材料的需求,而不需要再从网上原资料中重新取得。

c. 根据用户批示在系统或网络中存储信息:512 条(c)对服务商对其系统上的网址(或其他信息储存库)载有侵权材料的责任规定了限制。该限制适用于在用户指示下的存储。

d. 信息搜索工具:512 条(d)是关于超级链接、网上索引、搜索引擎及类似问题的规定。它对通过信息搜索工具,将用户引向或链接到侵权材料网址的行为所应承担的责任做出了限制,前提是要符合以下条件:

——服务商必须不具备能够认识到材料是侵权所必需的知识水平。该认知标准与对在系统或网络中保存信息的限制所适用的标准相同。

——如果服务商有权或有能力控制侵权行为,该服务商必须没有直接从侵权行为中得到经济利益。

——在接到侵权声明告知书后,服务商必须迅速撤下或阻挡材料的访问入口。

这些适用条件同样也适用于前三种限制。

DMCA 针对网络服务商的责任及其限制规定的四道"安全港",妥善地解决了在线服务提供者与版权人的关系,既严格地保护了版权人的利益,又合理地规定了在线服务提供者的责任范围,使网络服务业能在新的法律环境下蓬勃发展。[1]

---

[1] 苏哲:《美国互联网版权保护制度评析》,《天津大学学报(哲学社会科学版)》2002 年 12 月。

(3) 版权管理信息(CMI)的释义及保护CMI的范围

版权管理信息，又称权利管理信息，是有关作品名称、版权保护期、版权人、作品使用条件和要求的信息，可以随着作品在网上的传输而显示出来，向他人表明作品目前的法律状态和使用的条件或要求。这些信息对于权利人实现其经济利益来说是非常重要的。DMCA的1202条将CMI定义为关于作品、作者、版权所有者，以及在某些情况下，表演者、作品的编剧或导演的身份信息，还包括使用作品的期限和条件、版权局在其规定中可能描述的信息等。

DMCA第1202条规定了CMI的保护范围：一是关于错误的CMI，禁止在明知情况下通过因特网提供或散播错误的CMI，以诱使、促成、便利或包庇侵权；一是关于去除或改变CMI，禁止未经许可对CMI故意去除或改变，以及明知该CMI已被未经许可地去除或改变而对CMI或作品复制件进行散播。该条还对违反上述规定、为获取商业利益或个人财富之目的而故意违反1201条或1202条、构成刑事犯罪的行为做出了明确的处罚措施。但对非营利性的图书馆、档案馆和教育机构则完全免除刑事责任。

在数字版权时代，版权管理信息有着较印刷版权时代更为重要的意义。因为在印刷版权时代，对版权管理信息的篡改可能还比较困难，需要一本本将印刷介质上的信息进行修改，而在数字版权时代，对这一信息的篡改就极为容易，而且可以不留痕迹，如此一来就会给权利人带来很大的损失。美国DMCA对这一问题，有着自己独特的视角，它更多的是从考虑如何方便作品使用的目的出发来制定版权管理信息的保护条款。他们认为，强调对版权管理信息的保护，并不仅仅是为了维护权利人的精神权利，如署名权、修改权等，更重要的是如果有人恶意删除或修改了版权管理信息，那么将会对下一个使用该作品的人造成极大的困扰，对其寻找正确的授权路径产生很多障碍，进而影响作品的正常使用。出于这一考虑，美国DMCA对版权管理信息的保护提出了"禁止提供和传播虚假版权管理信息"的规定，使得美国版权管理信息的保护除了不得更改、删除版权管理信息之外，又多了一个方面，值得我们学习和借鉴。

三、欧盟的数字版权保护应对

《欧盟议会和欧盟理事会关于协调信息社会中著作权和相关权若干方面的第2001/29/EC号指令》(简称《信息社会版权与相关权指令》，以下称《指令》)于2001年5月22日通过。它标志着面对数字网络环境给信息社会带来的挑战，欧盟经过数年的征询和讨论得出了结论，同时这也是欧盟响应WIPO两个国际公约号召的最终体现。

1. 向公众传播作品的权利

与美国版权法的"隐含式"处理方式不同,欧盟采取了"新增式"的方法,《指令》第三条规定了"向公众传播作品的权利",来协调各成员国对网络传播的立场。很显然,这一说法是依据世界知识产权组织两个国际条约的说法而提出的。对这一权利的定义也是按照两个国际公约的说法来约定的。由此可见,欧盟解决网络传播问题的方法是在不改变现有传播权设置的前提下,再针对网络传播增加一种传播权。

2. 对临时复制的例外限制条款

在对"复制权"问题的认识上,欧盟与美国的观点基本一致,即无论是直接复制、间接复制、临时还是永久性的复制行为,都纳入到复制权的范畴。与此同时,《指令》第五条第一款又对临时复制条款做了例外限制,《指令》规定:临时复制行为,如果是短暂的或偶然的以及是技术过程中必要的不可分割的组成部分,其唯一目的是(a)使作品或其他客体在网络中通过中间服务商在第三方之间传输成为可能,或(b)为了使作品或其他客体的合法使用成为可能,并且该行为没有独立的经济意义,则可以对其进行免责。

《指令》的这一规定,与美国《数字千年保护法》中规定的对网上侵权的限定条款有着异曲同工之处。

3. 对个人使用的例外限制条款

除了响应 WIPO 两个国际公约的号召,《指令》的另外一个目的便是解决欧盟著作权法中对于权利限制的不确定性。欧盟委员会认为,如果不统一这些免责事项以及这些事项适用的条件,各个成员国很可能会出现大量不同的权利限制和免责事项,从而使得著作权的适用标准出现很大差异。这一任务的讨论和执行也是一个非常漫长的过程,其间存在着很大争议。从 1997 年做出起草《指令》的建议到 2001 年通过《指令》的最终文本,权利限制的内容从 7 项发展到 23 项。《指令》第五条"例外与限制"部分,用了五个条款,特别对 23 种情况做了限制情况的说明,其中比较有借鉴意义的即对个人使用例外的限制条款。

《指令》第五条第二款中指出,在特定情况下,成员国可以就复制权规定例外或限制条款,其中第二条是就自然人以私人使用为目的将作品复制在自制的媒介上的情况。由此,欧盟各成员国在适用于个人复制例外时,对被复制作品是否应当是使用者享有合法访问权或者合法获得的,各国做出了较为明确的规定。

例如,芬兰的法律中明确规定,被复制作品的来源必须合法,在芬兰非法下载被明文禁止。根据芬兰的法律,用于进行私人复制的作品复制件不能是先前未经作者授权而制作或传播的。同样,挪威也规定被复制的作品复制件不能是通过侵权行为而制作的。在德国,被复制的作品复制件必须不能"明显非法",而是否"明显非法"则要以一般用户的视角来判断。此外,法律还具体规定,根据个人复制例外而制作的作品复制件不能用来进一步发行和提供。

由此可见,欧盟国家的版权保护水平还是比较高的,其公民的版权保护意识也比我国高出许多。上述的对个人使用的限制和例外条款,使侵权、盗版等行为从源头处便得到了有效控制。这给我们一个很好的启示:要想真正解决版权保护问题,除了加大对侵权盗版者的打击力度外,还应加强版权法的普法工作,使更多的人了解版权法,然后才能够遵守版权法,依法加强对合法作品的版权保护。

四、我国的数字版权保护应对

1.《中华人民共和国著作权法》(以下简称《著作权法》)

面对数字和网络传播技术给版权保护带来的新挑战以及加入WTO的需要,我国于2001年10月27日修订了《著作权法》。借鉴世界知识产权组织、美国和欧盟等各国和地区的立法经验,修订后的《著作权法》主要增加了以下几项内容:

(1)明确增加"信息网络传播权"条款

由于我国的著作权法并不像美国那样具有较大的弹性,很难以"隐含"的方式将网络传播权利纳入版权保护法律之中,因此借鉴了欧盟的"新增式"的做法:修订后的《著作权法》第十条第十二款明确规定著作权人享有信息网络传播权,在对该权利的解释上,也完全参照了两个国际版权公约的规定。明确将"信息网络传播权"写入我国《著作权法》,一方面说明信息网络技术的发展给著作权保护带来了深远的影响,另一方面也表明了我国政府开展数字版权保护的决心。

(2)增加对权利管理电子信息的规定

美国和欧盟都将权利信息管理的规定写入版权法当中。我国也借鉴了这些发达国家的经验,在修订后的《著作权法》第四十七条第七款中规定:"未经著作权人或者与著作权人有关的权利人许可,故意删除或改变作品、录音录像制品等的权利管理电子信息"的,应依法受到相应的处罚。但是,与美国的数字千年版权法不同,我国《著作权法》对权利管理电子信息的规定一笔带过,再没有更加详细的规定,对其处罚规定更是含义模糊,只是说"相应的处罚",而没有具体的措施或者判罚量的指导,对图书馆等也没有免责条款。因此笔者认为,在这一方面,我国著作权法还有待于完善。

2. 《信息网络传播权保护条例》

2006年5月10日,国务院讨论并通过了《信息网络传播权保护条例》(以下简称《条例》),自2006年7月1日起施行。该条例对信息网络传播权的权利保护、权利限制等做了规定,并规定了明确的法律责任。这一行政法规的出台,是对我国初步建立的网络环境下著作权保护制度的延承和发展。

(1) 关于图书馆的合理使用问题

《条例》第七条规定"图书馆、档案馆、纪念馆、博物馆、美术馆等可以不经著作权人许可,通过信息网络向本馆馆舍内服务对象提供本馆收藏的合法出版的数字作品和依法为陈列或者保存版本的需要以数字化形式复制的作品,不向其支付报酬,但不得直接或者间接获得经济利益",并将陈列或者保存版本需要以数字化形式复制的作品定义为"已经损毁或者濒临损毁、丢失或者失窃,或者其存储格式已经过时,并且在市场上无法购买或者只能以明显高于标定的价格购买的作品"。与美国版权法相比,同样都是授予了图书馆合理使用权,同样都将使用范围限制在馆内,但《条例》对可用于合理使用的作品范围做了严格的限制,而美国则适用于所有馆藏作品。

(2) 关于"避风港"原则

1998年美国《数字千年版权法》规定,对临时性信息网络传输、系统缓存根据用户指定存放在系统中的信息、信息定位工具等情形,免于承担侵权责任。欧盟《信息社会版权与相关权指令》中的对临时复制等行为的权利例外限制,都为我国建立"避风港"原则提供了很好的范例。《条例》对网络服务提供者提供服务也规定了四种免除赔偿责任的情形:一是网络服务提供者提供自动接入服务、自动传输服务的,只要按照服务对象的指令提供服务,不对传输的作品进行修改,不向规定对象以外的人传输作品,不承担赔偿责任;二是网络服务提供者为了提高网络传输效率自动存储信息向服务对象提供的,只要不改变存储的作品、不影响提供该作品网站对使用该作品的监控,并根据该网站对作品的处置而做相应的处置,不承担赔偿责任;三是网络服务提供者向服务对象提供信息存储空间服务的,只要标明有关事项、不改变存储的作品、不明知或者应知存储的作品侵权、没有从侵权行为中直接获得利益、接到权利人通知书后立即删除侵权作品,不承担赔偿责任;四是网络服务提供者提供搜索、链接服务的,在接到权利人通知书后立即断开与侵权作品的链接,不承担赔偿责任。但如果明知或者应知其所链接的作品、表演、录音录像制品侵权仍予以链接的,应承担共同侵权责任。

避风港原则合理地分担了产业链各环节的责任和风险,是国外互联网产业得以迅速发展的重要法律保障。在滞后了多年后,《条例》中终于补上了这一课。

除了上述两个对数字版权保护影响最为重大和直接的法规外,我国还于2007年6月9日,正式加入两个"互联网公约",标志着我国的版权保护水平与国际接轨。

近年来,我国不断完善著作权立法,包括《著作权集体管理条例》以及《中华人民共和国著作权法实施条例》等,已经初步形成了著作权法律体系。目前我国现行的与著作权相关的法律、法规的具体情况见表7-1:

表7-1 国内现行著作权相关法律、法规一览表

法律、法规	时间
世界知识产权组织版权条约	2006年12月9日生效
世界知识产权组织表演和录音制品条约	2006年12月9日生效
信息网络传播权保护条例	2006年7月1日实施
著作权集体管理条例	2005年3月1日实施
中华人民共和国著作权法实施条例	2002年9月15日修订
中华人民共和国著作权法	2001年10月27日修订 2010年2月26日第二次修订
计算机软件保护条例	2002年1月1日生效
最高人民法院关于审理涉及计算机网络著作权纠纷案件适用法律若干问题的解释	2006年11月20日修订
最高人民法院关于审理著作权民事纠纷案件适用法律若干问题的解释	2002年10月12日颁布

综上所述,面对数字传播技术和互联网技术给版权保护带来的挑战,世界各主要国家的版权保护法律体系都做出了新的应对,其主旨都是为了在保护权利人利益的基础之上鼓励知识的社会传播和信息共享,从而适应信息社会总的发展趋势。在这一原则指导下,各国都根据自己的情况增加或纳入了权利人的信

息网络传播权，但同时又通过扩大合理使用范围以及其他诸如建立"避风港"原则及强制许可等方法，来免除数字图书馆、远程教育及网络服务提供商等的责任，使得权利人、传播者与受传者重新建立起利益平衡关系。发达国家也为我国的数字版权立法提供了很好的借鉴经验。完善立法，是加强数字版权保护的先决条件，却不是唯一的途径。要想真正解决数字版权保护问题，就必须在立法、产业及技术三个层面共同采取措施，建立并形成法律、市场和技术三位一体的数字版权保护体系，这样才能促进我国数字版权产业健康发展。

第四节 解决数字版权保护主要问题的措施和建议

数字和网络技术为数字出版业带来了新的发展契机，为数字出版业勾画了崭新的蓝图，然而与此同时，也为数字版权保护带来了巨大的挑战。在侵权盗版行为屡禁不止的今天，如何处理好数字出版的迅猛发展与数字版权保护之间的关系？如何使数字版权保护能够在保护好权利人合法权利的同时，更快更好地促进数字版权产业的发展？要解决好这一问题，建立全方位的版权保护体系，重新平衡权利人、传播者和使用者之间的利益关系，需要从法律、市场和技术三个方面入手，建立稳定健全的版权保护机制。

一、法律层面——对修改著作权法相关立法的建议

版权利益平衡是以权利义务的合理配置为基础的。若要使这种权利义务的配置有效实现，就须将该配置方式上升到法律高度。这也是制定著作权法的宗旨——通过有关制度的规定使著作权人的收益得以保障，也促使社会利益得到最大限度的满足。著作权法就是在调节和平衡著作权各方主体利益的宗旨下制定的规则，并将这些规则运用于生活中来规范和调整著作权各方主体的具体行为，以求达到立法的目的，即调节和平衡著作权各方主体的利益关系。

在著作权立法方面，我国已经做出了很大的努力，并且表现出了加强数字版权保护的决心。然而同时我们看到，与发达国家相比，我国的著作权立法还存在一些问题，尤其是采用列举的方法来规定合理使用的范围，不适合司法实践的灵活性。现实生活中使用作品的情形千差万别，合理与否必须针对具体事实做出判断，是很难列举穷尽的，应该有一个判断的标准和原则。此外，在司法角度，比如侵权判赔的标准问题等，其标准规定过于陈旧，不能适应数字版权时代发展的

新要求，给出大的方向而未能在一些具体问题上做到进一步细化，给著作权的司法环节带来一定困难，这无疑是我国著作权法立法的一个缺陷。为此，笔者提出如下完善我国著作权法的建议：

1. 增加权利保护种类

从著作权发展的历史我们可以看出，每一次新技术的变革，都会带来新的作品形式，继而产生新的权利种类。我国修改后的著作权法也增加了信息网络传播权等权利内容，这反映了新技术的要求。然而，"信息网络传播权"并不能覆盖网络传播过程中的一切活动。比如，随着时代的发展，由搜索引擎的广泛使用带来的数字版权保护问题日益突出。例如，像百度这样的搜索引擎服务商，在提供搜索引擎服务的同时，它还提供了网页快照服务。在搜索结果中，如果点击"网页快照"，即使原来的网页已经不存在，用户仍然可以浏览到搜索的网页。网页快照服务是利用搜索引擎技术，使搜索引擎在抓取网页的过程中，自动将该网页的HTML编码备份到服务器中，在用户点击相应"网页快照"后，即可访问存储在该服务器中的网页。但问题是，网页快照的这种服务是否属于《信息网络传播权保护条例》第二十一条规定的缓存？笔者认为，针对这一问题，可以借鉴美国版权立法时遵循的"大圆圈套小方块"的原则，即让复制权涵盖面极大（即大圆圈）以确立范围非常广泛的复制权，然后，根据需要剔出一些行为作为保护的例外（即小方块）。这种立法模式完全可以适用到我国的网络传播权立法模式中去，不仅可以将上述网页快照的问题作为一种"小方块"加以例外保护，还能应网络发展之需，根据网络产业发展特点，将今后可能发生例外的"小方块"逐渐纳入著作权保护体系之中，使著作权法具有极强的包容性。

再比如，搜索引擎在为不同用户提供不同风格的服务时，经常会对信息进行整理、分类，例如音乐板块的"歌曲TOP500"等歌曲排行榜信息，用户在使用时不是通过自己的搜索而得到类似的结果，而是直接点击搜索引擎给出的既有分类，便可轻易得到。而上述过程中如果发生侵权行为，是否能够证明搜索引擎服务商怠于尽到合理注意义务、放任侵权结果的发生，继而据此认定其具有主观过错？对此类问题，在我国现行的著作权法保护体系之中都找不到现成的法律依据，需要我们根据相关的规定来做出推测和揣摩，这就对司法的公平和公正性提出了巨大考验。因此，笔者认为，在对待此类问题时，著作权法应该做出明确的规定。比如，对待如何判定是否属于传播者（搜索引擎）的合理注意义务问题，可以明确列出哪些行为属于传播者合理注意义务的范围，比如考察提供作品的真实性问题,考察作品来源是否符合规定问题,是否依法签署了授权协议问题等等,使得传播者能够更加明确自己的责任和义务,从而在一定程度上改变传播者遇到著作权纠纷时的被动状态。而在当下,只要发生著作权纠纷问题,传播者(出版商、搜索引擎等)都会承担相应的连带责任,"合理注意义务"中的"合理"二字在司法实践中似乎成为一种空谈,无论传播者是否尽到了合理注意义务,最终都难逃赔偿的命运。这也在很大程度上打击了传播者的积极性,不利于整个产业的健康发展。因此,建议从著作权立法层面,对这一问题再进一步细化,使其在司法过程中,起到更好的指导作用。

2. 合理规划权利的例外与限制——重新审视合理使用的原则

权利限制和例外是著作权法的重要组成部分,在这一制度框架内,立法者对创作作品所产生的利益按照平等原则、贡献原则做出分配,赋予作者对其创作享有专有权,同时在一定条件下,无须作者同意允许社会使用作品。这样,著作权法在授予作者独占权时,已经考虑到双方利益的平衡,同时也决定了这种利益分配格局所确定的秩序是"当为"的规范,不允许以任意行为加以改变。在数字环境下,数据库、数字图书馆、远程教育等新兴传播方式的出现,为了重新平衡权利人和使用者之间的利益,立法者也不得不重新考虑这一问题。

我国《宪法》第四十七条规定公民有科研自由、文艺创作自由和文化活动的自由,以公民基本权利的形式来表达这一人权的基本内容。这也成为著作权法制定权利限制条款的法律依据,即公民享有的文化教育权这一基本权利。文化教育权,是人人享有参加社会的文化活动、享有艺术和分享科学进步及其产生的福利的权利,同时人人对自己所创作的科学、文学或艺术作品而产生的精神和物质利益,享有受保护的权利。文化教育权两个方面的内容前者成为宪法规定的公民的基本权利,后者成为著作权法加以具体化的法定权利及其限制性条件。著作权法确认并保护作者对作品的专有权,同时承认作者专有权的某些限制,允许个人使用者、图书馆、学校等机构自由使用某些作品,在法律层面上完整体现了文化教育权所包括两个方面的内容。公民文化教育权对著作权的限制属于权利互相之间的限制,这种限制权利的理由来自于权利本身,其精神实质是,限制权利的目的是为了实现权利。

有鉴于此,各国在制定著作权法时,都规定了"权利的例外与限制条款",其最常见的形式是对"合理使用"的规定。我国在对著作权行使的例外以及限制方面还有可以进一步完善之处,通过我们对美国及欧盟有关条款的分析借鉴,对完善我国著作权法在合理使用原则方面,笔者提出如下的意见和建议。

《伯尔尼公约》和TRIPS协议对合理使用的原则做出了如下表述:(1)权利的限制和例外是就一定的特例而做出的;(2)不与作品的正常使用冲突;(3)不应不合理的损害权利人的合法权益。WCT和WPPT不仅重复了这个原则,而且声明成员国可以将有关的限制和例外运用到数字化和网络的环境中。

我国著作权法对传统作品的合理使用采取了列举的方式,第二十二条列举了合理使用的12种情况。这些有关合理使用的规定,原则上同样对网络传输的作品适用。但因网络传输作品的一些特殊情况,还扩大了合理使用的范围。这些新的情况如:个人浏览时在硬盘或RAM中的复制;用户脱线浏览器下载;下载后以阅读为目的的打印行为;网站定期制作备份;服务器间传输所产生的复制及系统自动产生的复制;网络远程教育中有关课堂教学的浏览行为;图书馆电子版本的馆藏复制等等。同时,随着技术的不断进步,还会出现许多类似的新情况。因此,笔者认为鉴于网络作品形式的多样性、使用方式的先进性以及网络技术的超前性,采用罗列的方式很难穷尽,所以应当先确定网络作品"合理使用"的基本判断标准,然后对网络环境下的主要使用方式(如自由使用、网络编辑、网络复制)做出合理的界定,最后适当列举合理使用的例外。

综合美国和欧盟在"合理使用"方面的规定,可以得出衡量合理使用的原则主要包括以下几个方面。

(1)使用的目的及其性质。如是为商业营利还是为个人学习研究、公共中使用的图书馆为收藏而复制等。总之,使用目的必须正当,不能借合理使用之名行剽窃之实。

(2)作品的性质。由于与公共利益的关系密切程度不一样,对不同的作品合理使用有不同的要求,如是小说还是新闻或是法律文件等。

(3)对经济价值的影响。相对于使用目的而言,对经济价值的影响属于客观范畴,比较好判断。而在这点上,美国法官则更为强调,他们甚至认为这是判断合理使用唯一重要的因素。他们认为,不管使用者是否取得了实质性的利益,只要给权利人造成了实质性的"市场损害",就不属于合理使用。

(4)作品使用的方式和数量限制。第一,大量引用原作应视为侵权。一般来说,在作品中少量使用原作片断被视为合理使用,但大量引用原作不能视为合理使用。第二,不得照搬原作的精华部分。一般来说,作品的精华部分更能体现文章的独创性特点,对精华部分的保护应优先于其他部分,这是由著作权法鼓励创造性劳动之立法目的决定的。在这点上,美国相关立法为我们提供了很好的借鉴经验。

在美国,除了官方的正式立法之外,美国版权法修正教学机构及组织个案委员会、美国版权人联盟以及美国出版商协会曾共同签订过一个"关于书籍作品和期刊作品部分之非营利教学机构为教学使用而进行复制行为的准则协议",是一份实践中的自律性准则。该准则协议主要包括三项内容:① 可以供教师使用的单份复制行为。② 可以供教学使用的多数复制行为。③ 对上述两个部分的禁止性规定。更难能可贵的是,在该准则协议中,也对许多关键的语词准则做了极为精细的解释:"简短"是指,诗歌全长不得超过 250 字;散文全长不得超过 2500 字;还有对图解、特殊作品等的解释。可见,美国教育界和法学界以及其他相关机构经过认真合作和研讨所形成的对传统版权法的补充法案还是比较切合网络教学的特点,实现了在教学领域对合理使用制度的良好修正,并具有可操作性,对我国数字版权保护立法有一定的借鉴价值。

因此,笔者认为,判定是否为合理使用时应遵循上述四个原则,只有四个原则综合考量,并且在立法过程中对使用的具体情况加以量化,才能确保法律的可操作性,既能给法官在判决过程中提供具体的指导,又能使使用者在使用他人作品时,自己便已心中有数,主动防范侵权行为的发生。

3. 与时俱进——制定新的赔偿标准

我国著作权法规定,对著作权侵权行为侵权者必须承担"停止侵害、消除影响、赔礼道歉、赔偿损失"等民事责任,而在实际操作中,最为关键的常常是"赔偿损失"项目的确定。无论是庭外和解或是法庭依法判决,赔偿数额的确定都是权利人和侵权人共同关心的核心问题。而目前,我国著作权法虽然赋予了法官 50 万元以下的侵权赔偿的自由裁量权,但很少有法官在裁判侵权案件时采取惩罚性赔偿额度的做法,多数依据的是侵权人的侵权所得或者侵权行为给权利人带来的侵害,而在决定赔偿标准时,参照的多是 1999 年颁布施行的《出版文字作品报酬规定》。按照这一规定,原创文字作品的稿酬一般为 30—100 元/千字。同时,我国《最高人民法院关于审理著作权民事纠纷案件适用法律问题若干问题的解释》中又规定,赔偿额一般为规定稿酬的 2—5 倍,如此算来,创作者能够拿到的赔偿额为 60—500 元/千字。而在实际案例中,由于著作权属于私权,如果权利人不主张权利、不起诉,法院就无法追究侵权人的责任。而假如权利人提起诉讼,一方面诉讼程序的繁琐自不必说,另一方面,权利人还未等到法院判给的赔偿,因此必须先行垫付一笔开支不小的律师费。通常情况下,无论案件大小,律师费以3000元起价,同时又需要支付调查取证费、公证费、诉讼费、差旅费等各种费用,固然法庭判决中最后能够对此有不同程度的考虑,会就此给予权利人一定的补偿,但这往往也不能弥补权利人为此支付的所有支出。如此一来,往往使维权行为得不偿失,大大打击了权利人的维权积极性,同时,使得侵权人认为法律无关痛痒。

因此,笔者认为,数字化技术和网络传播技术的迅速发展,给著作权保护带来了新的冲击,原有的赔偿标准过低。数字作品传播的速度、广度都是传统作品无法比及的,在数字传播时代,著作权法应依数字版权的新特点,给权利人的人身权、财产权以合理的保护,制定新的适用网络作品的报酬办法和数字侵权赔偿标准。

二、产业层面——寻求新的授权许可模式

著作权的私权性质决定了任何人如果想要使用他人享有著作权的作品,就需要事先征得权利人的许可。然而,数字版权时代人们要求信息共享的愿望却越来越强烈,要想在新的形势下寻找到新的利益平衡,除了加强立法建设外,更重要的要建立起能够使其良性健康发展的市场机制。而解决这一问题的关键则在于解决好数字版权时代的海量授权问题。

1. 我国现有的授权模式

面临数字版权给著作权授权模式带来的挑战,我国现行的授权模式主要有以下三种:

(1) 出版商代理模式

这是当前比较常见且应用比较普遍的一种授权模式。代理人的角色通常由出版社、期刊社等承担。这也是由现实情况所决定的。在传统版权时代,作品的版权一般都通过"一对一"的方式由权利人授权给出版社或期刊社,因此,他们可以比较容易地寻找到权利的源头——作者。当数字版权兴起之后,数据库、数字图书馆、电子出版等所共同面临的海量授权问题,使得数字出版商一一去寻找权利人变得很不现实,因此如何保证自己能够获得合法授权?数字出版商与传统出版商的合作便成为可行且必然的途径,因为出版商较之于作者寻找起来要便利得多,获得授权也相对比较容易。这种模式的特点在于,通常情况下,由出版社或期刊社与作者直接签订协议,协议除了载明作者同意将作品的出版权、发行

权授予出版社专有使用外,还规定出版社在协议有效期内享有自行或者再授权他人将作品进行电子出版、在网络上载传播的权利。如此一来,出版商便成为作者的代理人,而且一般情况下,出版商都会从代理行为中或多或少收取一定的费用。同样,如今随着数字版权的日益发展,多数期刊社也展开了这样的工作,在作者向期刊社投稿之初,期刊社同意采纳某一稿件时,他们便会与作者签订类似的协议,注明作者已经同意将本作品电子出版、在网上上载传播等权利授予期刊社。

这种授权模式是从传统版权时代向数字版权时代过渡时期行之有效的授权方式。它利用了传统出版商这一中介资源,有效地使一对一授权模式在数字版权时代得到拓展和延伸,保证了数字出版商业务的有效开展。然而,这种方式不可避免地有着其局限性:一方面,随着人们数字版权意识的提高,并不是每一个作者都愿意将自己作品的所有权利都交付给出版商统一处理,这就使得这一看似完美的链条上有了断裂的一环;另一方面,有些出版商凭借着自己对某方面资源的垄断地位,对代理费用的收取标准过高,也使得这种方式实行起来比较困难。最后,这种方式实际上仍然是一对一授权模式的变式,对于数字版权时代的海量授权问题来讲,仍然是杯水车薪。

(2) 著作权集体管理模式

面对数字版权时代海量授权的需求,加快著作权集体管理机制的步伐无疑是解决这一问题的重要途径。我国也在这方面做出了很多尝试。目前我国共有四家著作权集体管理组织,包括中国音乐著作权协会、中国摄影著作权协会、中国音像著作权集体管理协会和中国文字著作权协会。这些著作权集体管理组织的成立,为人们获得音乐、摄影、音像及文字作品的集体许可提供了方便,也为权利人提供了使用权的有效管理,替代了作者个人和使用者之间为互利目的而进行的大量交易活动,还大大降低了交易费用。

然而,实际操作过程中,我国的著作权集体管理机制却显得十分不完善,数字化管理水平十分低下。以中国音乐著作权协会为例,虽然其成立时间已达17年之久,其"许可业务"却既没有可供检索的数据库,也没有互动的功能,很难适应数字版权时代的授权需要。另外,著作权集体管理机构的会员还相对较少,只能对在其名下登记的会员的作品进行授权,而大量在此之外的作品,仍然不能通过此途径获得合法授权。再次,我国的著作权集体管理实行的是多协会的管理机制,即不同的作品分属于不同的协会分管,各个协会之间缺乏关联性,这与数字版权时代作品的复杂性特征十分不适应。比如为一首诗歌谱曲后在网上传播的作品,其版权保护究竟应求助于文字作品集体管理组织还是音乐著作权协会? 这种分散的集体管理组织使得著作权的集体管理缺乏可操作性。

由此可见,我国著作权集体管理中还有很多亟待研究和解决的问题。我们应该根据自己的客观情况,多借鉴国际上在这方面比较成熟的经验,一步步不断完善我国的著作权集体管理制度。

(3) 超星模式

这一模式又称交叉许可模式,是指著作权人以其作品的信息网络权换取他人作品同样的权利,因其最早由超星数字图书馆(超星公司)率先创建尝试并取得成功,因此被称为"超星模式"。依照这种模式,作者可以在超星提供的如下著作权授权方案中任选一种:① 向作者赠送 10 年期读书卡。作者同意将作品授权数字图书馆,数字图书馆向作者赠送价值 1000 元的 10 年期读书卡。期满后,作者可以要求继续赠送读书卡。② 根据下载量付费。授权图书供读书卡会员阅读、借阅。读书卡码洋(定价×销售数量)一部分用于著作权利益分配。单本图书的收益取决于该图书下载数量占全部下载数量之比。③ 作者要求单独定价,向用户单独收费,读书卡会员也不能免费阅读,必须同意按照作者定价付款后才能阅读。读书卡会员可以缩短读书卡使用时间方式(一周相当于 2 元)付费,收入的 50% 支付给作者和出版社。[①]

"超星公司获得授权采用了走进教学研究机构、科学文化事业单位直接与作者洽谈的方式,作者在授权文本上签字后,即取得作为回报的读书卡。这种做法决定了'超星模式'的合法性。"[②]超星模式获得了一定的成功。然而这一模式的成本过于高昂,如果说在数字图书馆建设之初为保证著作权合法而不得不采用的话,那么随着数字图书馆的发展,使用者更期待着集体管理在这方面发挥高效率、低成本的作用。此外,这种授权模式适用在作者较为集中的学校、科研机构等地,是因人而获取作品,而不是根据作品和市场需求来寻找权利人,这在一定程度上会影响数据库内容的质量。

2. 可尝试的其他授权模式

(1) 法定许可与著作权集体管理机制相结合的授权模式

可以看出,著作权集体管理机制的健全和完善对解决数字版权时代的授权问题起着重要作用,而法定许可也是同等于授权许可、强制许可的一种许可方

---

① 参见超星数字图书馆,http://www.ssreader.com/question/jieshao.html,2007-04-17。
② 参见超星数字图书馆,http://www.ssreader.com/dongtai/shengming.html#2,2007-04-15。

式,其特点为使用者可以不用事先征得权利人的许可即可以使用作品,但是须向权利人支付一定的报酬。我国著作权法在第二十三条、第三十二条以及第三十九条中分别对九年义务教育教材,报社、期刊社对作品的转载,录音制作者使用已有录音制品等行为做出了法定许可的相关规定。然而,在数字版权时代,笔者认为,将法定许可与著作权集体管理机制有机结合,将有利于有效解决数字版权时代的海量授权问题。

这一模式的基本思路为:网络内容提供商、数字出版商等可以通过法律规定的法定许可不经权利人事先许可,即可使用权利人享有著作权的作品,但是随后需将作品使用费支付给著作权集体管理组织,而权利人则可以直接与著作权集体管理组织联系来获得自己作品传播的经济补偿。这一过程,省略了数字作品内容提供商与权利人直接取得联系的冗长过程,而是借助了集体管理组织的中间力量,虽然多了一个环节,但是却节省了时间和金钱成本,有利于社会资源的广泛传播和共享,同时也有利于整个数字版权产业的快速发展。诚然,建立这一机制十分重要的一个问题在于付费标准问题,如何能够使数字内容提供商和权利人都满意同一个支付标准?笔者认为可以从以下两个方面来考虑:

首先,正如前文所提到的,国家从立法角度更新数字作品的有关报酬规定,做到有法可依,也为数字作品的付酬问题提供指导性的标准。

其次,可以通过市场供求关系来自动调节。需求者(内容提供商)为吸引客户点击、浏览网站,上传用户需求的各种作品,当用户对某一作品的潜在需求大时,则其愿意支付较高的价格。供给方(权利人),为扩大自己作品的影响范围,获得经济收益而制定价格,若价格过高,则会引起内容提供商需求下降,收入反而下降,不利于自己作品的推广。因此,供求平衡会形成合理价格。

这一授权模式结合了法定许可和著作权集体管理体制共同的长处,改变了"一对一"授权模式下的冗长、繁琐的授权过程,有利于促进数字版权业的发展,可视为解决数字版权授权问题的途径之一。当然,这一模式对著作权集体管理水平以及国家相关立法都有着较高的要求,不是一蹴而就的事情,需要长时间的摸索才能不断完善。

(2)授权要约与著作权集体管理相结合的模式

授权要约的一般方式是权利人在图书中通过声明向公众发出要约,要约中规定了公众能以何种条件和方式使用本作品,任何个人或机构只要愿意接受该要约即可与权利人自动达成合同关系,并按照约定的方式合法使用本作品。①

2004年,《最后一根稻草》开创了授权要约模式。该书作者声明,任何个人或机构均可在满足以下条件的情况下使用本书:授权范围为数字形式的复制权、发行权和信息网络传播权;授权费用为收入的5%,支付方式为在收入产生六个月内支付给中华版权代理总公司收转;使用方式为保持作品完整性,必须注明作者和来源;保留其他权利。②

由此可见,授权要约的构成要件包括:版权管理信息,即作者名称、作品名称等;授权范围;授权费用标准及支付方式等。授权要约与作品绑定在一起,直接刊登在作品之上,这使得使用者可以轻易地找到著作权人,使交易前准备成本趋于零。同时,授权要约中直接规定了交易条件,并指定了著作权集体管理的第三方,使用者只需依要约规定,将指定的钱款支付给特定的第三方即可,大大节省了使用者寻找著作权人的成本,同时也减少了著作权纠纷的发生。因此,这一授权模式,也成为解决数字版权授权问题的重要途径。

然而,这一模式注定其必须与著作权集体管理机制相结合。如果没有这一权威的第三方代为收取版权费用,此模式便成为一纸空谈。因此这一模式的推行也要依托于著作权集体管理机制的逐步完善,尤其对著作权集体管理机构的管理水平提出了更高的要求。因为既然这一模式是为了解决海量授权的需求,则必然会存在着海量的"授权要约",如何有效管理这些"要约",不断完善"授权要约"管理体系,大到建立"授权要约"数据库,小到建立授权要约范本,都需要著作权集体管理组织进行规范化的引导。只有这样,才能更好地发挥这一模式的效用。

(3)知识共享

知识共享组织成立于2001年,其成立的目标和宗旨是"在默认的限制性规则日益增多的今天,构建一个合理、灵活的著作权体系"。2002年12月,知识共享组织发布了一系列著作权许可协议,以供公众自由使用。受自由软件基金会GNU通用公共许可(GPL)的启发,知识共享组织发展了一类网络应用程序,帮助人们把他们的创造性作品贡献于公共领域——或者在特定情况下,保留他们的著作权,而授权他人针对特定用途自由使用。知识共享许可合同是针对比如

---

① 王萃:《图书数字化传播著作权授权模式研究》,东北师范大学2006年硕士学位论文,第16—17页。
② 钟洪奇:《最后一根稻草》,北京:北京出版社2004年版。这一声明刊载于此书扉页。

网站、学术、音乐、电影、摄影、文学、教材等创作性作品设计的。2003年1月,在中国内地 CNBlog.org 网站上出现了介绍 CC(creative commons)的文字。该网站开始采用 CC 协议并在博客群体中推广该协议。2006年3月29日,经 CCI 批准的中国内地 2.5 版 CC 系列许可协议在北京正式发布。①

CC 系列协议一反以前"所有权利保留"的著作权文化观,提出"一些权保留"的新理念,选择保留部分著作权。CC 系列协议是通过对署名、非商业性使用、禁止演绎、相同方式共享选项的组合搭配而形成的六套核心协议,用户根据自己的需要来选择不同的协议来对自己的作品进行不同程度的信息共享,六套核心协议的内容如下:

署名—非商业使用—禁止演绎(by-nc-nd)

该项许可协议允许重新传播,是六种主要许可协议中限制最为严格的。这类许可协议通常被称为"免费广告"许可,因为他人只要注明权利人的姓名并与权利人建立链接,就下载并与他人共享权利人的作品,但是他们不能对作品做出任何形式的修改或者进行商业性使用。

署名—非商业性使用—相同方式共享(by-nc-sa)

该项许可协议规定,只要他人注明权利人的姓名并在以权利人的作品为基础创作的新作品上适用同一类型的许可协议,该他人就可基于非商业目的对权利人的作品重新编排、节选或者以权利人的作品为基础进行创作。基于权利人的作品创作的所有新作品都要适用同一类型的许可协议,因此适用该项协议,则对任何以权利人的原作为基础创作的演绎作品自然同样都不得进行商业性使用。

署名—非商业性使用(by-nc)

该项许可协议允许他人基于非商业目的对权利人的作品重新编排、节选或者以权利人的作品为基础进行创作。尽管他们的新作品必须注明权利人的姓名并不得进行商业性使用,但是他们无需在以权利人的原作为基础创作的演绎作品上适用相同类型的许可条款。

署名—禁止演绎(by-nd)

---

① 参见知识共享网站:http://cn.creativecommons.org/about/history/2009-06-24。

该项许可协议规定,只要他人完整使用权利人的作品,不改变权利人的作品并保留权利人的署名,该他人就可基于商业或者非商业目的,对权利人的作品进行再传播。

署名—相同方式共享（by-sa）

该项许可协议规定,只要他人在其基于权利人的作品创作的新作品上注明权利人的姓名并在新作品上适用相同类型的许可协议,该他人就可基于商业或非商业目的对权利人的作品重新编排、节选或者以权利人的作品为基础进行创作。该项许可协议与开放源代码软件许可协议相类似。以权利人的作品为基础创作的所有新作品都要适用相同类型的许可协议,因此对所有以权利人的原作为基础创作的演绎作品都可以进行商业性使用。

署名（by）

该项许可协议规定,只要他人在权利人的原著上标明权利人的姓名,该他人就可以基于商业目的发行、重新编排、节选权利人的作品。该项许可协议也是六种协议中最为宽松的许可协议。

知识共享的优点在于著作权人可依循该授权模式而保护其著作之完整性,同时一般使用者合理使用的利益也不会被不当剥夺。另外,知识共享许可协议的标准化,对于处理当事人未来可能产生的争议也会更加明确。在数字版权时代,知识共享协议的方便、快捷的特点以及其协议的标准性非常有利于信息时代作品的广泛共享,既免去了使用者寻找权利人获得授权的冗长过程,又有效地保护了著作权人的合法权益。知识共享的这种开放精神,非常适应互联网时代数字版权保护的特点,值得我们去提倡和进一步推广。该授权机制如果运用得宜,再通过世界各国之相互配合,将有助于著作授权制度的发展,以达到鼓励信息流通之目的。而其缺点则在于,这种开放式许可协议尚属新生事物,至今还未广为人知,因此,需要相关部门,比如政府或者学术组织利用各种渠道和途径加大推广力度。

综上所述,在数字版权时代,只有充分建立起多种授权通道,著作权人才可能从容地选择其中适合自己的方式来进行授权,也只有建立起适应市场的授权机制,才能够解决数字版权时代资源共享和著作权专有性之间的矛盾,更好地促进信息的广泛传播,更有效地解决数字出版产业面临的"授权难"的问题,进而促进数字版权产业的发展。

三、技术层面——建立并完善权利人和使用者之间的利益平衡机制

在高科技迅速发展的网络时代，任何形式的作品都可以非常容易、快捷地通过网络进行传播。网络时代的盗版行为，则是更加简单，对盗版分子来说，盗版只是躲在某个黑暗角落里敲击键盘、点击鼠标的行为而已。网络侵权盗版行为的猖獗，极大地挫伤了数字作品传播者的创作积极性，成为整个数字版权产业发展的毒瘤。如何剔除这一障碍？除了前面提到的法律和产业两方面的措施外，从技术层面不断完善数字版权管理系统，也是一剂良方。

数字版权管理（Digital Rights Management，DRM），是指采用包括信息安全技术手段在内的系统解决方案，在保证合法的、具有权限的用户对数字媒体内容（如数字图像、音频、视频等）正常使用的同时，保护数字媒体创作者和拥有者的版权，并根据版权信息获得合法收益，而且在版权受到侵害时能够鉴别数字信息的版权归属及版权信息的真伪。数字版权保护不是密码技术的简单应用，也不是将受保护的内容从服务器传递到客户端并用某种方式限制其使用的简单机制，而是一种由数字证书、加密、数字水印、密钥、验证、存取控制、权限描述等许多技术的组合体。[①] 目前常见的数字版权管理技术包括以下几类：

1. 密码技术

密码技术的主要任务是解决信息的保密性和可认证性的问题，即保证信息在生成、传递、处理、保存等过程中，不能被授权者非法的提取、篡改、删除、伪造等。密码技术可以保证未被授权的用户不能访问相关内容，是 DRM 系统的一项关键技术；除了提供数字内容秘密性服务外，还可用于身份认证、数据完整性认证等。

2. 数字水印

数字水印技术是指将特定的信息"嵌入"到数字内容中，这种"嵌入"，是将特定信息与数字内容融为一体，是利用数字内容的冗余性，修改数字内容实现的。通常这种修改是不可见的，不影响数字内容的感观效果。嵌入到数字内容中的信息可能是包括作者、出版者、授权使用者等在内的相关版权信息，也可能是数字内容的序列码，以达到版权保护和盗版跟踪等目的。

3. 安全容器技术

安全容器技术是采用加密技术封装的信息包，其中包含了数字媒体及其产

[①] 张茹、杨榆、张啸：《数字版权管理》，北京：北京邮电大学出版社 2008 年版，第 15 页。

权信息,以及媒体使用规则。安全容器技术的主要代表之一是 IBM 的 Coypto-lepe 技术,其核心是把加密的内容封装在安全容器中传输。这种技术较数字水印和加密技术而言,相对复杂,安全性也更高,但其对使用者的技术水平要求也较高,且操作起来十分复杂,因此普及性较差。

随着科学技术的发展,数字版权管理系统也日益完善。然而作为一种新生事物,它在发展过程中还是存在一些局限性。例如,目前已有的数字作品版权保护与管理的应用中,缺乏一致的多技术融合的系统体系结构,各种系统都互不兼容,给用户带来极大的不便;很多提出的标准和框架都很复杂,建设成本非常高昂,无法满足大多数用户的需求;目前大部分的 DRM 产品多倾向于权利人的利益,却损害了用户使用过程中的方便性,经常是用户在购买了含有 DRM 系统的产品后,使用时不仅需要完成安装其配套的使用软件、通过密码认证、加密解密等一系列操作,而且对用户自身的电子技术水平要求也较高,这就使得许多用户放弃购买和使用此类产品。

因此,作为加强数字版权保护的重要措施,一方面数字版权保护技术体系的建立,可以非常有效地防止非法数字内容的传播,保证数字版权产业的健康发展;另一方面,数字版权管理系统发展的过程中也应注意要通过技术措施来平衡权利人和使用者之间的利益,不仅要维护权利人的利益,也要兼顾使用者的利益,从更大程度上方便用户使用数字文件。只有这样,数字版权管理系统才能得以推广,并在数字版权保护中发挥重要作用。

第八章　北京市数字出版业现状、问题和对策

北京作为国家的政治和文化中心,其数字出版业始终处在产业发展前列,产值不断增长,还出现了一大批双效良好的数字出版企业,探索出了一些行之有效的管理模式。因此,研究北京的数字传播和出版转型对全国具有示范意义。

第一节　北京市数字出版业现状

一、我国数字出版业发展历程

中国出版业向数字出版伸出橄榄枝的时间远远落后于欧美国家。20世纪90年代中期,以电子工业出版社、人民邮电出版社等为代表的一批掌握先进IT技术的专业类出版社提出,开发出版社自主的信息管理系统,并开始生产部分CD-ROM。这可视为中国数字出版的萌芽,但此时的数字化利用,还停留在初级阶段,并且更多的是作为传统纸质出版的补充,并未成为独立的浪潮,也并未受到业界的重视。

2000年前后,伴随着互联网的快速兴起,中国的数字出版步入尝试阶段。2000年,人民出版社开通"人民时空"网站;辽宁出版集团与美国泰通公司联手,推出"掌上书房"电子阅读器;北大方正电子推出Apabi系列软件,成为中国第一个自主研制的数字出版技术支持软件。但是,这时的数字出版,更多还是技术提供商一厢情愿的事情,与传统出版互动有限,许多技术提供商因迟迟不能实现赢利而得不到风险投资的后续资金,不得不倒闭关门。全球范围内互联网泡沫的破灭可以看作是当时的一种标志性现象,大量的出版网站也随之烟消云散。[①]

[①] 郝振省主编:《2005—2006中国数字出版产业年度报告》,北京:中国书籍出版社2007年版。

2005年后,中国数字出版终于迎来迅速起飞期。政策层面上,新闻出版总署先后主办了首届数字出版博览会和首届中国数字出版年会,而在2006年陆续出台的《中华人民共和国国民经济和社会发展第十一个五年规划纲要》、《国家中长期科学和技术发展规划纲要》、《国家"十一五"时期文化发展规划纲要》中,都把数字出版技术、数字化出版印刷、复制和发展新媒体列入科技创新的重点,中国字库建设工程、国家知识资源数据库出版工程、中国古籍数字化工程、国家版权保护技术开发工程等数字出版工程还被纳入国家"十一五"规划之中。

行动层面上,从内容提供商到技术提供商,大家都认识到数字出版业的赢利前景,竞相开拓在数字出版市场的业务,并开始产业链条的延伸。一方面,技术提供商意识到有渠道缺乏内容的苍白和被动,开始向内容出版商转变,谋求内容原创。2007年,方正Apabi推出"爱读爱看网",中文在线推出"一起看"文学阅读门户。"传统纸质出版的内容肯定是互联网阅读重要的一部分,但同时,我们必须看到全球性的趋势——'UGC'市场需求正兴起并发展迅速,而且在未来可能成为主流。"中文在线总裁童之磊在接受媒体采访时说到,而他所提到的UGC,即User Generate Content,用户创造内容。同时,百度、谷歌、腾讯等互联网巨头也开始向数字出版领域进发。2007年3月2日,谷歌发布图书搜索简体中文试用版,高调介入中文图书搜索领域,2007年4月20日,百度也推出图书搜索,并引发出一场业界对搜索模式的争论。2008年9月9日,谷歌再度宣布开始扫描某些报纸历史归档的缩微胶片,并将这些资源放到网上供人们检索。"这好比一场抢占制高点的竞争,IT厂商、通信运营商、互联网巨头,都在朝着这一目标奔,他们目标明确,跑得很快。"[①]另一方面,传统出版商正跨过数字出版"是什么"、"怎么办",步入"如何做"的实操阶段。[②] 商务印书馆的工具书在线、社会科学文献出版社的社科文献资源库、中国大百科全书出版社的计算机辅助编辑系统……一批出版单位在数字转型中取得了实质性进步。

从产业规模看,数字出版产业的收入增长迅猛。根据中国出版科学研究所的统计,2006年我国数字出版产业整体收入规模为213亿元,2007年为362.42亿元,2008年564.8亿元,2009年总产值达779.4亿元。[③]

---

① 任殿顺:《07数字出版年度报告》,《中国图书商报》2008年1月4日。
② 翁昌寿:《数字转型进入实操期》,《出版人》2007年8月。
③ 见中国出版科学研究所每年的《中国数字出版产业年度报告》及新闻出版总署产业发展司《2009年新闻出版产业分析报告》。

二、北京市数字出版业位居全国前列

截至2010年底,北京市拥有网民1218万人,上网普及率达69.4%,上网普及率为全国最高。北京拥有的IPv4地址总数占全国总数的22.8%;拥有的总域名数为1536112个,占全国总域名数的17.8%;其中CN域名961158个,占全国CN域名总数的22.1%,均排在全国之首,并远远高于其他地区。北京市CN下网站总数(不含.EDU)282674个,占全国CN下网站总数的14.8%,居全国第二位,仅次于广东。[①] 作为全国的政治、文化中心,北京的科技、教育和社会消费水平一直居于全国前列,这些都为数字出版产业的发展提供了良好的环境。再加上发达的信息网络和庞大的消费群体,以及政策的支持,北京的数字出版业,在短暂的不适应后,随即走出困惑的阴影,飞速发展起来,无论是产业规模,还是整体实力,都在全国数字出版格局中位居前列,起到重要的示范和引导作用。

从产业规模来看,2007年北京数字出版业产值为90亿元,加上搜狐、新浪等商业网站的产值,合计超过200亿元。2008年数字出版及相关产业产值预计将达到300亿元,并成为北京市文化产业新的增长点。[②] 到2009年底,北京市包括经营互联网出版业务的传统出版机构在内,涉足互联网出版的经营机构4630家左右,占全国的21%左右,其中经批准的互联网出版机构55家,占全国的25%。[③] 据初步估计,北京地区互联网出版单位每年出版的涉及互联网出版内容的网页量以亿页计。

从产业结构来看,北京市数字出版按照出版领域细分,主要有互联网教育出版、互联网科学技术出版、互联网社会科学出版、互联网艺术出版和互联网文学出版。除了互联网艺术出版外,其他几个领域的出版产值都在全国占有绝对优势。其中,互联网社会科学出版和科学技术出版,占到全国相应互联网出版产值的90%;互联网教育出版和文学出版产值也占到全国的半壁江山。

从数字出版企业积聚看,北京云集了覆盖移动网、广电网、互联网的众多大型媒体,接近20%的网络媒体运营商聚集在北京。[④] 传统出版单位中,2/3的出版社信息化建设有5年以上的历史,77.7%的出版社建设总投资在100万元以

[①] 中国互联网络信息中心(CNNIC),第27次中国互联网发展状况统计报告。
[②] 陈少华:《数字出版将迎来新一轮发展浪潮》,《出版广角》2008年第12期。
[③] 转引自王坤宁:《北京去年创业总收入逾441亿元》,《中国新闻出版报》2010年2月3日。
[④] 王关义等:《北京建设国际出版产业中心:优势和对策》,北京:中国财政经济出版社2008年版。

内。① 在数字出版企业的知名度和美誉度上,北京地区也是独树一帜。这里做了一个知名数字出版企业统计,无论是正在转型的

传统出版单位,还是进入数字出版产业的新企业,具有较完整的商业模式、或者说已经发展出一定规模的,以北京最多,占到了全国所有地区知名数字出版企业的半数以上。而在电子书领域,其四大出版商——北大方正、书生、超星、中文在线,更是全都设立在北京,隐藏在这些企业知名度背后的市场份额必定相当可观。

表 8-1　北京地区知名数字出版企业

项目名称	知名数字出版企业
电子图书	方正 Apabi、书生、超星、中文在线
互联网期刊	同方知网、万方数据、龙源期刊
多媒体互动期刊	Zcom、Xplus
原创文学网站	晋江原创网、红袖添香
互联网门户网站	新浪、搜狐
数字报纸	方正 Apabi、Xplus
传统出版单位数字化	高等教育出版社、商务印书馆、中国大百科全书出版社、社科文献出版社

三、北京市数字出版业现状

1. 从产业链分析数字出版业

完整的数字出版产业链,应该由作者、数字内容提供商、数字内容出版商、平台运营商、渠道销售商和读者构成,如图 8-1。

图 8-1　数字出版产业链主体及流程

在当前的产业现状中,数字内容出版商和平台运营商往往集于一身,如超星的数字图书馆和清华同方知网都是以自己的网站为数据库的平台入口,在此统称为技术提供商,所以本文对数字出版产业链的分析,主要集中在内容提供商、

---

① 王关义等:《北京建设国际出版产业中心:优势和对策》,北京:中国财政经济出版社 2008 年版。

技术提供商和渠道销售商三者上。

（1）数字内容提供商：内容创意

产业链上游的内容提供商，主要有传统出版社、传统期刊社、报社、唱片公司，它们分别为电子书、互联网期刊、数字报纸和在线音乐等数字产品提供内容创意资源。北京地区大多属于传统出版业的成员，长久以来秉持"传统出版业有内容优势"的理念，认为在"内容为王"的信息时代，只要紧紧攥着内容资源不放，就保有强势的话语权，再加上对数字出版在商业上的可行性的质疑，因此，在开端阶段，内容提供商并没有显示出太多的参与热情，仅仅是将业务外包，或者将其当作"面子工程"，而任由技术提供商在数字出版链条中占据主导地位。

随着数字出版业在北京的飞速发展，内容提供商看到了这一产业的美妙前景，数字化意识也逐渐觉醒：谁对内容资源具有更强大的集约整合能力，谁才有更大的市场控制力，谁才是互联网时代真正的内容之王。同时，在同技术提供商的合作中，双方也生出了不和谐音，"双方在利益分成上非常不公平，现在在数字出版的利益分配链条上，出版社能拿到整个销售额的 30%—50% 就不错了，而且数字出版商的实际销售数额出版社无法知晓，更无法控制。另外，现在这些数字出版商，还在对已拿到的资源进行二次、三次开发，从而可获得电子图书以外的额外利润。"① 于是，传统内容提供商纷纷收回授权，开始向数字产品和数据库建设的数字化转型。

其中有不少"探路者"已初结硕果。例如，高等教育出版社提出了"立体化教材"概念，力图建立一套基于互联网与作者交流、协同编辑、个性化定制、在线学习、即时印刷、网上销售的数字化服务体系，并与大批量印刷、大众化销售以及大学书店、院校代表体系相互支撑，形成网络经济下教育出版的新模式。② 中国大百科全书出版社同新浪"爱问"搜索引擎合作，搭建了面向社会大众的"中国大百科在线搜索"服务平台。社会科学文献出版社将其"皮书"整合成一套 SS-DB 数据库产品，让用户自如地搜索、下载、分割。机械工业出版社围绕软件版的《机械设计手册》开发出"数字化手册系列"，共有约 19 个品种。

但是，大部分传统出版单位，依然没有摆脱传统运营模式的桎梏，仅是简单的"媒体大搬家"，将原版原式、原内容转换成数字版放到互联网上，过多地展现

---

① 张倩影：《传统出版商与技术提供商的博弈》，《出版参考》2007 年第 30 期。
② 任殿顺：《数字大潮拍岸　出版缘何彷徨》，《中国图书商报》2007 年 6 月 15 日。

了纸质版的功能和表现内容，反而忽略了互联网及时、互动、便于检索的特性。

（2）技术提供商：生产与传播

技术提供商，在数字出版产业链中起着上联下通的枢纽作用，将内容提供商授予的内容制作成数字产品形式后，再通过技术平台对外发布。北京目前这类技术提供商主要有：电子书出版商方正、超星、书生、中文在线；互联网期刊公司同方知网、万方数据、龙源期刊；原创文学网站晋江原创、红袖添香；电子杂志公司 ZCOM、Xplus；门户网站新浪和搜狐的读书频道。

技术提供商，在中国可谓是数字出版产业的培育者，不仅承担了初期培育数字阅读市场的责任，扮演着从内容整合到渠道搭建乃至销售的多重角色，而且逼迫传统出版单位迈向数字转型。因此，在数字出版发展初期，技术提供商们获得了很可观的收入回报。但 2005 年后，随着内容提供商们纷纷收紧资源口袋，北京几大技术提供商都先后遭遇到了发展瓶颈——缺乏出版内容。之后，技术提供商们纷纷转向内容原创，向网络内容提供商转型。例如，方正 Apabi 推出了"爱读爱看网"，将旗下三十多万种正版电子书和二百多份数字报纸在该平台上发行；中文在线收购了 17k 原创文学网；书生推出了 Web2.0 版，以社区的形式推销原创文学；超星创建了超星原创平台。

（3）渠道销售商：分销和零售

渠道销售商是数字出版物最终到达消费者手中的唯一媒介。北京地区目前的数字出版销售，存在着 B2B 和 B2C 两种模式。B2B 模式中，技术提供商承担了大部分的销售角色，利用自身的平台向机构用户，尤其是高校市场和公共图书馆市场，销售旗下产品。据几家数字图书馆各自的数据，全国的 2300 所高校中，已经有 600 多所院校成为书生数字图书馆的客户，约有 600 家是方正数字图书馆的用户，还有 500 余家是超星数字图书馆的用户，剩下的 500 余家由于种种原因难以进入。①

B2C 模式，近几年来在数字出版物销售中稳步发展。这类的渠道销售商，包括综合型网络书店，如当当网、卓越网；专业型网络书店，如互动出版网、中华传媒书店；以及大部分出版社网站上开辟的网上书店。另外，新浪和搜狐等门户网站读书频道相继开辟的收费阅读业务，手机运营商开辟的手机阅读，为数字内容的传播增加了新的分销渠道。

---

① 乔东亮等：《"十五"首都出版产业发展状况研究》，北京：中国人民大学出版社 2007 年版。

2. 从产品形态看数字出版业

(1) 电子图书

中国电子书自 2000 年起步,至今已形成一定规模,成为纸质图书增长乏力背景下图书出版领域的新宠儿。而北京地区,依靠着丰富的出版社资源和书生等出版商的科技渠道优势,更是成为电子图书业务领域的翘楚。

电子图书阅读终端主要包括 PC 机、笔记本、手机、专用手持式电子阅读器以及 PSP、MP4 等拥有阅读功能的终端。PC 机是目前读者使用最多的阅读终端,但随着技术的不断升级,手机和手持式阅读终端也将成为两类重要的阅读形式。近期,亚马逊的 Kindle 二代和汉王科技的"汉王电纸书"先后上市,国内其他技术企业也在抓紧研制,手持式阅读终端将迎来一股企业竞争热潮。

(2) 出版类网站

伴随着网络的兴盛发达,出版类网站在 E 世界如雨后春笋般纷纷建立,它们就像是出版企业的"排头兵"和"门脸",是企业产品对外宣传和展示的窗口。出版类网站主要包括出版社网站和文学网站。

出版社网站是传统出版社数字转型的"桥头堡"。1995 年 9 月,电子工业出版社(www.phei.com.cn)在互联网上推出了自己的主页,成为国内第一个出版社网站。以北京出版社网站为研究对象。2010 年 10 月 1 日,以"北京出版社网站"为关键词,在百度搜索引擎上进行查询,共出现 48.3 万条查询结果,而在谷歌网上则出现了多达 2490 万个查询结果。再根据北京市出版社名录进行精确查询,北京全部 235 家图书出版社中,除了 6 家出版社网站无法打开外,有 176 家出版社拥有自己的网站,约占到总数的 75%,还有 25% 的图书出版社尚未建立自己的网站窗口。

为了进一步反映出版社网站的建设情况,我们又以是否具有信息发布功能、图书检索功能、读者交互功能、在线投稿功能、在线销售功能、下载专区功能(只包含出版社书目下载功能的在此不视为具有下载专区功能)为参考因素,来考察网站建设的综合水平。根据对所有图书出版社网站的网上调查,几乎所有建立的网站都能够做到企业信息的及时发布和已出版图书信息的在线查询,具有读者交互功能的出版社网站有 81 家,占 34.5%;具有在线投稿功能的出版社网站有 58 家,占 24.7%;具有在线销售功能的出版社网站有 110 家,占 46.8%;具有下载专区功能的出版社网站有 47 家,占 20%。

总的来看,北京出版社网站的建设还处于初级阶段,大部分出版社仅将网站作为其信息发布与宣传的窗口,并没有充分利用互联网的多媒体、交互性优势,网上电子商务也还没有充分开展起来。出版社网站从宣传展示平台向电子商务通道和互动交流社区转变的任务还很重。而且,虽然不少出版社自己或者委托技术提供商制作电子图书,但很少有出版社在自己的网站上介绍、销售电子图书,这无疑削弱了网站媒介中介功用的发挥,也在一定程度上拉长了电子图书在出版市场上的传播、扩散过程。

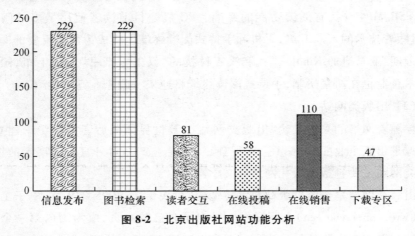

图 8-2　北京出版社网站功能分析

文学网站,最初发端于校园 BBS 的文学版。随着互联网的迅猛发展,文学版也由星星之火壮大为拥有燎原之势的文学网站,并在 TOM 收购幻剑书盟、盛大注资红袖添香等一轮轮并购案中发展壮大。2007 年,文学网站整体收入已达 5000 万,网站 PV 总和 2 亿,网络小说作者 12 万人,作品 20 万部左右,网站累计注册用户 2000 万。① 在北京的文学网站市场,目前形成了盛大系、门户系和企业系三分天下之势。

盛大系:盛大公司以网络游戏研发起家,通过收购参股的方式,先后将起点中文、红袖添香、晋江原创、榕树下、悦读网、潇湘书院等数家原创文学网站收归麾下,由此建构了占据文学市场大半壁江山的盛大系。起点中文网 2002 年 6 月建站于上海,初始作为兴趣网站存在,后转向商业化运作。到 2008 年,已经拥有超过 3000 万的注册用户、超过 110 万的付费用户、每日 22 亿左右的 PV(流量)②,在原创文

---

① 江筱湖:《2008 年原创文学网站之六脉神剑》,《中国图书商报》2008 年 4 月 1 日。
② 颜彦、高晶晶:《文学网站的商业模式》,《出版商务周报》2009 年 3 月 26 日。

学网站中排名第二①。红袖添香1999年8月建站于北京,本是孙鹏等5人随性创建的个人网站,慢慢做出了名气,现已发展成中文网络创作体裁最全面、市场占有率最高的文学网站。晋江原创网2003年8月建站,现总部在北京,是全球最大的女性文学基地。2009年12月盛大收购了极具影响力的文学网站榕树下。2010年又先后收购了悦读网、潇湘书院等。由此构成了强大的盛大文学网站王国。盛大系的原创文学网站,主要靠VIP收费阅读模式来支撑运营,即以连载方式出版原创小说,在连载的同时对VIP用户收费,再将收取的钱兑付给作者买断小说的版权,从而避免了信息的同质化,而这一VIP收费阅读模式也被其后许多原创文学网站所效仿。

门户系:原创文学网站的巨大人气和其市场蕴藏的潜在商业价值,吸引着门户网站也纷纷转入文学出版领域。2002年,新浪网开风气之先,推出了读书频道,并在很短时间内获得日均百万的点击率,其后,搜狐、腾讯、网易等各大门户网站竞相效仿,上马了各自的读书频道。门户系的读书频道,开始以新书推荐和图书连载为主,大都是出版社出版的纸质图书且全部免费,但2008年,腾讯、搜狐、新浪三家先后低调推出付费阅读业务,并开始培养自己的原创力量,门户系和盛大系的竞争由此进入白热化。

企业系:包括中文在线投资的17K小说网、大众书局收购的逐浪网、被TOM收归旗下的幻剑书盟、诞生于国家版权贸易基地的"一起写"(17xie)网等。虽然这些网站和盛大系及门户系的市场份额无法相比,但部分企业系原创文学网站同样在市场上拥有着不错的口碑和PV量。比如,根据2009年2月中国文学网站市场份额统计报告的数据,逐浪、17K,均在TOP40之列。②

(3)互联网期刊

互联网期刊是相对于传统纸质期刊的概念,是指以数字化的方式在互联网上出版的期刊。互联网期刊出版包含三个方面的内容:传统纸质期刊的数字化,并在互联网上的出版;以期刊为主要内容的包含文献和学术论文等在内的系列知识库在互联网上的出版;以多媒体形式在互联网上直接出版的期刊或把传统期刊改造成多媒体形式后在互联网上出版。前两者统称为传统期刊互联网出版,后者暂且称之为多媒体期刊互联网出版。③

---

① 资料来源:易比网,www.91bi.com。
② 2009年2月中国文学网站市场份额统计报告,互联网实验室。
③ 郝振省主编:《2005—2006中国数字出版产业年度报告》,北京:中国书籍出版社2007年版。

1995年，清华大学成立了北京清华信息系统工程公司，并于同年12月以电子图书书号方式首次出版了《中国学术期刊（光盘版）》试刊号，是我国最早的传统互联网期刊。初期的互联网期刊，更多还停留在传统期刊的数字化本身，是将期刊内容存储在磁盘、光盘等载体上直接提供给用户借助单机使用。随着互联网技术的不断成熟，出版商开始将眼光集中于数据库的建立上。1998年，第一个连续集成化出版文献全文的网站——中国期刊网诞生，1999年6月，《中国学术期刊（光盘版）》全文内容以网络版投入运行，称为"中国学术期刊全文数据库"，由此开辟了我国传统互联网期刊的新纪元。

北京传统互联网期刊的出版，从一开始就集中在同方知网、万方数据和龙源期刊三家大的数字出版商手中，它们收录了国内八成多的期刊，占据了市场上绝大多数的份额，而且产业集中度还在逐年上升。

同方知网：目前已建成29个中文数据库和我国最大的整合出版与知识服务平台，产品包括期刊、学位论文、会议论文、报纸、工具书、年鉴、专利等，2007年收入逾4亿元。至2009年年底，知网日访问人数达256万，注册读者突破4000万，年访问9.4亿人次，年下载文献达18.3亿篇。知网空间已经成为中国规模最大、种类最全的数字资源出版站点。

万方数据：集信息资源产品、信息增值服务和信息处理方案为一体的综合信息服务商，万方期刊集纳了理、工、农、医、人文五大类70多个类目共4529种科技类期刊全文。2007年万方数据的销售收入为2亿元。根据Alexa网站的统计，到2009年4月30日，万方全球用户比例达0.018%，日流量的全球排名也上升到6464。

龙源期刊：以收录综合性社科人文大众类期刊为主，并开辟了由网民自己生产内容的投稿中心、荐稿中心、博客，创造了Web1.0和Web2.0有机融合的新模式。2007年，龙源的收入为3900万元，而根据Alexa网站的统计，到2009年4月30日，龙源全球用户比例为0.0081%，比3个月前上升了18%；日流量的全球排名是14594。

2002年，《风格癖》出版，标志着多媒体期刊在我国的正式诞生。不同于传统期刊的互联网出版，多媒体期刊融合了声音、文字、图片、视频等多种形式，将新闻和资讯以更生动活泼且人性化的方式在互联网上呈现给读者。因此，一推入市场，多媒体期刊就受到了广泛的欢迎和重视，到2007年，中国多媒体期刊服务用户规模已达7600万人,多媒体期刊收入达1.6亿元人民币。①

北京多媒体期刊的制作,目前主要有三种方式:一是由传统媒体创办,通过多媒体期刊发行平台来发布,代表者如《时尚》的《时尚炫妆》和《瑞丽》的《瑞丽·妆》、《瑞丽·家》、《瑞丽·裳》。二是由多媒体期刊发行平台自己制作,代表者如《爱美丽Me》、《男人志Wo》、《印象》。北京市场上排名在前的发行平台是Zcom和Xplus,它们凭借着海量的资讯和信息积累了庞大的用户,不断刷新多媒体期刊的访问量,但是,免费阅读模式和广告量的萎靡不振,让数字杂志平台的赢利前景扑朔迷离。三是由专业的工作室或个人原创,其中最著名的当是2007年在市场上异军突起的名人杂志,其中代表包括杨澜的《澜LAN》、徐静蕾的《开啦》、和陈鲁豫的《豫约》、高圆圆《缘来是你》和周笔畅《B-TIMES》,2007年也因此被戏称为"名人电子杂志元年"。借助于名人头上的光环效应,名人电子杂志推出后就受到了粉丝群的追捧,有媒体报道,《澜》、《豫约》都已经赢利,徐静蕾代言的3个品牌均已成为《开啦》的客户,年广告收入据说达2000万。但是,内容上的单薄也逐渐成为名人电子杂志未来发展的桎梏。

Zcom:智通公司成立于2004年初,是中国电子杂志平台的先驱之一。2004年12月,智通推出了Zcom互动电子杂志管理器,向网民提供P2P、完全免费、可在线阅读或下载阅读的多媒体杂志,并逐步发展成为国内下载量最大的数字杂志平台。根据艾瑞市场咨询的统计数据,2007年3月,Zcom数字杂志客户端软件娱乐空间的月度用户使用时间比例已达62.4%。② 虽然有庞大的注册用户群,但由于赢利模式不明,Zcom被迫向多元化转型,收购Flashget和快车网以转入资源下载服务,收购Myrice及同金山合作以进军网游和娱乐社区,而原先的主业电子杂志却落入缩编为事业部的尴尬境地。

Xplus:创立于2003年,是国内第一家多媒体杂志发行平台,以独创的Xplus软件,通过互联网完成派送、订阅机制,一度成为电子杂志领域的旗帜。2006年,Xplus获得了联想投资、宏碁技术投资、招商富鑫资产管理等多家知名风险投资机构共400万美元的注资,之后,就开始了电子杂志、数字报纸、企业商刊的多产品战略,甚至一度将业务领域拓展到宽带捆绑、手机捆绑、数字电视。由于产品线拉得过长,且大都没有找到赢利方式,2007年下半年,在第一轮融资已经

---

① 郝振省主编:《2005—2006中国数字出版产业年度报告》,北京:中国书籍出版社2007年版。
② 数据来源:艾瑞市场咨询,http://www.iresearch.com.cn。

耗完、第二轮风投并未找到的情形下,Xplus被迫大规模裁员,业务量缩水,营收减少,曾经的"旗帜"轰然倒塌。

(4) 数字报纸

首都数字报业的发展至今也是初见端倪,逐步进入以新闻为主的综合性网站建设阶段。本文作者按照报社名称在网站上进行了简单的搜索,几乎所有的报社都已开通了自己的网站,在网站上刊登了数字报。同时,很多报社也开始向手机报的方向进军,通过与手机运营商合作,将纸质版的内容通过手机终端出版。不过,根据《多媒体数字报纸使用功能测试报告》的检测结果,目前的数字报纸缺少与读者的交流,很少使用语音和视频播报功能,检索功能和用户控制功能尚不完备。而且,大多数数字报纸的内容都是对纸质报纸的原样搬家,忽略了对互联网特性的利用。例如,笔者登陆北京日报报业集团的网站,将《北京晚报》2009年4月来的数字报和纸质报纸做了一个对比,全部30期数字报和纸质报完全相同。

目前北京较为知名的数字报纸技术提供商有方正Apabi和XPuls。方正Apabi,是中国数字报业实验室的首批成员之一,与39家报业集团中的30家合作,为500多份数字报刊提供技术。2007年5月,方正又自行开发了全球第一中文数字内容阅读门户网站——爱读爱看网(www.idoican.com.cn),运营400多份报纸并保持正常更新,从而迈出了向内容出版商转变的步伐。

3. 特点

通过以上的分析可以看出,虽然只经过了短短的数十年,北京市数字出版产业已经显现出独有的产业特征:

(1) 产业集中度较高

现代产业组织理论认为,市场结构、市场行为和市场绩效以及产业政策之间的相互关联,构成了较为系统的产业组织分析框架,其中集中度是描述经济竞争程度的最重要工具。产业(市场)集中度是通过产业(市场)参与者的数量和参与程度来反映产业(市场)的竞争或垄断程度的基本概念,绝对集中度指标是其最广泛使用的指标。绝对集中度指标,亦称作"集中率",或称领先企业市场占有率,指在规模上处于前几位的企业的市场占有率,应用到数字出版产业,即在市场上处于前几位的数字出版企业的累积市场占有率。

无论是电子图书、文学网站、数字报纸还是互联网期刊,北京市数字出版业务都集中在早期创业的几家企业中,相比传统出版业,产业集中度较高。方正、书生、超星和中文在线四家电子书出版商,占据了电子书市场90%以上的份额。同方、万方、龙源、维普四家传统期刊互联网出版商2007年收录的期刊文献占到国内期刊的95.06%。而根据互联网实验室2009年2月的文学网站统计报告,前十强的文学网站市场份额总数达76.62%。

(2) 技术提供商占主体地位

以通信公司、IT公司为主的高新企业,凭借着对数字传播技术的掌握和对产业走向的天然敏感性,不断拓展生存空间,是这场出版业革命的主力军,传统出版单位更多的是不自觉地、被动地卷入到数字化浪潮之中。不过,随着传统出版单位数字意识的觉醒,以及更多企业建设数字产品的努力,技术企业一头独大的局面将会有所改变。

(3) 互联网学术、教育和文学出版为产业龙头

数字出版产业的结构布局,是北京市数字出版产业同全国不同的特点。由于具有丰富的教育、科技资源以及深厚的文化底蕴和内涵,北京市互联网学术、教育和文学出版发展得较快,产值在产业整体中排名前列,并在国内占有绝对优势。从全国范围看,北京市互联网社会科学出版和科学技术出版,2006年的市场规模为5.5亿元人民币,占到全国相应互联网出版产值的90%,并产生了清华同方、万方数据、超星数图、书生等一批具有较为成熟商业模式的数字出版企业。北京市互联网教育出版,2006年的市场规模约为4.9亿元,占到全国63%以上的市场份额,比较知名的出版企业有人民教育出版社、高等教育出版社等。北京市互联网文学出版,2006年的市场规模约为0.2亿元,占到全国的半壁江山,新浪读书频道、搜狐读书频道等是其中典型。

(4) 对外版权贸易发展迅速

党的十六大和十六届三中、四中全会之后,文化"走出去"战略逐渐成为国家战略。北京市数字出版业,在夯实国内产业基础的同时,努力发展对外版权贸易,让数字产品走出国门,远销国外。根据统计,世界一些最著名的高等学府,都已使用了中国的数字化期刊,如哈佛大学、剑桥大学、牛津大学、芝加哥大学、京都大学、早稻田大学、海德堡大学、澳大利亚国立大学等。国外一些大型图书馆也纷纷采购、应用中文数字期刊,如美国国会图书馆、多伦多公共图书馆、美国阿拉米大郡公图、皇后图书馆、加拿大温尼伯公共图书馆等。同方知网的用户遍布美国、德国、澳大利亚、日本和港澳台等30多个国家和地区,台湾地区有80%的大学图书馆都在使用龙源电子期刊。

（5）产业组织结构多元

长期以来，传统出版单位都是以国有企业的身份存在着，虽然2004年后国家启动了出版业大转制，但真正能够按照企业机制完全自主经营的单位目前并不是很多。相比之下，数字出版企业从诞生时，就是按着市场经济的规则在运行，走的完全是市场化道路。公司结构上，他们大多为股份制形式，规模较大的，如新浪、搜狐、方正等都是上市公司；融资渠道上，除了自筹资金外，国内外风险投资常常是企业大规模启动的第一桶金；兼并与并购时常在企业间、行业间发生，如中文在线并购17K。整体来看，数字出版企业组织结构更多元化，管理方式更科学化，与资本市场的结合也更为紧密。

第二节　北京市数字出版业存在的问题

从2000年至今，北京市数字出版产业经历了飞跃式发展，数字出版概念已被业内广泛认可，产业规模逐步扩大，产业链条也在形成中。但是，目前北京乃至我国数字出版产业依然存在诸多问题，同国外数字出版产业同行相比，差距还很大，发展的阻力也不少。

一、转型意识不强

虽然现在所有的传统出版单位都意识到，数字出版是出版业的未来大势，自己必须在数字转型中抓住先机，但部分单位对数字出版物是否会冲击纸质出版市场还存在困惑，总觉得数字出版物的出版和流通，和纸质出版物的销售是势不两立的，甚至某一天醒来，纸介质出版物终遭抛弃，因而在转型步伐上还有顾虑。另外，数字出版的投入是个长期的过程，北京数字出版市场上的先驱者至今还未赢利，对投入产出的担忧则又进一步加深了转型的顾虑。其实，这种观点是个误区。

首先，从人类社会发展的历史长河来看，人类传播的发展史就是一个人类在生产和交往活动中不断创造和使用新的传播媒介，使社会信息系统不断走向发达和完善的历史。每一种新的媒介形式的出现，并没有让老的媒介形式消失，而是新老媒介互相叠加、共存共荣。电视出现时，曾有人预言报纸终将消失，但事实证明并非如此，同样的，数字出版的出现也不代表传统出版的终结，甚至并不必然代表纸媒介出版物的市场萎缩。

其次，从传统出版到数字出版，从表层看是技术进步的驱动使然，但从深层次分析,出版物表现形态的改变,其实是适应消费者的消费需要,是大众获取信息的方式和阅读习惯在渐渐发生改变。所以,传统出版单位只有按照市场环境发生的变化走,才有可能在新的环境中生存下来,乃至生存得很好。

再次,数字出版物和纸媒介出版物并非天生的对立物,其实,只要运作适宜,传统形式和数字形式是可以互相促进的。《明朝那些事儿》就是个很好的事例。它先由作者"当年明月"在天涯论坛上连载,得到众多版友的追捧,后被出版社找到出了纸质版,很长时间占据图书畅销排行榜的首位。再比如《鬼吹灯》,也是先在起点中文网上流行,后出版了同名小说,短短数月图书销量就突破50万,后又被华映电影公司买去了影视改编权。大众书局购买逐浪网,其中重要的一方面也是因为逐浪的原创文学资源可以和"大众书局合作形成完整的产业链"。

至于投入产出的回报,任何市场的孵化都是需要一段时间的,数字出版产业从宏观背景和未来前景来看,都是一片光明的。传统出版单位一定不能操之过急,追求即时的回报率,按兵不动、等待市场成熟的做法更是不可取。传统出版单位目前要做的,是摆脱将数字出版和传统出版截然对立的短浅偏见,充分利用多年积累的作者资源、内容资源、出版经验和品牌效应,利用健全的发行营销渠道和忠诚的读者群等优势,通过技术与管理、经营的升级,从内容提供商转型为以内容创建、内容管理、内容发布、应用集成为一体的内容服务商,增强企业与行业的核心竞争力。

二、版权保护不力

2008年,知名的北京万方数据股份有限公司(以下简称万方数据)两度遭遇版权官司,被媒体炒得沸沸扬扬。2008年4月,因认为未经许可擅自将自己的论文收录入数据库用于营利目的,500余名硕博士将万方数据告上法庭,要求其停止侵权并予以赔偿。五个月后,又有482名硕博士因同一原因将万方数据诉至北京市朝阳区人民法院。482名硕博士在起诉书中称,"他们的学位论文为独立创作完成,至今未公开发表,应合法享有全部著作权。万方数据在未经许可的情况下,擅自将他们撰写的学位论文以扫描录入的方式制作成电子版本,收录在其制作的'万方数据资源系统'中的'中国学位论文全文数据库'内,通过向全国各高等院校图书馆及其他图书馆出售'万方数据资源系统'的方式,在网站上提供浏览、下载服务,赚取高额利润。"482名硕博士要求万方数据在媒体及网站上公开致歉,并赔偿经济损失、精神损害抚慰金及律师、公证费用支出总额350万元。

其实，数据库开发商与书稿、论文作者对簿公堂，这不是第一次。早在2000年，维普资讯就被全国2000多家期刊杂志社、编辑部以侵犯著作权和版式设计权为由，告上了法庭，而且迄今为止所有的案件均以数据库开发方被判侵权而告终。但"万方事件"却拉开了数据库开发商被告侵权的"潘多拉之盒"，更是将北京乃至全国亟待解决的版权保护不力的困境推向了前台。

"数字内容传播就像一条高速公路，而版权授权就是收费口，我们修建了高速公路，但大量的车都堵在收费口外上不了高速。"数字内容的生产、流通和版权保护共同组成了数字内容提供链，可版权制度的发展滞后，从根源上遏制了整个产业的健康发展。北京市数字出版产业目前的版权保护困境，主要表现在三个方面：

1. **版权保护意识薄弱**

一方面，数据开发商版权意识淡薄，在没有获得合法授权的情况下，就擅自将作者拥有著作权的作品数字化。网络传播信息在技术上几乎没有条件限制，作品不仅可以方便、精确、逼真地进行复制，也可轻易地被删改或者移植，盗版所需要付出的成本几乎可以忽略不计。于是，一些数据开发商就在没有获得作者授权的情况下，通过扫描、录入等手段大肆复制并非法销售数据资源，从中牟取暴利。另一方面，作者的"集体无意识"又纵容了盗版的猖狂。在中国现行法律体系下，对数字作品的侵权成本很低，维权成本却相对较高，而且诉讼中的质证、认证过程相当复杂，往往是作者耗费了许多精力和金钱成本去打官司，可胜诉后得到的赔偿却"入不敷出"。所以，即使已知道自己的著作权被侵犯，很多作者也不愿意对簿公堂，作者的这种"集体无意识"纵容了现今数字出版领域版权问题的积重难返。同时，"网络免费"观念的盛行和绝大多数网民对数字产品版权的漠视，也在一定程度上加大了数字出版产业版权保护的难度。

2. **版权保护的法律和制度建设滞后**

司法保护与行政执法并行的双轨法律救济体制，是我国版权保护的显著特征。在立法方面，从上世纪90年代起，我国就制定了一系列制约网络侵权行为的法律法规，如《著作权法》、《计算机软件保护条例》、《互联网信息服务管理办法》、《互联网出版管理暂行规定》、《著作权集体管理条例》、《互联网著作权行政保护办法》、《信息网络传播权保护条例》。2007年，被称为"互联网公约"的《世界知识产权组织版权条约》和《世界知识产权组织表演和录音制品条约》在我国生效，《关于办理侵犯知识产权刑事案件具体应用法律若干问题的解释（二）》和《关于全面加强知识产权审判工作为建设创新型国家提供司法保障的意见》也先后颁布。可以说,我国对版权的司法保护是比较全面的,堪比欧洲一流国家的水平。这些法律法规,同样适用于北京市数字出版版权的管理,而且,北京市还从2007年起启动了数字版权保护服务平台,可以对盗版行为进行监控与取证,可以接受电子举报。但是,相对于日新月异的网络技术,相对于不断增加的案件类型,现有的法律法规,尤其是针对数字出版产业的法律法规,还不太健全,如何将法律的原则性规定准确、合理地运用到具体的案例中,还存在一定问题。比如,《信息网络传播权保护条例》中关于"向公众传播"概念的界定,"这一概念富有内涵且极富弹性,在极强的包容性下凸显适用边界上的模糊。互联网技术的发展,将极大地提升信息网络的交互性,同时也将不断降低'向公众传播'这一概念界定的门槛。而这种模糊很大程度上将影响到网站对于权利、侵权的认识,也会对网络环境下的版权相关产业的发展带来很大的负面影响。"[①]在执法方面,目前对数字作品版权的管理和执法,涉及工商、公安、文化等多个部门,多头并存反而造成难以监管。

3. 版权保护技术推广不力

数字版权保护是数字出版中最重要的技术基础,只有通过它,数字出版物参与各方才能得到相应的收益,数字出版物的销售数量才可计数。在数字版权保护技术上,目前已被广泛应用的主要有数字版权管理(DRM)、条件接收技术(CA)、模拟信号保护系统(APS)、数字水印。条件接收技术主要用于有线电视网,特别是数字电视网,它为单向数字电视网的收费提供了强有力的技术保障。模拟信号保护系统主要用于保护模拟输出端号不被非法复制内容。数字水印是通过算法在图像里取差值,将肉眼看不见的数字水印藏在电子书或图片等数字作品的背后,上面可注明版权人、所在机构、身份证号码和特殊符号等。无论怎样拷贝,水印都始终跟随其上,为追查盗版源头提供了良好的基础。数字版权管理技术则是在以上技术的基础上发展起来的,以数字加密技术为基础,只有授权用户才能得到密钥,从而实现对数字内容的保护。

在我国,由方正集团自主开发的版式文件技术CEB、数字版权保护技术DRM、Apabi电子书整体解决方案等一系列原创核心技术,都可以妥善地解决图书资源数字化、数字版权保护、e-book安全分发和数量统计等三大关键问题,[②]但由于推广不力,这些数字版权保护技术并未能发挥出应有的效用。

[①] 朱磊:《数字版权保护:法律应主动应对技术发展》,《法制日报》2007年7月22日。
[②] 王坤宁:《数字出版建立健康发展产业链》,《中国新闻出版报》2007年6月6日。

三、产业链条断裂

内容与技术的二元分立,是数字出版产业的现实状貌。虽然存在着上、中、下游三个环节的市场主体,虽然每个环节也都形成了一些知名企业和品牌,但彼此之间并没有形成一条协作整合的产业链,也没有形成合理的利益分配机制。

在数字产业链中,内容提供商具有资源和版权优势,技术提供商具有技术和渠道优势,渠道销售商具有终端和客户优势。为了追求各自利润的最大化,各个环节的市场主体拼命为自己加价,延伸自己的业务领域,却忘记给整个产业链条做加法。于是,现存的情况是,有实力的数字内容提供商,开始抛开技术提供商,筹措自己的数字资源库;知名的数字传播技术提供商,则努力打造原创内容,向内容提供商转型;而实力稍逊或目标不明的内容提供商和技术提供商,则盲目跟风或被动观望。结果是,各环节缺少分工和合作,不能专注于自己核心业务的开发,重复开发现象严重且质量不高,产业链整体效率偏低。

至于利益分配模式。长期以来,传统出版单位只是单纯扮演内容提供者的角色,通过签订版权授权合同,将内容打包出售给技术提供商,从中获得版权收入,而技术提供商获得数字授权后,再通过一次、二次乃至多次开发,重复赚取利润。由于不直接面对市场,传统出版单位的议价能力相对薄弱,在销售收入中只能占得小部分,还要拿出6%—8%的版税付给作者,对技术提供商提供的销售数据又没有第三方监测。久而久之,看着技术提供商大量营收,传统出版单位觉得"自己分得太少了",不愿意继续将内容提供给技术商。没有了内容的支撑,技术提供商的发展后劲也不足,最终造成整个数字出版产业的滞后。

其实,在数字新媒体时代,内容和技术的融合是最终趋势,数字内容提供商和数字传播技术提供商完全可以摆脱单一的"委托与代理"关系,走向价值的整合与统一。在这点上,STM在线出版已经提供了一个很好的范例。2008年2月,中华医学会所属系列期刊与万方数据股份有限公司结成战略合作关系,双方联手共同打造中国STM在线出版业务,力图探索出一条新的传统出版同数字出版结合的道路。

四、赢利模式单一

资本是马克思主义政治经济学中一个非常重要的概念。资本是能带来剩余价值的价值,它的本性是追逐利润,"资本害怕没有利润或利润太少,就像自然界害怕真空一样。一旦有适当的利润,资本就胆大起来。如果有百分之十的利润,它就保证被到处使用;有百分之二十的利润,它就活跃起来;有百分之五十的利润,它就铤而走险;为了百分之一百的利润,它就敢践踏一切人间法律;有百分之三百的利润,它就敢犯任何罪行,甚至冒绞首的危险。"

利润等于总收入减去总成本。有数据显示,排名世界第一的 Elsevier 公司,2008 年营业规模达 32 亿美元,而北京目前排前两名的万方数据与同方知网(CNKI),加起来还不到 5 亿元人民币。北京数字出版业"尚未形成能够赢利并可持续发展的商业模式,还处于投入大于产出阶段"。[①] 为什么花费同样的成本,却没有得到相同比例的回报?除了起步较晚外,赢利模式单一,是制约北京市数字出版产业发展壮大的一个主要因素。

从全球数字出版产业的发展现状看,数字产业的收入主要来源于基于产品本身的收入和基于服务的收入。基于产品本身的收入,就是为读者提供阅读内容,通过直接向读者收费,或者通过网络广告,来谋求赢利。基于服务的收入,就是为读者提供满足其特定需求的服务,通过收取服务费用来实现赢利。国外的成熟数字出版商,如美国的 Iuniverse.com 和 Xlibris.com 两大网站,服务收费占了其整体收入的一大部分。而在北京,无论是以传统出版物为主要来源的电子书网站、互联网期刊数据库、门户网站的作品连载、数字报纸,还是以网络原创内容为主要来源的多媒体期刊、原创文学网站,都是以读者阅读收费为主要收入来源,基于产品本身的赢利成为最主流、也几乎是唯一的赢利模式。

既然是靠内容赢利,内容产品的独特性就成为能否在众多数字出版商中脱颖而出的关键一环。可在目前的数字产品中,除了原创文学网站和多媒体期刊因 UGC 能保证内容的新意外,电子图书和互联网期刊数据库都存在极严重的内容同质现象,什么容易就先做什么,什么流行就争着上什么,根本不考虑市场的区隔和出版商自身的核心竞争力。而原创文学网站和多媒体期刊,虽然凭借作者独家签约机制和 UGC 能够保证内容的原创,却因为监管不力而造成网站鱼龙混杂、良莠不齐,大部分内容都是食之无味、没营养的"鸡肋",真正能够吸引读者付费阅读的其实仅有一小部分而已。至于数字报纸,更多的是传统纸质报纸的"翻版",是个可有可无的附属物,更谈不上如何赢利。

其实,随着社会发展的日益多元化和碎片话,受众的需求也越来越个性化,

---

① 陈香:《数字出版赢利模式成业界焦点》,《中华读书报》2008 年 10 月 25 日。

是"一条无限的长尾",提供基于个性化需求的定制化服务,将是数字出版商未来赢利的"蓝海"战略。比如,发展线下增值服务,根据主题内容的不同,提供在线问答、链接索引、E-Learning、按需出版等多种形式的衍生服务;为企业提供独家设计的图书、文件、内部刊物等;集合纸质报纸的内容优势,整理成精华版或文摘版等不同形式的数字报纸。

五、技术标准纷杂

在台湾,电子书大多采取 PDF 格式,以网友普遍使用的 Adobe Reader 为阅览软件,而没有另外开发专属的阅读软件。可在北京的电子书阅读上,方正的 CEB、书生的 SEP、超星的 PDG、中文在线的 OEB、万方的 PDF、知网的 CAJ……各个数字传播技术提供商都建立了自己的一套出版格式,令人眼花缭乱。技术标准不统一,已成为制约北京及至全国数字出版产业发展的"瓶颈"之一。

标准化是为了在一定范围内获得最佳秩序。国际化标准组织和一些发达国家在数字出版领域制订了一系列的国际标准、区域标准和国家标准,如国际数字出版论坛制定了《开放出版结构》(简称 OPS,前身为开放电子书出版结构 OEB-PS)和《开放打包文件格式》(简称 OPF),韩国将基于 XML 的 EBKS 的电子书格式定为国家标准,可北京的数字出版标准还局限在企业标准的较低阶段,缺乏行业标准乃至国家标准,"数字出版的技术系统和装备系统尚需要加大研发和创新,特别是行业标准滞后,信息化的水平低,原数据和信息交换格式未能形成标准,数字出版管理格式、数字出版防伪的保护、版权保护等技术问题还不完善。"

由于缺乏行业标准和国家标准,内容提供商在发展数字出版业务时,只能根据自己的需要和实力,选择采购某一套技术方案和平台系统,重复建设现象严重,浪费了大量资金。由于缺乏行业标准和国家标准,技术提供商各自为政,建构起一道道围墙,难以做到内容的互联互通,信息孤岛严重。由于缺乏行业标准和国家标准,终端数字产品也无法实现技术统一,用户就不得不使用各种的阅读器和阅读软件。这就增加了受众的支付成本,从而减弱了受众对数字产品的热情,阻碍了数字出版产业的前行。

可以说,标准的缺失使得北京市数字出版产业战乱纷争,并非"市场越辩越明",反而阻碍了产业的发展。所以,从产业良性发展的长远角度考虑,只有解决技术标准不统一这个"顽疾",构建公平化、开放化的标准,才能推动技术升级,促进全市数字出版业的健康发展。欣慰的是,数字出版标准化工作已经得到政府有关部门的重视,重点数字出版工程项目、数字资源唯一标示符(DOI)预研、新闻出版行业标准体系及重要标准研究、出版内容元数据标准研究等一系列基于数字出版的标准化研究项目和标准项目都已启动或申请立项。

六、个人消费市场开发不足

根据第 26 次中国互联网发展状况调查统计报告的数据,我国居民在网上最重要的是获取娱乐享受,尤其是听取网络音乐,其次是获取新闻信息,再次是利用网络搜索引擎。

表 8-2 各类网络应用使用状况及用户增长

类型	应用	2009.12—2010.6 各类网络应用使用率及排名变化				排名变化
		2009.12 使用率	2010.06 使用率	2009.12 排名	2010.06 排名	
网络娱乐	网络音乐	83.5%	82.5%	1	1	→
信息获取	网络新闻	80.1%	78.5%	2	2	→
信息获取	搜索引擎	73.3%	76.3%	3	3	→
交流沟通	即时通信	70.9%	72.4%	4	4	→
网络娱乐	网络游戏	68.9%	70.5%	5	5	→
网络娱乐	网络视频	62.6%	63.2%	6	6	→
交流沟通	电子邮件	56.8%	56.5%	8	7	↑
交流沟通	博客应用	57.7%	55.1%	7	8	↓
交流沟通	社交网站	45.8%	50.1%	9	9	→
网络娱乐	网络文学	42.3%	44.8%	10	10	→
商务交易	网络购物	28.1%	33.3%	12	11	↑
交流沟通	论坛/BBS	30.5%	31.5%	11	12	↓
商务交易	网上支付	24.5%	30.5%	13	13	→
商务交易	网上银行	24.5%	29.1%	14	14	→
商务交易	网络炒股	14.8%	15.0%	15	15	→
商务交易	旅行预订	7.9%	8.6%	16	16	→

数据来源:中国互联网络信息中心:第 26 次中国互联网发展状况调查统计报告.

根据艾瑞咨询的数据显示,2007 年电子图书个人付费率为 3.4%,数字期刊个人付费率为 4.6%,互动杂志个人付费率为 10.2%,手机出版物除下载流量费外,读者付费率与互联网平台相似,数字出版物读者付费率(复合)平均为 5.9%。[①]

---

① 资料来源:艾瑞咨询,www.iresearch.com.cn。

个人消费市场的低迷,固然有网民们早已习惯了免费获取信息内容,"网络付费"的消费习惯还未形成的原因,但更重要的是,付费的数字产品并不能吸引个人用户的注意力。换句话说,数字产品的内容设计和服务方式并不能适应个人消费市场的消费需求。

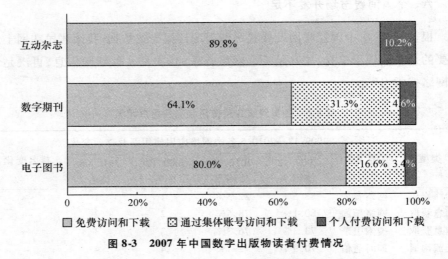

图 8-3　2007 年中国数字出版物读者付费情况

北京市目前的数字产品内容,除了多媒体互动期刊外,大部分都是纸质出版物的翻版,基于互联网的特性而整合加工的元素很少。同时,在出版内容的选择上,"由于高校图书馆、公共图书馆、研究机构、科研院所等机构对深加工的电子化内容需求迫切,所以目前国内几乎所有数字出版机构的现实业务主要集中在这部分市场",就造成在数字出版产品的结构上,教育和学术出版发展迅速,高校数字图书馆市场已接近饱和,而大众读物出版和能满足消费者个性化需求的内容出版却寥若晨星。但其实机构用户是个人用户的集合,数字出版产业的消费者,归根结底还是个人,B2C 模式的开发才是数字出版企业的业务关键。

第三节　北京市数字出版业发展的对策建议

1997 年,尼古拉斯·尼葛洛庞帝在其著的《数字化生存》中写到,"在以比特为基础的数字化空间里,信息可以以极快的速度进行无限距离的传播,在它传播时,时空障碍完全消失,这些都是现实社会中那些采取'模拟'形式传播的信息所无法做到的。因而,在数字化空间,人类可以随时随地,完全按自己所需获取更加大量、更加清晰的信息,而不再受现实社会中信息传播的时间、地点的困扰。

此外，当信息以比特形式出现后，就为人类彻底地共享信息提供了可能，人们可以将全球的计算机连成一个大网络，可以无限制地调动他所感兴趣的信息。"①

十年后，尼葛洛庞帝的描述，或者说预言，成为了一种现实。在地球村的世界里，产业和行业的界限越来越模糊，一宗宗的跨媒体并购案，传媒产业、电信产业、IT 产业、电子产业，通过资本纽带产生了联结；一个个的合作项目，内容生产商、内容集成商、网络运营商、信息技术供应商、终端设备生产商、系统集成商和服务提供商，共融成了一个集群。媒介大融合已成为一股势不可挡的潮流。根据互联网实验室的报告，未来新媒体的发展将出现网络融合和终端融合趋势，并在这两种融合的基础上出现融合的新媒体。

北京的数字出版业也不可避免地要融入这场媒介融合中，内容提供商向信息服务商转型，技术提供商向内容提供商转变，竞争的边界不断被打破，新的竞技场又不断诞生。同时，我们每个人都由信息的接受者变成创造者，从分享者变成信息生产、传播的合作者和销售者，由倾听者变成讲述者，变成多媒体合成师，成为这个"文化鸡尾酒"时代的"调酒师"。如何面对这场潮流，实现内容资源和价值的最大化，成为北京市数字出版产业前行中的应解之题。

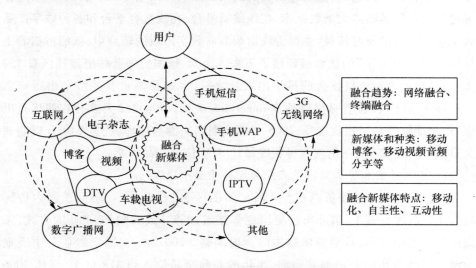

图 8-4　中国未来新媒体传播模式网络图②

---

① 〔美〕尼葛洛庞帝：《数字化生存》，海南：海南出版社 1997 年版。
② 来自互联网实验室《中国新媒体发展研究报告（2006—2007）简版》，http://www.chinalabs.com，图中基于各种网络的新媒体类型仅列举代表性例子，并不代表全部的新媒体类型。

一、国外数字出版经验

"在讨论数字出版时,我们应该明白,传统出版不会消失,它只是改变了形态;与其说人们喜欢技术,不如说人们更喜欢读书本身。"①虽然不情愿,数字传播技术的迅猛发展,让欧美发达国家的出版业也面临着数字化转型。

在这场产业转型中,国外出版商迄今取得了不小的成绩。作为全球最大的科技及医学出版商之一,爱思唯尔集团投资4000万美元,建立了世界上规模最大的科学文摘数据库 Scopus 和全文数据库 Science Direct、MDConsult、在线参考书目和特定学科门户网站。在该集团2008年53亿英镑的收入中,STM出版收入达17亿英镑,占了总收入的32%。② 通过分析文献资料,本文作者将欧美数字出版数字出版的经验总结为以下几个方面:

1. 传统出版商在数字出版产业中居主导地位

国外传统的大型出版集团,对网络化生存均保持着高度的敏感,积极推进数字出版的进程。他们斥巨资建设数字化平台,不仅早已完成了文本的数字化,建立了数字化的图书仓库,把已经出版的图书和期刊转成电子版本放到网上,还普遍建立了各种类型的大型数据库、在线编辑平台、在线教育平台和各种数字产品和工作。技术的及时转换,使得传统出版商向数字出版的转型中,依然占据着主导地位,"内容为王"的优势被延续了下来。比如,德国的施普林格建社已有150多年,是世界上历史最悠久的科学出版社之一,也是德国重要的数字出版商之一。1996年6月,施普林格启动 SpringerLink 项目;1998年2月实现在线优先出版,用户能够使用可播放视频;2005年建成期刊回溯数据库,拥有240万篇期刊文章;2006年12月,在伦敦获得年度最佳 STM 信息产品大奖。

2. 企业并购和资本运作是产业转型的重要手段

技术升级是传统出版商在产业转型中的一头"拦路虎"。不同于国内传统出版单位的埋头苦干,国外出版集团更多是通过兼并或收购IT企业的方式,来完成新技术的采用,乃至整体结构的全面调整。2007年,美国出版业集中表现为网络媒体与出版公司的并购潮,半年的并购交易值达到318亿美元,比2006年高出20%。③ 例如,桦榭美国公司花费1.1亿美元收购了 Jumpstart,利用其拥

---

① 陈昕主编:《美国数字出版考察报告》,上海:上海人民出版社2008年版。
② 心蓝:《2008环球集团财报面面观》,《出版商务周报》2009年3月17日。
③ 美国媒体涌动并购潮,《中国图书商报》2007年11月20日。

有的数字平台广告销售经验来帮助桦榭完成网上广告销售。再比如,2007年,培生出版集团通过出售与其整体发展目标不符的"政务解决方案"项目,套现5.6亿美金,成功并入爱思唯尔旗下的哈考特教育和在线学习服务商——数字学院公司(eCollege),为教育出版的数字化业务增强了实力,使培生集团超过牛津大学出版社,一举成为英国教育市场份额最大的出版社,2008年的销售额更是达到48.11亿英镑,比2007年的41.62亿英镑增长了15.6%。①

3. 不同出版类型采用差异化的赢利模式

在国外,大众出版、专业出版、教育出版三大领域有着截然的分野,每个出版集团都只专注于某一领域的业务,而绝不玩通吃。对应于不同的出版类型,他们所采用的赢利模式也不尽一致。

大众出版领域:通过网络营销做价值链的延伸。由于大众出版属于"非刚性需求",再加上长久以来形成的"网络免费"观念,其数字化转型仍在探索中潜行,还没有建立起理想的商业模式。目前,大众出版集团的一般做法就是,利用自身所积累的品牌影响力和网络营销功能,在产业链上下游做加法,将品牌从纸质出版物延伸到数字产品,从而拓展赢利空间。例如,约翰·威立出版集团,是全世界著名的旅游图书出版社,每年大约出版200种旅游图书,销售额在全美市场排名第一,"佛式旅游系列"和"非正式旅游指南"都是它旗下的主打品牌。2006年,约翰·威立收购了伦敦一家叫Whatsonwhen的小型在线旅游图书公司,在平台上刊登品牌图书来吸引广告客户,并通过提供视频音频、个性地图、GPRS产品来满足读者的个性化需求。

专业出版领域:结合特色资源提供数据库和增值服务。专业知识因其极强的针对性,而对读者具有必然的吸引力。欧美的专业出版机构,利用自身长期以来积淀的特色内容资源,积极建设大型数据库,提供线下增值服务,由此探索出一条颇有成效的商业模式。比如,约翰·威立集团,拥有近500种专业期刊,覆盖了14个学科领域。它从学科和内容出发,建立了科学、技术、医学等若干大型专业数据库,打破了传统专业期刊的局限,更好地满足了细分人群的个性化需求。再比如,荷兰威科公司,是全球最大的专业出版集团之一,在制定医疗、企业服务、金融、税务、会计、法律、规章制度和教育领域的信息产品解决方案上能力卓著。在该公司近40亿欧元的年收入中,数字出版收入占据了很重要的比例。

---

① 心蓝:《2008环球集团财报面面观》,《出版商务周报》2009年3月17日。

教育出版领域:通过线上线下产品的整合,打造立体化的教育产品。在教育出版领域,目前的传统出版集团还是采取纸质图书和数字产品捆绑销售的方式,通过开发多样化的教学评估和测试产品,提供在线平台服务,实现资本的增值。例如,培生集团通过2000多家网站建立起教育服务网络,为客户提供教材制作、教辅更新、教学支持、考试和评估等全方位的服务。培生集团出版的高等教育教材几乎都配有网上软件,包括家庭作业、测评工具、学习指南与课程管理体系,方便教师进行在线授课。

二、未来发展对策

借鉴国外数字出版产业的发展经验,结合北京数字出版产业的现状和特征,笔者认为,未来北京市数字出版产业的发展,应该在以下几个方面着力:

1. 出版集团或大型出版单位构建内容集成平台

在传统的媒介产业链下,内容的生产——发行——消费是单一的封闭型线性模式,内容生产高度依附于媒介载体,一个媒介结构生产出一种媒介内容,不同类型的媒介之间很难形成内容共享,整个产业链形成一种"竖条"结构。在信息时代,数字传播技术的融合打破了各类媒介内容生产之间的壁垒,内容生产可以独立出来成为产业链的上游集群,再通过各种渠道分配给各类媒介终端,形成了新的"伞式"产业链结构。

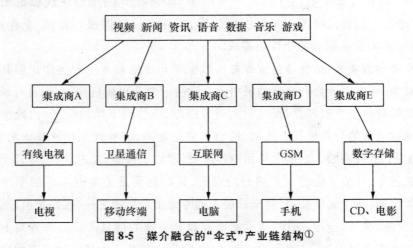

图8-5 媒介融合的"伞式"产业链结构①

---

① 王菲:《媒介大融合:数字新媒体时代下的媒介融合论》,广州:南方日报出版社2007年版。

在这种"伞式"的产业链结构下,复合出版和内容的立体化使用将成为必然的趋势。也就是说,内容生产商不再单独地为每一种媒介生产一种内容资源,而是将其手中拥有的全部内容资源和版权资源集中起来,对原始内容要素进行标准化、数字化的加工和存储,再将这些内容分配给报纸、手机、电脑等多个终端同时使用。集成平台的内容采集和生产,可以减少重复劳动,提高资源的利用效率和成本效力,同时也可以方便地在平台上进行多层次的内容整合,实现价值的增值。

在电视台,媒介资产管理系统 MAM(Media Asset Management)就是一个很好的内容集成平台。它就如同一个全天候全方位管家,将电视台的各种内容素材资料,包括视音频素材、文字、图片等纳入统一的管理之下,使得存储、利用和再利用更加方便可行。"在电视台流行这样的帕累托定律,作节目拍摄的素材,只有20%有用,80%不过是垃圾而已,如果这些垃圾被分类处理储存,并非常便捷地为后来者检索、利用,那些每天被抛弃的素材垃圾就成为了重要的核心资源。"①

但在北京市数字出版产业中,至今还没有建立起内容集成平台系统。其实,北京拥有许多大型的出版集团,有的集团内部还是书报刊集群化,还有许多历史悠久、实力强大的出版单位,这些出版集团和出版单位完全有能力、也有条件构建数字内容集成平台。

企业集团是第二次世界大战之后为适应大规模生产和企业结构调整而联合起来的企业群,它以骨干企业为核心,成员企业具有独立的经济地位并相互持股,在融资体系、人力资源和科学技术方面形成紧密、稳定关系而协同经营的企业集体。1996年1月,经新闻出版总署批准,广州日报报业集团成立,标着着我国出版集团的建设进入国家试点阶段。至今,北京市已经建立了中国出版集团公司、中国科学出版集团、北京出版社出版集团、经济日报报业集团、光明日报报业集团、北京日报报业集团几家出版集团和中国体育报业总社、中国青年出版总社、中国美术出版总社、时尚期刊社等一批准集团组织。另外,高等教育出版社、人民教育出版社、外语教学与研究出版社、人民日报社……北京还有一批建社历史悠久、资本雄厚、品牌资源丰富的出版单位。这些出版集团和出版单位内部就积累了丰富的内容资源和多种媒介终端,完全可以对采、编、印、发等核心业务进

---

① 黄升民:《黄民视点——媒体核心竞争力的标志》,《媒介》2006年第3期。

行重新整合。

设想一下,在集团或单位内部建立若干"项目小组"和一个内容集成平台。所谓项目小组,就是把拥有不同技能的人组合起来,群策群力去完成某一特定的采编印发工作。每个小组将基于特定任务所完成的新闻、资讯等以元数据的形式存放在平台中,各个出版单位、各个分社、或者各个部门,根据自己的出版需要从平台中提取元数据,再将其加工成适合各自媒介特性的产品形态,最后通过多个终端同时发行出去。这将极大地提高资源的利用率和工作效率,对出版集团和出版单位内容优势的保持和品牌的维护也是一种很好的助推力。高等教育出版社已经开始实践"内容集成平台"。它在部分部门推出了"复合出版"系统,将内容制作和版式制作分开,先统一制作无版式的内容数据,再根据实际需要将元数据制作成图书、期刊、数据库等产品形式。

2. 深化改革,健全出版业资本运营手段

国外大型出版集团的成功经验告诉我们,出版业要想在数字化大潮下获得生存和发展,最佳途径莫过于充分利用资本市场的资源,运用资本运营手段,来筹措资金,拓展传播渠道,增长企业实力。纽约时报公司,就是通过不断的资本并购,壮大成为一家集印刷媒体、网络媒体和广播电视媒体为一体的综合平台。

我国出版业与资本市场的联姻,政策上已有了松动。2001年4月,中国证监会公布了新的上市公司行业分类,"传播文化产业"被包含在内,为出版增值业务上市建立了准入范畴的标准;2001年8月,在中央宣传部、国家广电总局和新闻出版总署联合发布的《关于深化新闻出版广播影视业改革的若干意见》中,允许出版业吸纳本系统外的国有资本,也可以同国外知名集团进行合作;2005年1月,在全国新闻出版局长会议上,新闻出版总署明确要求,"整体转制为企业的国有新闻出版单位,要掌握资本运营方式,加快资本有效扩大,实现国有资产保值增值","开辟安全有效的融资渠道,积极稳妥地发展资本市场";在2006年第二届文化发展战略论坛上,时任中宣部副部长李从军提出,"要创新文化企业的发展模式,通过民营企业的参与,以产权交易、共同合资、联合开发、参股经营等方式优化企业的资本结构。在确保国有文化资本主导地位的前提下,鼓励收购、兼并、重组、股份制改造,以形成文化资本向优势企业集中和优胜劣汰的机制";2009年4月,在新闻出版总署印发的《关于进一步推进新闻出版体制改革的指导意见》中,鼓励和支持社会资本特别是国有大型企业参与出版传媒企业的股份制改造;积极支持条件成熟的出版传媒企业,特别是跨地区的出版传媒企业上市融资。2010年新闻出版总署印发的《关于进一步推动新闻出版产业发展的指导意见》又进一步提出：在国家政策允许的条件下，充分利用发行企业债券、引进境内外战略投资、上市融资等多种渠道为企业融资。北京政府也在研究版权评估体系，在做各种融资方面的探索。在实践上，2007年12月21日，辽宁出版传媒股份有限公司，在上海证券交易所正式挂牌上市，成为内地传媒上市"第一股"，当天市值就由20多亿元增长到109.8亿元。之后，时代出版、中南传媒、天舟文化等都成功上市。

但是，从产业整体而言，有资本运营意识的出版单位还不是很多，行政力量在出版业中的痕迹比较深，资本角色的力量并没有凸显。其实，随着外资曲线进入内地数字出版行业，国内出版商的竞争压力越来越大，在拓展新兴业务之际，对资本的需求也日渐加大。具体到北京地区，绝大多数出版企业都是通过自身积累的方式发展数字出版业务，通过兼并并购行为融入数字化大潮的并不多见，通过上市融资的出版单位更是凤毛麟角。其实，在坚持"党和人民喉舌的性质不能变、党管媒体不能变、党管干部不能变、正确的舆论导向不能变"的前提下，主管部门应深化体制改革，更多允许和鼓励出版企业参与到资本运营中来，不断健全资本运营手段。

境外媒体进入我国，目前主要采取注资参股、投资控股和兼并收购三种手段，北京市数字出版也可以借鉴这些资本运营手段。传统出版单位可以通过合并、股权认购或资产收购的方式，兼并、联合一些有实力、有良好发展前景的技术公司，将其纳入出版单位的整体数字化战略中；可以通过直接上市、间接上市或分拆上市的方式，迅速积累拓展资金，省去自身积累的时间；上市出版企业之间，也可以通过资本运作的方式，共同出资组建数字出版企业；对于确有实力的技术提供商，也可以拓展思维，允许其向传统内容出版单位参股。此外，还应引导有实力的传统出版、报业、广电等文化领域企业，通过联合、重组、兼并等手段，构建跨媒体集团，以迎接未来更严峻的挑战。2008年6月11日，中国出版集团公司与华旗爱国者签署战略合作协议，意在实施集团的数字化出版整体战略，这就是一个不错的市场信号。

3. 创新赢利模式，优化内容开发

赢利模式是企业生存的关键。在国外，数字出版商多是以用户为中心，基于用户体验和自身特色，建立适宜的赢利模式。目前，北京市数字出版市场已经存在的赢利模式有：电子书模式，以复本书模式销售产品实现收入；数字图书馆模式,将电子书以数字图书馆的方式提供给个人或单位有偿使用;数据库模式,基于图书期刊海量信息,能进行文献全文检索、元知识搜索,能提供标题内容提要的免费阅读、付费下载服务;E-Learning模式,根据专业课程进行内容的数字化,为客户提供付费的在线学习、下载服务;原创文学出版模式,提供在线收费阅读原创作品;手机书模式,付费接收,计次或包月;电子杂志订阅模式,免费阅读,广告收入;在线工具书模式;按需出版模式。

这些赢利模式,大多是以内容为基础点和出发点,对用户需求考虑较少,都是依靠产品的交易来创收,在服务增值业务上做得很少。打破单一赢利模式,是数字产业下一步发展的重点。比如电子商务平台,就是作者认为可以大力推广的一种模式。数字出版企业可以在自己的网站上搭建电子商务平台,吸引用户进来开设网店,售卖图书、数据库等相关资源,数字出版企业从中不仅可以获得平台使用费和广告费,还可以提升网站人气。

另一方面,在数字内容的提供上,北京市数字出版业存在着严重的内容同质化现象,优化内容开发,也是数字出版企业不可偏废的方向之一。大规模定制产品和服务,拓展个人消费市场,是现实可行的一种方法。

斯坦·戴维斯在《未来世界》一书中曾说,"一般说来,与其竞争对手相比,一个企业越能在大规模的基础上提供定制化的产品,就越能够获得更大的竞争优势。"在数字化时代,海量是信息传播的基本特征,随着社会价值多元化而不断分化的大众,已经由单一的媒体消费转向多种媒体的消费,由被动接收信息转为主动挑选信息。同时,随着Web2.0的兴起,"互动"、"用户创造内容"也日益成为互联网的主流。在此种形势下,"定制"传播被许多数字内容运营商所看中,成为解决"大生产"与"分众化"矛盾冲突的唯一手段,而内容的规模化生产以及数据库的建设则为大规模的定制化传播提供了可能性。

根据约瑟夫·派恩的研究,大规模定制,是为开发、生产、销售、交付买得起的产品和服务,这些产品和服务具有足够的多样性和定制化,差不多人人都能买到自己所想要的东西。它包括两种方式:一种是Customable,指消费者可以从众多的选择中,选择一类自己所需要的内容。例如数字电视,为电视观众提供若干不同定位的电视频道,观众可以通过手中的遥控器,在给定的范围内选择自己需要的内容。另外一种是Customizing,指产品可以自己去满足消费者的需求。网站就是这样的一种内容提供类型,消费者通过自己的搜索和点击,选择自己想要浏览的内容。派恩还提出了大规模定制的五种基本方法:围绕标准化的产品和服务来定制服务,即完全标准化的产品在被送到客户那里之前,通过销售和分销的定制化来改变产品,增加其特征;创建可定制的产品和服务,即开发和生产标准化但可定制的产品和服务,满足客户的个性需求;提供交货点定制,即在销售或交货点生产产品,完成最后的定制生产工序;提供整个价值链的快速响应,即缩短企业价值链的周期时间,增加多样化,在客户需要时向他们提供任何想要的产品和服务;构件模块化以定制最终产品和服务,即建立能配置成多种最终产品和服务的模块化构件。

信息是一种最容易定制化的标准产品之一。国际上一些知名的专业和学术出版机构,已开发出大规模定制业务,如美国汤姆森法律与法规集团,通过Westlaw平台为数百万用户提供全年、全天候服务,包括搜索法律文件和文书、相关案例资料,甚至还可以为用户提供技术支持,帮助其提高对内容信息的组织、管理整合及传递效率。相较而言,北京市数字出版业的大规模定制,还处在初级阶段,建立了多种类别的数据库,开设了多个原创网站和原创杂志,但它们既不是建立在对客户需求的充分理解上,在后续服务的定制化上也很不充分,更别提整个价值链的快速响应和配置模块化构件。

目前北京市数字出版的个人消费市场开发不足,个性化定制传播是拓展个人消费市场的关键环节之一。数字出版企业要在保证技术不断升级的前提下,或循序渐进、或业务改造、或创建新业务,进入大规模定制的新前沿。数字出版企业要充分理解客户的个性化需求,通过对"谁、什么、什么地方、什么时间、为什么、任何"的回答,确定大规模定制的方法和目标,乃至将其融入企业的文化之中,以便开拓个人消费市场,增加数字出版的赢利空间。例如,数字出版企业可以进行本地化定制,在不同地区增加本地化的信息内容,以满足该地区读者的阅读需求。

4. 塑造环境,扶持优势领域和重点企业

产业环境是产业发展的重要外因。北京市数字出版产业的发展,除了数字出版企业自身的努力提升外,政府主管部门也应综合运用法律、经济、政策等手段,塑造良好的产业环境,扶持优势领域和重点企业的发展。

(1) 运用经济政策支持数字产业发展

欧美大型出版集团拥有雄厚的经济实力,因而可以很顺利地并购技术企业,投入运营成本,完成数字转型,而北京市的出版企业,资金实力要逊色很多,这也是为什么很多出版单位转型热情不高的原因之一。政府主管部门在今后的产业发展规划中,应该多运用信贷、补贴等经济政策,为数字出版的发展塑造良好产业环境。北京市近年来对文化创意产业的投入很大,先后设立了北京文化创意产业资金、北京文化创意产业投资引导资金、文化创意产业集合债券等。数字出版产业也可归入文化创意产业之内,也可争取创意产业各项资金的支持。对一些尚处于产业边缘,但极具经营潜力的数字出版企业,可以在金融信贷政策上给予适当的扶持和优惠,对符合规定的企业给予减税、免税等优惠。对民族企业核心技术的研发和出口,可以给予补助补贴。对做出突出贡献的数字出版企业和个人,给予适当经济奖励。为中小企业开辟信贷窗口,简化信贷手续。

(2) 扶持优势领域和重点企业

北京市已经形成了互联网社会科学、科学技术以及教育出版三个优势出版领域,还发展出了一批具有较为完整的商业模式的知名数字出版企业,如书生、知网、中文在线、高等教育出版社等。对于优势领域和重点企业,政府主管部门应该大力扶持,在配套服务、行业协作、跨区域合作、企业融资、人才战略上制定便利政策,保持其在全国的领先地位。

(3) 加快格式标准化的进程

数字出版产业发展初期,无论是技术提供商还是内容出版商,都希望通过格式壁垒来阻隔竞争。但是,随着数字时代的发展和开放,格式壁垒已经越来越弊端百出,甚至在一定程度上阻碍了数字出版的商业拓展步伐。标准的一致化,能够为数字出版产业的参与者提供一个统一的经营规则,保证合理、公平的竞争,从而形成平等的交易模式。国际出版论坛已经发起了电子书的 EPUB 格式(可逆的数字图书和出版物 XML 格式),索尼阅读器在最近的一次升级后,已可以兼容包括 EPUB 在内的多种格式。

北京数字出版的格式标准化进程才刚刚起步,既要获得广泛的支持、兼容国际标准,又要考虑实施成本和持续发展,确实有很大难度。为此,政府各相关主管部门应发挥牵头作用,联合数字出版产业链上各企业和出版单位,完善数字产品内容监管平台;加快出版行政机关信息化建设,提高公共服务水平和监管的能力;加强出版标准化体系建设,打破信息孤岛,实现资源共享;加大北京市标准化建设的推广力度。

5. 整合产业链条,消除利益壁垒

大众媒介发展到今天,已经变成一种注意力经济。以报纸、图书、电视为代表的传统媒介,其原先积累的受众注意力资源已被极度分化,而新的数字媒体,因其所具备的即时、即地、主动、交互功能,天然具有吸引受众注意力的特性,成为分割传统媒体注意力资源的利器。在这种现状下,专注于大众传播的传统媒体,必须适时而动,以新媒体作为接触点去适应"碎片化"的受众需求,否则,仅仅依靠原有的传输渠道,自己庞大的内容产品将无法到达最广大的受众,传统媒体也将被日益的边缘化。

出版集团和大型出版单位同新媒体的接触,可以考虑并购兼并等方式,而中小型出版单位,鉴于自身的资金实力,更可行的方式是整合产业链的上中下游,同数字传播技术提供商深度合作,进行策略联盟,消除既存的利益壁垒。各方强化角色定位意识,分工协作,明确各环节的权利与责任;建立统一的标准化协作平台,内容提供商、技术提供商和渠道运营商通过协作平台实现无缝对接;拓展合作层次,不仅有内容提供——制作——营销的浅层次线性合作,还可以开展深层次的内容研发和营销,甚至可以以参股的形式展开某些项目合作;重新建立合理的利益共享机制,让产业链各环节都能享受到切实的利益回报,充分调动各方的积极性;已加入出版集团的中小型出版单位,还可以借助集团的平台力量,统一开发数字出版业务。在 2007 年第二届数字出版博览会上,人民教育出版社、机械工业出版社、人民邮电出版社等 100 多家出版社就曾联合发布《数字出版产业可持续发展倡议书》,呼吁数字出版产业链各环节共同规范市场环境,主动抵制未经作者和出版社授权的盗版数字出版物,保护出版社和作者的利益不被侵犯,保证数字出版产业健康发展。①

6. 加强版权保护,推动版权贸易

知识产权保护是数字出版的立身之本,盗版是对整个数字出版产业的戕害,只有做好数字环境下的知识产权保护,数字出版产业才有可能健康发展。完善知识产权立法体系,尤其是针对争议较多和新现象的法律法规;完善技术措施保护制度,为技术措施设立明确具体的规范;加强管理部门的协作,严格执法,公平执法;为产业界提供更系统的著作权登记、合同备案、侵权认定和纠纷处理等专业服务;加大版权保护技术的推广;建立数字出版行业版权保护联盟,运用行业力量加大盗版打击力度。

2004 年 5 月,美国纽约三大公共图书馆先后选了 1000 种中文期刊建立电子图书馆。数字出版取消了纸张传播,也拓展了内容传播的空间和范围,更为北

---

① 数字出版产业可持续发展倡议书发布,人民网,2007 年 7 月 19 日。

京丰富的文化资源提供了新的传输渠道。"走出去"已是我国文化发展的重要战略,作为以技术开发与版权增值为核心的数字产业,推动其对外版权贸易,是产业发展的新途径。为此,应健全版权交易平台,通过平台管理,建立起数字产品的版权登记、商标登记、代理、展示、拍卖等信息系统管理,以及国内外版权交易的数据。另外,推动版权衍生品市场的开发,实现多种载体形式、多种操作模式共存的版权交易活动。

第四节 案 例 分 析

这里选取了高等教育出版社和机械工业出版社两个传统出版单位以及北大方正这一新技术企业作为案例,具体分析其数字出版历程、业务现状和发展困惑,以期从微观角度近距离的观察北京市数字出版企业现状。

一、高等教育出版社

高等教育出版社是新中国历史上最重要的出版机构之一,1954年成立于北京,是教育部所属的以提供高质量教学资源为目标,服务各级教育行政部门、高等院校等的专业教育出版社。进入21世纪,高等教育出版社在数字化转型的战略构想中,定位于"教育服务商",首开复合出版,成为数字出版领域的佼佼者之一。

1. 数字出版发展历程

高等教育出版社数字出版的雏形,可以追溯到20世纪80年代末在社内启用激光照排系统,90年代又陆续出版了光盘和多媒体教学软件,而真正意义上的数字出版,则起于20世纪初。2000年,教育部启动了"新世纪网络课程建设工程",高等教育出版社率先推出大学物理等网络课程;2003年,高等教育出版社提出"立体化教材"概念,在出版纸质图书的同时,用"书+盘"或"书+卡"的方式提供网络课程和在线指导;2006年,高等教育出版社试行了"复合出版"管理平台,综合旗下所有内容资源,将内容和表现形式分离,进行跨媒体同步出版。

2. 数字出版业务现状和未来构想

高等教育出版社目前的数字出版业务,主要有以下几个产品类型:电子图书、学习卡和网络出版。电子图书方面,高等教育出版社与书生、方正合作,将非畅销"长尾"图书的电子书版权授权给技术提供商,每年大约出版5000本左右,从中获取版权费用100万。学习卡,这是高等教育出版社目前数字业务中最核心的一块,是其"立体化教材"概念下的产物。迄今为止,高等教育出版社共发放了1亿张学习卡,每张卡收取的费用在3元至7元之间,但由于是配合图书销售,具体的收入数据无法统计。网络出版,高等教育出版社有 OnLine First 系统,学术类期刊直接通过网络出版;高等教育出版社还研发了教学平台,直接将平台软件售卖给学校用户。另外,高等教育出版社还同施普林格集团合作,将其英文期刊和图书的海外数字发行授权给施普林格,每年从此块获得几十万元的收入。

下一步,高等教育出版社数字出版的主要战略是:将"复合出版"管理平台推广到全社所有部门;建设高等教育出版社网站的电子商务平台和学科系统;谋划应用模式的整体转型,加大个人用户市场的开发和移动阅读终端的利用。据悉,高等教育出版社目前正在同阅读器开发商商讨合作事宜。

3. 数字出版的困惑和启示

在采访中,高等教育出版社教育技术与出版技术研发中心主任张泽谈到,高等教育出版社数字出版发展到今天,最大的困惑还是赢利困境。迄今为止,高等教育出版社在数字出版的技术投入上已耗费了两三千万,但整体收入只达到一、两千万,还处于不赢利状态。而且,这其中大部分的收入都是来源于同纸质图书的配合销售,单独赢利的数字化产品并没有出现。另外,人才缺乏和盗版泛滥,也是制约高等教育出版社数字出版发展不可忽视的因素。

其实,高等教育出版社的数字化探索,是立足于"大内容"概念的出版,不是简单的纸质内容的数字化存储和加工,而是一次次创造性的内容处理。这和国外教育类出版商的发展路径基本一致,国外出版商也是打造"立体化教材",已探索出6类较为成熟的数字出版产品形态——在线课程、家庭作业管理、在线测试、电子书、在线课外辅导、在线虚拟体验材料。但是,在产品形态上,高等教育出版社更多是基于已有资源的配套开发,整合力度不强。而且,在电子书的发展上,因担心数字版对纸质版的冲击,只将非核心的"长尾"图书授权给技术提供商,畏首畏尾的情绪严重,转变意识,仍是传统出版商亟待解决的问题。

二、机械工业出版社

机械工业出版社(以下简称机工社)成立于1952年,现已发展为一家多领域、多学科的大型专业出版社,机械工程、电工电子、建筑、汽车工程、经济管理、计算机是其重点出版领域。伴随着数字化的浪潮,从21世纪起,机工社也走上了数字转型的道路。

1. 数字出版发展历程

2000年,机工社正式发展数字出版产业,通过对国内多家技术提供商的考察,最后确定了与方正Apabi的合作,将其部分纸质图书的电子书版权授权给方正。2002年,机工社进行了网站改版,在网站上增加了电子商务功能,并且可以在线销售电子书。2006年底,机工社暂停与方正的合作,不再授权新的电子书的出版,开始进入出版社数字转型的战略思考期。

2. 数字出版业务现状和未来构想

到2009年底,机工社共出版了近万本电子书,其中很大一部分读者可以直接从网上购买。授权的电子书,主要集中在机械工程、电工电子、建筑、计算机和经济管理领域,从中获得的收益共达200万元左右。机工社围绕软件版的《机械设计手册》,开发出了"数字化手册系列",共约19个品种。2009年2月2日,温家宝总理赴国外考察时,曾将机工社的640本电子书赠送给英国剑桥大学。机工社正考虑进一步转型,向数字内容出版商转型。

3. 数字出版的困惑和启示

对于机工社暂停与方正的合作,在案例采访中,机工社信息中心主任赵卫国认为,是因为收益预期不理想,原版原式的电子书制作,出版社得到的价钱太低,而且市场定价机制混乱。也正是因为此,机工社一套价值很高的大辞典,考虑再三后并没有开发数字形态。所以,机工社要改变数字发展战略,谋划向内容服务商转型。

其实,内容提供商与技术提供商因利益分成而出现分歧,这早已经是北京市数字出版产业公开的问题,整合产业链条,解决利益壁垒,是数字出版产业发展过程中必须解决的问题。而对于专业出版社来说,突破出版狭义的边界,利用数字化手段向信息业、服务业等关联领域拓展,是其未来的发展方向。像美国汤姆森出版集团、麦格劳—希尔集团等,财经、金融、法律等信息内容的服务构成了他们重要的利润来源,而我国的专业出版社,在信息服务领域发展得很不足够。

"不做数字出版,是在等死;做了数字出版,是在找死。"这是在北京出版业内盛行的一句"玩笑"话。从2000年到今天,北京数字出版经历了飞跃式发展,但直到现在,还没有一家数字出版企业实现了真正的赢利,可谓是花钱赚"吆喝"。所以,虽然知道数字出版是未来大势所趋,还是有很多出版商不知道到底该从哪起步,甚至不知道未来到底是光明还是黑暗。数字出版究竟何时能走向成熟,谁也无法预测,在前进、探索的过程中,所有的出版企业都是"摸着石头过河",这中间也许会出现诸多破折,但随着技术的进步、媒介融合的加剧和市场培育的成熟,出版单位终究能迈入数字转型后的康庄大道,中国的出版业也能像欧美发达国家那样,产生自己的培生、自己的施普林格。

三、北大方正[①]

北大方正集团由北京大学1986年投资创办,北京大学持股70%、管理层持股30%。依托北京大学,方正拥有并创造对中国IT、医疗医药产业发展至关重要的核心技术;开放、规范的资本平台吸引了如英特尔、欧姆龙、瑞士信贷、东亚银行在内的国际资本注入。经过二十多年的发展,北大方正已快速成长为综合实力与华为、海尔同列中国信息产业前三强的大型控股集团公司。北大方正的核心业务包括IT产业、金融产业、医药医疗产业、房地产业等,其旗下的北大方正Apabi技术有限公司主要从事数字出版相关业务。

北京方正Apabi技术有限公司(以下简称"方正Apabi公司")是方正集团旗下专业的数字出版技术及产品提供商。方正Apabi公司成立于2006年4月,其前身是成立于2001年的北京北大方正电子有限公司数字内容事业部,在继承并发展方正传统出版印刷技术优势的基础上,自主研发了数字出版技术及整体解决方案,已发展成为全球领先的数字出版技术提供商。

方正Apabi公司为出版社、报社、期刊社等新闻出版单位提供全面的数字出版和发行技术解决方案。目前,中国80%以上的出版社在应用方正Apabi技术及平台出版发行电子书,每年新出版电子书超过6万种。Apabi电子书产品已在全球3000多家学校、公共图书馆、教育城域网、政府、企事业单位等机构应用,全国150多家报社的300多份报纸应用方正Apabi数字出版技术发行数字报。

Apabi爱读爱看网(www.idoican.com.cn)为读者提供包括电子书、数字报等在内的各种数字出版物的版式阅读服务,并为出版机构、媒体机构提供数字内容的发行服务平台。

方正的数字出版业务包括四大板块:数字报、数字出版技术、数字资源和数字图书馆软件。

1. 数字报

方正数字报系统又包括以下几个方面的业务:数字报刊系统技术、数字报刊

---

① 本部分内容来自北大方正网站的相关介绍,特此说明。

暨跨媒体出版系统解决方案、方正翔宇 CMS 网站内容管理系统。

(1) 数字报刊系统技术

方正数字报刊系统整合方正版面结构化描述技术、电子版面生成技术、数字报纸自动合成发布技术、多媒体编辑与制作技术、版面内容快速智能反解标引技术，实现了数字报刊快速、流水式生成发布，一次加工，可以同时生成网页版、多媒体版、手机报、手持阅读器版等多种形式的数字报刊，功能涵盖了数字报刊从生产、订阅、发行、广告、运营以及与读者互动等全部的生产经营环节。

方正数字报刊的业务方向涵盖了数字报纸的生产管理系统、发行管理系统、广告管理系统、访问控制系统、电子交易系统等跨媒体发布及经营等诸多环节，实现了报社、读者、广告商之间的良性互动和沟通，形成一个全媒体全流程的业务解决方案；通过融合音频、视频、图像、动画等多媒体元素，利用网络媒体低成本快速有效的传播特性，帮助报业在新的历史时期保持主流强势媒体的话语权，增强受众体验，拓展经营渠道；帮助报业把传统媒体的内容和经营资源平滑拓展到互联网，形成以传统纸介质报纸为基础，数字化、网络化内容产品和信息增值服务产品齐头并进的内容产品发展格局。目前方正数字报刊已经和包括人民日报等数十家重要报纸建立了业务联系。

(2) 数字报刊暨跨媒体出版系统解决方案

"数字报刊暨跨媒体出版系统"通过整合北大方正的版面结构化描述技术、数字版面的生成技术、数字报刊的自动合成发布技术；同时新创了基于飞腾软插件实现的一系列版面内容快速智能反解标引技术，实现了数字报刊的快速、简洁，但功能强大的网络化流水线式的跨媒体生成和发布。通过借助这些智能反解标引技术和自动合成发布技术，使得报社等传统媒体只需在现有出版的工艺流程中追加少量的工时即可实现一条全新的、高度智能化和自动化的、网络化的数字报刊跨媒体出版生产线。数字报刊既要保持纸制报纸最吸引的人的报纸版式，又要融合在互联网上阅读新闻的方便和快捷，方正翔宇数字报刊系统制作完成的数字报刊包括报纸的版面图，在版面图上点击感兴趣的文章区域则在右侧显示此篇文章的新闻内容，即保持纸报原汁原味的报纸版式，符合阅读纸报的传统看报习惯，又融合网上看新闻的方便快捷，吸引读者关注报社网站。

方正翔宇数字报刊发布系统以数字报刊内容的组织管理为主，实现了数字报刊的采编管理，提供了一个包括信息采集、加工、制作发布的整个数字报刊制作发布过程的工作平台,并实现了整个流程的管理。系统提供了一个简洁集成的操作界面,用户能够灵活地制作模板、方便地组织数字报刊内容,完成报刊组织、传送、签发等一系列数字报刊的制作流程,并提供了相应的权限管理,保证数字报刊第一时间在网站上发布。

系统支持多报刊管理,提供了完善的期、版管理功能,能够方便查看以往某天的数字报刊内容。通过模板机制来实现数字报刊的自动更新,模板组件是与主流网页制作工具 Dreamweaver 集成在一起的,能够在 Dreamweaver 中进行可视化的模板编辑,使网站美编能够充分发挥 Dreamweaver 强大的网页制作能力,轻松实现各种复杂的页面效果。系统还提供了标准化的 XML 数据接口,能够方便的将数字报刊内容导出供其他业务系统使用。

通过方正飞腾软件进行报纸组版的报社都可以应用方正飞旋 FIT 标引反解软件进行版面标引和反解,通过方正翔宇数字报刊发布系统自动生成 HTML 页面进行网站发布,同时可以生成相应的 PDF 版。在这个过程中,报社的制作人员只需要进行版面标引反解,系统会自动完成后续工作,极大地提高了工作效率和简化制作过程,制作人员的主要工作是 FIT 标引反解。

方正翔宇数字报刊发布系统从操作系统、数据结构、程序实现到操作界面都经过精心设计,使得系统能够更好地支持迅速发展的数字报刊市场的需要。采用数字报刊解决方案后,对报社可以轻松实现数字报刊的制作发布,覆盖传统发行渠道延伸不到的读者,增加广告的浏览量;可以与组版软件集成,高效率完成数字报刊的标引制作,极大的降低数字报刊的制作成本;能够基于 HTML 模板的开放式发布形式,易于被搜索引擎收录,便于内容的推广;完善的期、版索引,方便历史资料的查阅,报纸资料存储检索的另一种方式;采用强大的内容管理系统进行数字报刊的管理,管理功能完善;能够提供标准化的系统接口,方便数字报刊内容的再次利用。对读者而言,可以保持纸报原汁原味的报纸版式,符合阅读纸报的传统看报习惯,融合了网上看新闻的方便快捷,从而带来了一种全新的阅读体验。

(3) 方正翔宇 CMS 网站内容管理系统

方正翔宇 CMS 网站内容管理系统是业界领先的网站信息发布的全流程管理平台,为新闻媒体网站、政府网站提供了站点栏目规划、页面模板制作、信息的采集、编辑加工与多途径发布等完善的内容管理功能。

方正翔宇 CMS 可以在一套系统中管理多个独立的站点,各站点之间有严格

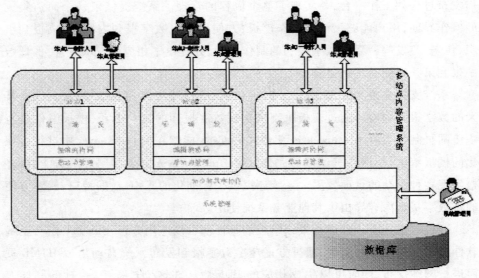

图 8-6　北大方正多网站内容管理系统

的权限管理,具有独立的采、编、发流程,同时又可以在站点之间进行内容的共享和协作。对于网站栏目结构的调整通过鼠标拖拽即可轻松完成,网站栏目数量、层次都不受限制,能够支持上万个栏目的网站规模。

方正翔宇 CMS 提供了与专业网页制作工具 Dreamweaver 集成在一起的模板组件,能够在 Dreamweaver 中进行可视化的模板编辑,使网站美编能够充分发挥 Dreamweaver 强大的网页制作能力,实现各种复杂的页面效果。

方正翔宇 CMS 能够提供从平面媒体、广电媒体、互联网媒体等各种渠道采集稿源信息的能力,并且支持 XML 格式稿源的批量导入。

方正翔宇 CMS 通过基于 XML 的可视化内容编辑器来进行网站内容的编排,在编辑器内能够方便的进行字体、段落的设置,多图的图文混排与图片编辑,任意格式多媒体文件的插入,甚至集成对视音频内容的编辑。提供了对热字、敏感字、关键字、相关新闻的自动处理。

方正翔宇 CMS 以独创的触发式发布技术实现了秒级的实时发布速度,支持发布服务器集群的内容同步,同时还具备定时发布的能力。系统支持 XML 格式的模板,以实现 WAP 网站、RSS 等多途径的内容发布。

3. 数字出版技术

在传统出版领域,方正集团一直以技术领先业界,曾经引领中国的出版技术

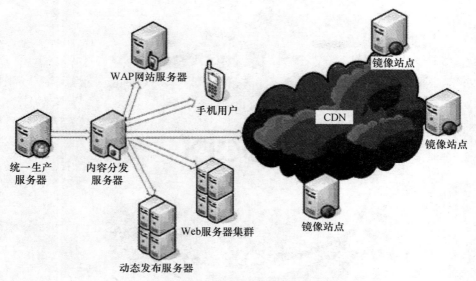

图 8-7 北大方正网上内容发布系统示意图

直接进入第四代——激光照排技术时代。在互联网时代,方正集团依据传统的出版技术和强大的技术开发力量,把发展网络出版作为重要战略方向,全力和出版社等合作伙伴打造完整的网络出版产业链。在网络出版产业链里,出版社、图书馆、网站、手持设备厂商、技术供应商是这个产业链上的成员,担当着相应的角色,方正作为技术供应商为各个环节提供技术支持,使得这条产业链得以贯通。

方正 Apabi 网络出版整体解决方案着眼于整个产业的良性整体发展,还原了传统出版业流程,发挥各个角色在产业链中的优势和特点。方正 Apabi 提供电子书制作技术,帮助出版社方便制作加工电子书,利用高新加密技术,实现数字版权保护,并可以精确统计下载销售的电子书的数量,保护作者、出版社、网上书店、图书馆、读者的共同利益,并提供了方便的图书借阅管理平台。

(1) 方正 Apabi 电子书出版发行方案

合作流程包括:用方正 Apabi 制作出版软件(Apabi Maker 和 Apabi Writer)制作电子书,没有文档的经过挑选进行扫描制作成电子书;将制作完毕的电子书通过方正 Apabi 安全发行软件(Apabi Rights Server)进行加密后销售到全国各大图书馆,并上传到各大网站销售;所有电子书都可以加入网络营销联盟进行宣传,同时为出版社建立电子书专卖店;根据销售记录结账。

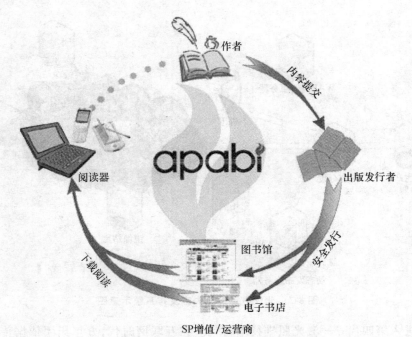

图 8-8 北大方正电子书发行示意图

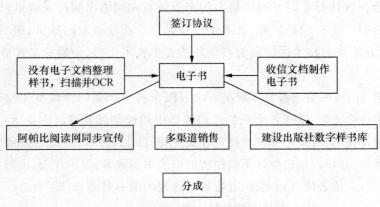

图 8-9 北大方正合作流程图

(2) 电子书在线翻阅促进纸书销售方案

方正 Apabi 作为国内领先的数字技术提供商,从 2004 年开始就致力于将电子图书部分章节上网,与出版社合作把图书通过电子书的形式在网上实现在线免费阅读,既起到了拉动国民阅读的作用,也促进了纸书销售。为了扩大图书宣传覆盖范围,方正Apabi在2005年年末组建了图书营销联盟,与出版社一起启动"在线翻阅合作计划"。目前已经形成了广泛影响。

(3) 出版社建设数字样书库方案

由方正Apabi开发的数字样书库是一套软件系统,它能够帮助出版社方便地管理本社的数字资源并实现资源的应用服务。在信息资源、服务方式、服务质量等方面,都较传统出版资源管理和服务有着巨大的优势。具有占地少、硬件和软件投入小、数据量大、更新迅速、使用方便,不受时间和地点限制等优点。这套系统将为出版社的数字化管理带来了便捷和附加价值收益。

(4) 出版社电子书专卖店解决方案

这部分业务包括:电子书制作转换、上载、加密;电子书的销售;统计出销售数据,并提供查询功能。通过这个方案可以制作出版软件把新书制作成电子书;可以通过ASP方式使用方正Apabi安全发行软件(Apabi Rights Server)平台实现版权保护和电子书的安全发行,同时像纸书一样把握电子书的销售,并能够把握电子书专卖店的销售情况。

(5) 移动数字出版发行平台

方正Apabi是全球领先的基于移动终端的数字出版物传播平台和技术提供商,提供基于文本信息处理技术的移动嵌入式阅读系统、应用方案及运营服务。方正Apabi"移动数字出版发行平台(解决方案)"是针对传统出版物通过数字发行并在移动终端上呈现的一整套解决方案,就是把文字、图片这样的信息"印刷"到手机、阅读器、学习机、MP3等数码产品上,真正实现了出版物的数字出版、发行、传播及阅读。为出版发行商、终端厂商、及运营商等合作伙伴提供完善的解决方案,给广大移动终端用户提供丰富的内容和个性化的服务。

目前,方正Apabi和摩托罗拉、多普达、康佳等厂商合作,推出了具有电子书、数字报阅读功能的多款手机,用户可以直接通过手机下载、阅读。同时,方正Apabi和香港GSL、南开津科、汉王科技、骆玛国际等硬件厂商合作推出了多款手持阅读器,用户可以方便地阅读电子书和数字报。

方正数字手机报是方正Apabi针对移动新媒体的传播特别推出的一整套解决方案,即通过GPRS等手机网络,将文字、图片、动画等信息"印刷"到手机产品上,实现数字化阅读。通过方正数字手机报,用户不用打开浏览器就可以轻松获得。阅读采用流式阅读,体验更快速、更流畅、更易用、更美观。方正数字手机报支持包括Windows Mobile、Symbian、Linux、MTK、Kjava等主流操作系统和平台。

目前,方正 Apabi 已与多家手机厂商合作,在多款手机当中内置了"方正数字手机报"。

(6) 方正 Apabi 电子书城解决方案

这一系统的功能特点是提供与出版单位安全发行软件的信息交换接口,实施对交易安全的鉴定。精确统计出向各出版单位的购买数据,提供丰富的查询功能。提供与电子书销售的商务系统的接口,以处理商务系统传递过来的购买请求。网上书店不用投入,使用交易处理软件就可以销售多家出版单位的正版图书资源。

商务合作方式及流程:

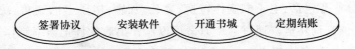

3. 数字资源

方正对现有的数字资源进行了整合再造,其数字资源库包括了:CALIS 教参全文数据库、职业教育全文数据库、学习型组织全文数据库、中小学教育书库解决方案、特色资源库、中国年鉴资源全文数据库、中国工具书资源全文数据库、中国报纸资源全文数据库等。

4. 数字图书馆软件

方正 Apabi 数字图书馆软件主要以实现资源的数字化及电子书等数字资源的网络化管理、发布、阅读等功能为主,主要包括以下软件产品:

(1) 方正 Apabi 数字资源管理平台。方正 Apabi 数字资源管理平台是一个功能强大的电子书等数字资源存储、管理、借阅软件系统。

(2) 方正德赛(DESi)特色资源库建设系统解决方案。方正德赛(DESi)特色资源库建设系统解决方案助您将各式各样的文献资源数字化,统一成符合国际标准格式的电子资源,再进行深度数据加工和加密处理后在网络上安全发布,供特定范围内的读者使用。

(3) 方正德赛论文授权提交系统(TASi)。方正德赛论文授权提交解决方案就是供高校图书馆收集毕业论文的工具,该方案不仅可以提交论文正文,还可以提交图书馆根据自己需要所定义的相关元数据信息,学生对论文使用的授权也可以同时收集整理起来。加上统一格式转换软件及安全发布软件,构成了一套完整的论文提交解决方案。

(4) 方正 Apabi 阅读软件(方正 Apabi Reader)。方正 Apabi Reader 是一个

为中文电子书环境设计的阅览软件,可阅读 CEB、PDF、XEB、HTML、TXT、和 OEB 多种数字化的书籍或文件,不论是休闲性的书籍阅读、机密性的企业内部文件、高附加价值的研究报告、专属性质的报价文件等类数字内容,都可经由本软件满足阅读、说明、收藏及保密的需求;看电子书的同时,还可以直接使用翻译软件、关键词查找,还能很方便地在电子书上加着重、圈注、批注、划线,插入书签;亦具备快速点选网上书店、书架管理及网页浏览等功能。

通过上述一系列技术、数字出版模式以及商业运作模式的探索和创新,北大方正一直走在数字出版的前列,成为中国数字出版的代表企业。

结束语　通过加快改革解决我国数字出版的发展障碍

综上,我们比较系统地分析了数字传播对出版业的影响,并考察了数字传播条件下传统出版向数字出版转型的若干重大问题。在研究过程中,使我们感到深深困惑的是:为什么国外的数字出版是由传统出版单位发轫并引领,由此实现了从传统出版向数字出版的成功转型,而国内传统的出版业迟迟不见起色,过去的技术服务商却引领了数字出版?要研究中国的数字传播与出版转型,就不能不回答这个问题。

一、我国传统出版向数字出版转型的制约因素

我们认为,之所以造成这种局面,主要由于以下几个方面的原因:

1. 管理体制问题

这里主要指宏观管理体制的问题。首先,长期以来,我国出版单位实行严格的审批制度,市场进入门槛很高,没有形成良好的进入和退出机制,只要不出现大的政治性问题,出版社可以永远经营下去,无生存之忧。而且,由于出版社实行的是主管主办制,其主管主办单位会给出版社提供各种行政性和政策性保护,通过行政性垄断来获取超额利润。在这种情况下,出版社没有危机意识,也就没有了数字出版研发的动力。其次,我们对出版单位的管理实行的是严格的业务分工和专业分工,不仅报纸、期刊、图书等不同媒体之间界限分明,就是同一种媒体也要按照新闻出版管理部门审批的出版范围来出版,比如教育、文艺、古籍、美术等等图书出版单位也界限分明,这样就很难在数字出版中进行资源整合。而出版业外的技术服务公司并不受这些约束,他们可以利用自己的技术优势,通过

与不同的出版社之间合作,打破媒体分割和专业分工的限制,将这些资源有机整合起来,提供海量的信息服务,从而在与传统出版单位的竞争中占尽先机。再次,主管主办单位对出版单位的保护是一把双刃剑,既使出版社无后顾之忧,但同时也限制了出版单位的经营自主权。而且绝大多数出版单位的主管主办者对出版运行方式、规律等基本是外行,他们很难全力支持出版单位投巨资去开发数字出版资源,因而使得传统出版单位在数字出版面前感到束手无策。

2. 运营机制问题

长期以来,我国对出版单位实行的是事业单位企业化管理的体制,这种体制最大的问题是它不能按照现代企业制度去运行。首先,它不是独立的企业法人,无法作为企业竞争主体参与市场竞争;其次,它没有清晰的产权界定,无法进行对外投资,或者其投资的程序极其复杂,而市场机会则转瞬即逝,它会丧失好的投资机会;再次,它无法透过市场手段到市场上进行投融资,因此,很难进行卓有成效的兼并、收购等行为,而网络环境下通过兼并收购等资本运作最大限度整合资源是数字传媒企业发展的常态,国外大的出版集团都是通过不断兼并、收购来整合传媒资源,国内盛大等民营企业走的也是这条路子,但在传统的国有出版社却此路不通,这就捆住了他们的手脚;最后,作为事业单位的出版社更无法通过上市等方式募集社会资本发展自己,而单纯靠内涵式增长很难达到数字传播环境下所要求的对信息、资本和人才资源的聚变,也就不可能像盛大、汉王等企业那样快速发展。

3. 领导体制问题

数字传播是一项需要持续、长期、大规模投资的具有战略意义的工程,很大程度上带有风险投资的性质,有很大的不确定性和风险性。国外的出版集团高层管理者和经营者大都是职业出版家和企业家,只要经过股东授权,他们就会按照市场逻辑去运作,出版集团长期的经营好坏和管理者本人的利益息息相关,他们通过股权、期权等手段对高层管理者和经营者有很好的激励和约束机制。反观我国的出版社,在事业体制下,出版社只是一级行政组织,出版社的领导由上级单位任命,常常作为人员调整的跳板甚至安排闲人的场所,管理层不断变化。而出版业又是专业性很强的行业,管理者进入出版业需要一个较长的熟悉过程,而当他们刚刚熟悉行业特点和发展规律,却也有可能又被调整到另一个毫不相关的岗位。出版社的经营者不知道自己哪一天被调离到其他岗位,因此,既无法形成职业出版家和职业企业家,更不能指望他牺牲当前的利益去投资有一定风险却看不到现实收获的数字出版业。数字出版是一个需要巨大投入的行业,但其收获期却要等很久。作为理性的出版社管理者,首先是要保证自己在任的时候管理者及员工现实利益不受到损害。如果他投巨资到数字出版领域,那么没准还没有等到收获的季节,他已经被调离到其他岗位,这是任何理性的管理者所不愿也不会去做的。而国内的技术开发商大都由民营资本或者股份制发展而来,早已按照现代企业制度要求进行运作了,他们的管理层的利益是与企业发展状况紧密相关的,是用业绩说话的。只要主要股东认为这个行业值得长期投资,他们就敢于冒这个风险,敢于在数字出版方面进行长期开发和投资,因此,他们抓住传统出版社在这个领域行动迟缓的契机,对该领域进行大规模投入,从而掌握了数字传播领域的先机。

4. 产业集中度的问题

数字出版最大的特点是能够容纳海量信息并把这些信息以最为便利、快捷的方式传播,通过把海量信息整合、加工、传播和服务获得最大效益,因此,它最能体现规模经济和范围经济的优势。国外出版产业的集中度很高,美国前20家出版单位占美国市场份额高达85%左右,出版资源无论是信息资源还是信息传播渠道都基本上被这些媒体巨头所垄断。除此之外,国外的传媒集团都是综合性集团,没有条条块块的限制,不受媒体形式的制约,既有图书、期刊、报纸,也有电影电视、电台、广播等,他们可以综合开发利用这些传媒形式,形成一个内容多媒体开发、一个资源多次利用,而且不同媒体之间相互配合、互动共赢,从中获得最大的经济利益和传播效果。例如,迪斯尼公司开发某个题材,它就可以综合运用电影、电视、图书、期刊、主题公园、玩具等等形式反复宣传同一个东西,资源互补,对消费者形成狂轰滥炸之势,对消费者心理形成强烈的冲击,实现横向一体化的扩张。而像弗兰西斯·泰勒、约翰·威利、艾尔斯韦尔等传媒集团每家都集中了世界上最有影响的学术期刊上千种,他们可以利用这上千种有影响的期刊内容资源,建立专业数据库,形成良好的赢利模式。反观国内出版单位,不仅广播电影电视和新闻出版两分,而且即使都属于新闻出版总署管理的报纸、期刊、图书等也不可越雷池一步,图书出版单位不能出版期刊、报纸,期刊单位也不能出版图书,再好的资源也只能一次利用,无法进行资源的整合。不仅如此,国内的出版产业呈原子型市场,产业集中度极低,资源呈现高度分散化状态,任何一家出版单位所拥有的资源都不足以维持数字传播规模经济的要求,形成不了海量信息,更难形成对海量信息资源的整合力量,从而从根本上制约了出版从传统出版向数字出版的转型过程。

5. 运营模式问题

运营模式是与资源状况紧密相关的。国外出版集团之所以逐步找到了自己的运营模式和赢利模式，是因为他们所拥有的海量信息和内容资源足以支撑数字出版运行环境。国外传媒集团在数字传播方面的突破点是专业出版，他们利用他们长期积累的海量专业信息，形成专业数据库，通过对专业数据库的打包和分散销售，获得超额利润。近期，西方像培生教育集团、圣智出版集团等教育出版大鳄们又投巨资在教育资源的数据库开发、集成和整合，也已经初步成功地实现赢利，他们进一步图谋在这个领域形成垄断。由于国内出版单位规模普遍较小，信息资源形式单一，并且信息资源极其分散，例如，2009年底我国有期刊9851种，但这近万种期刊分别属于数千家单位，即使拥有期刊资源最多的单位拥有的原发期刊也不会超过50家，没有一家传统的出版单位能够对这些期刊资源进行有效的集约、集成和整合，这和数字出版的发展规律和运行模式不相适应，因此，国内出版社迟迟找不到好的商业运行模式和赢利模式，出现了"投资数字出版找死，不投资数字出版等死"的说法。同方知网之所以能够整合这些资源，就是因为它不是原发资源的出版单位，能够站在"中立者"的地位对分别属于不同出版单位的信息资源"再利用"，这和国际上那些传媒集团依靠自身的出版资源提供原创性信息服务的做法有本质差别。因此，如果不改变我们的管理体制、运作机制以及用人体制，如果不打破媒体之间、行业之间、地区之间以及所有制之间的界限，不能通过资本对现有出版单位进行大规模并购和整合，靠现在每个出版单位所拥有的信息资源，在数字出版环境下根本不可能形成有效的运营模式和赢利模式。

6. 版权的保护和利用问题

数字传播条件下著作权的有效保护是世界性难题，侵权和盗版成为制约中国数字出版发展的一大障碍。与国外传媒集团相比，我国出版单位在版权方面存在两大制约因素。一是我国的数字传播环境较差，侵权现象较为严重，侵权盗版成本低、取证困难、打击侵权难度大而且成本高昂，因此，出版单位没有打击盗版的力量和能力，而相关部门打击侵权盗版的力度又远远不够，使得很多出版单位不敢轻易运用数字化方式进行传播。二是我国著作权法规定，出版单位行使的是"与著作权相关的权利"，也就是"著作权的邻接权"，这种权利的行使范围极其有限，这就导致出版单位在对传播内容进行进行再加工、再集成、再整合的过程中处处受到掣肘，无法最大限度地对所掌握的出版资源再利用。而国际上一些大的传媒集团，如培生教育集团，他们在与作者签约时就约定与作者共同拥有著作权，出版者有权对作者的作品进行再开发、再利用，可以整体开发，也可以把部分内容进行再开发、再整合。他们可以为某所学校定制出一本教科书，这本教科书不是某一个作者写的，只要是培生教育集团出版的内容信息，他们都有权利加以利用，可以采用不同版本中的不同素材、内容提供给用户，比如可以把索耶的《国际经济学》与克鲁格曼的《国际经济学》进行再组合，把他们有特色的内容拼装组合起来销售给高校讲授《国际经济学》课程的教师。而这一点在国内的出版社那里是完全不可能做到的，因为任何出版社都没有作品的著作权，无法进行资源的再开发。而且在实践中我国出版单位在与作者签约时，对邻接权的保护（即专有出版权的保护）周期一般较短，很少超过5年，这样也不利于出版单位对所拥有的邻接权的再开发和利用。因此，在数字传播条件下，有必要通过与作者共同享有著作权来使得双方能够更加精心开发优质资源，并使之达到最佳传播效果，实现出版单位与作者的互利双赢。

二、通过加快体制改革克服数字出版发展中的障碍

上述问题彼此之间是密切相关的，对这些问题的解决是一个系统工程，因此，要实现中国出版强国的梦想，顺利实现从传统出版向数字出版的转型，我们必须正视这些问题，通过深化改革来完善出版生产关系，解放出版生产力。

1. 重新认识出版主体

数字传播的一个重要趋势是媒介融合，不同媒体之间的界限越来越模糊，从而使得过去那种对出版主体的界定变得过时。为了更加科学合理地制定产业政策和支持出版业的发展，必须重新检视什么是出版？出版主体有哪些？技术的发展大大拓展了出版的形式，目前新的传播形式：如博客、微博、手机出版、手持阅读器等等，是否属于出版的范畴？如果它们也属于出版主体，那么未来的产业发展中必须将他们纳入进来，如何加以规范和管理这些新的出版主体就成为新问题。而且新的出版主体大多是由非传统出版单位甚至是民营企业推出的，如汉王电子书，新浪微博等等。在这种情况下，如果我们还固守过去的出版主体观念，那么就很难适应新兴出版生产力的发展要求，因此，必须对这个关系到出版长远发展的核心问题加以重新审视和重新界定。

2. 发展数字传播技术，推动出版的业态转型

随着数字化时代到来，全球所有大型出版集团都在不断进行技术和赢利模

式的创新,不仅产品内容数字化,企业各项业务也全面与数字对接,实现出版业态的提升。

我国已经在上海张江、重庆和杭州建立了三个国家数字出版基地和一个国家数字版权研究基地。这些基地的建立,不仅有利于数字出版人才、技术和知名企业的打造,而且对推进我国新闻出版业转型升级和产业大发展具有重要意义。在行业层面上,也在积极推动中国数字出版产业的标准化。数字出版标准的统一,有利于传统出版向数字出版的顺利转型,结束市场标准的混乱,有利于数字出版资源共享,也有利于行业的健康发展。大力发展物联网,利用互联网和物联网技术整合企业内、企业间的信息,改变传统上因为信息不通畅而产生的选题与市场的脱节,出版与物流的滞后,改善发行零售单位进货与发货的盲目行为,实现信息流和物流的无缝连接。加快研发电子阅读器、电子纸、电子墨水等新型数字化产品,延伸原有的产业链条。目前这些产品开发都集中在新兴数字技术企业,传统出版商多局限在原有产品的数字化,在整个产业进行业态转型的情况下,新型数字产品一定会成为未来企业竞争的砝码,传统出版商必须加快新型的数字产品的研发,占领新兴出版市场。

3. 培养适应数字媒体要求、懂得资本运作的复合型人才

出版强国首先是人才强国。人力资源是第一资源,人才竞争是各种竞争中最有决定意义的竞争。[①] 出版产业是智力密集型产业,出版的选题策划、市场的开拓、品牌的培育、出版企业文化的凝聚和创新的实现,都需要一流的人才去实施。现代出版业正在经历从传统出版业向现代数字出版业的业态升级和转型,数字出版是一个资本、资源、人才高度密集型的产业,出版转型需要适应数字媒体要求、懂得资本运作的高端复合型人才。目前,我国的人才培养与产业发展仍然脱节。我国的数字出版产业无论从市场还是技术领域都获有了极大的发展,但是,我们的数字出版人才严重匮乏,我们对数字出版的准备严重不足,我们的出版教育与出版产业严重脱节。未来的出版产业对人才的要求必定越来越高,既要懂得出版,又要懂技术,还要懂管理。因此,不管是通过对现有出版人员的再培训、再充电,填补转型期的人才空当,还是通过高校等研究机构后备人才的培养,都需要加快培养产业需要的复合型人才。

4. 深化出版体制改革,适应新型出版生产力发展的需要

近些年来,党和政府高度重视文化产业的改革和发展,根据国内外文化发展

[①] 周蔚华:《出版产业散论》,上海:复旦大学出版社2009年版,第76页。

形势的要求,对新闻出版体制改革和发展进行了部署,对促进出版产业的发展向数字出版转型起到了有力的推动作用,需要继续加快改革步伐,使之成为推动出版业发展的动力。

(1) 进一步推动出版单位转企改制,重塑出版市场主体,参与市场的竞争

社会主义市场经济的基本要求,就是充分发挥市场在资源配置中的基础性作用。这就要求我们必须建立市场竞争主体,没有竞争主体,就根本不可能形成有效竞争的市场,也就谈不上建立市场经济体制。出版业多年来发展缓慢,与缺乏有效的竞争有很大的关系,出版单位只有成为市场主体,才能有效地参与到国内国际两个市场的竞争当中。

事业单位的性质就决定了它没有清晰的产权界定,不是独立经营自负盈亏的法人主体,对投入产出、经济核算等是一种软约束,无法灵敏地对市场变化进行反应和进行相应的决策,事业单位不可能成为市场竞争主体。出版单位如果要成为市场竞争主体就必须进行转企改制,成为真正的企业。因此,改革就是要明晰产权,明确权责,赋以出版社市场主体的地位,除保留少数主要承担公益性出版任务的出版社为事业体制外,绝大部分出版社必须转制为企业,建立现代企业制度,解决事业单位无法成为市场主体的矛盾。

(2) 出版企业内部改革,加快企业的战略重组,提升国有出版企业的竞争力

随着资本和市场日益全球化的发展,企业为了获得以及保持优势而进行的竞争更为激烈,企业内部或企业间的战略重组也日益频繁和强劲。战略重组已经成为企业提高竞争力,获得和保持竞争优势的重要途径。而数字出版具有显著的规模经济和范围经济特征,要实现规模经济和范围经济就必须通过资本运作,通过兼并收购等进行战略重组,从而最大限度地占有资源、整合资源。与此同时,要从人事、财务等方面进行内部重组,提高国有出版企业的市场竞争力。此外,要对非国有文化出版单位逐步开放,开辟安全有效的渠道进行社会融资与合作,真正形成公有制为主体、多种所有制共同发展的局面。

(3) 引入责任理念,强化出版企业的文化目标

20世纪80年代在西方兴起的"企业社会责任运动",就已经提出企业不能把追逐利润作为唯一的目标,强调在生产过程中对人的价值的关注,强调对消费者、对环境、对社会的贡献。出版企业生产的出版物是一种信息产品,也是一种精神产品,它带有准公共物品性质,有很强的外部性。出版物的正负外部性体现在对社会和读者的影响上。数字传播的一个显著特点是它传播渠道的便捷性和

传播范围的广泛性,因此在数字传播条件下,出版者一方面要按照市场经济的规律运作,但同时要引入更为严肃的社会责任理念,抵制媚俗、唯利是图、低俗之风等出版物的出现,推动社会进步和人的全面发展。作为溢出效应明显的产业,出版的文化目的更为重要,经济是实现文化目标的手段。通过数字传播手段发展壮大文化产业是我们改革和发展的根本目的,对此我们应保持清醒的认识。

5. 发挥政府的宏观调控职能,为产业发展营造良好环境

良好的外在环境是一个产业健康发展的重要保障。中国出版产业的大环境总体来说是好的,但是也存在一些问题,需要为产业营造更好的发展空间。

(1) 加大产业政策的扶植力度,壮大出版业,以争取文化主权

在市场经济条件下,政府主要通过经济政策(产业政策和财政金融政策等)来实现对产业的调控。从产业政策看,中国出版的产业化和数字化刚刚起步,属于需要保护的幼稚产业,这就从产业经济学上找到了政府进行产业扶植的政策依据。克鲁格曼等学者认为:假定产业存在规模经济,全部产业都存在动态的外部经济,那么政府可以对其为达到规模经济的行业进行保护,直至该行业达到最佳规模,与国外竞争对手竞争时占有优势为止。[①] 因此,我们应该积极利用 WTO 第 18 条 C 段条款政府对幼稚工业的保护政策,在制定相关产业政策时尽量在允许的框架内倾斜,资助和保护在产业发展初期是必要的。从财政金融政策,出版基金等制度上大力支持出版业的发展,只有企业强大了,产业壮大了,在国际上的话语权增强了,对文化主权的把握上才更有主动性。

(2) 改变主管主办的行政管理模式,发挥政府的宏观调控作用

目前我国出版界现有的主管主办制度,是在计划经济条件下形成的,已经成为数字传播发展的制约因素。因此,要加快数字出版的发展,就必须打破目前对媒体分割管理、分而治之的局面,从管理体制上加以改革:一是营造公平竞争的市场环境,通过再重组打破区域封锁和行业分割;二是改变计划条件下的管理方式,从直接的行政手段管理为主转变为间接的综合运用经济、法律和行政手段进行管理和提供服务;三是加大对知识产权的保护力度,一方面要加大对传统出版领域知识产权的保护力度,另一方面也要积极探索数字出版环境下的知识产权的有效举措,出台相应的法律法规,解决数字出版的知识产权保护问题;四是要降低市场进入门槛,适当放松对出版产业上游市场准入的管制,引入更多竞争

---

① 芮明杰主编:《产业经济学》,上海:上海财经大学出版社,第 260 页。

者,增强市场活力。在对上游放松管制的同时要规范和从严管制下游的分销和零售市场,防止不正当竞争行为,净化市场环境,打击扰乱整个出版产业链的不法行为;五是通过各种扶持政策大力支持出版企业"走出去"参与国际竞争,以此来提高产业的竞争能力,提升我国出版企业的国际影响力,增强我国的文化软实力,真正实现我国从出版大国向出版强国迈进。

参考文献

专著

1. Earl Babbie:《The Practice of Social Research》,北京:清华大学出版社 2003 年版。
2. 〔德〕F. 拉普:《技术哲学导论》,刘武等译,辽宁:辽宁科技出版社 1986 年版。
3. 〔法〕J. J. 卢梭:《论科学与艺术》,何兆武译,北京:商务印书馆 1963 年版。
4. 〔美〕M. J. 克罗宁编:《网络谋略——来自商业新前沿的报告》,金吾伦等译,海口:海南出版社 1999 年版。
5. 陈念文等:《技术论》,湖南:湖南教育出版社 1987 年版。
6. 陈昕主编:《美国数字出版考察报告》,上海:上海人民出版社 2008 年版。
7. 池松军:《服务型政府与公共政策》,北京:光明日报出版社 2007 年版。
8. 丛立先:《网络版权问题研究》,武汉:武汉大学出版社 2007 年版。
9. 杜俊飞:《网络传播概论》,福州:福建人民出版社 2008 年版。
10. 〔法〕费夫贺、马尔坦:《印刷书的诞生》,李鸿志译,桂林:广西师范大学出版社 2006 年版。
11. 〔法〕弗雷德里克·巴比耶:《书籍的历史》,刘阳等译,桂林:广西师范大学出版社 2005 年版。
12. 傅平:《传媒变革:中国传媒集团组织转型与重塑》,上海:上海文化出版社 2005 年版。
13. 高小平主编:《政府管理与服务方式创新》,北京:国家行政学院出版社 2008 年版。
14. 宫承波、要力石主编:《出版策划》,北京:中国广播电视出版社 2007 年版。
15. 〔日〕桂敬一:《多媒体时代与大众传播》,刘雪雁译,北京:新华出版社 2000 年版。
16. 郭庆光:《传播学教程》,北京:中国人民大学出版社 1999 年版。
17. 国家版权局办公室:《国际版权和邻接权条约》,北京:中国书籍出版社 2000 年版。
18. 郝振省:《2008 中国数字版权保护研究报告》,北京:中国书籍出版社 2008 年版。
19. 郝振省主编:《2007—2008 中国出版业发展报告》,北京:中国书籍出版社 2008 年版。
20. 郝振省主编:《2007—2008 中国数字出版产业年度报告》,北京:中国书籍出版社 2008 年版。
21. 郝振省主编:《2005—2006 中国数字出版产业年度报告》,北京:中国书籍出版社 2007 年版。
22. 黄海龙:《电子商务帝国——亚马逊网上书店传奇》,北京:经济日报出版社 2000 年版。
23. 黄先蓉主编:《出版学研究进展》,武汉:武汉大学出版社 2006 年版。
24. 匡文波:《电子与网络出版教程》,北京:中国人民大学出版社 2008 年版。
25. 李苓、黄小玲主编:《编辑出版实务与技能》,成都:四川大学出版社 2005 年版。
26. 李悦主编:《产业经济学》,北京:中国人民大学出版社 1998 年版。
27. 〔英〕理查德·林奇:《公司战略》(第 4 版),文红、刘涛、杨晶晶译,北京:中国市场出版社

2007年版。
28. 刘春田:《知识产权法》,北京:中国人民大学出版社2002年版。
29. 〔美〕罗杰·菲德勒:《媒介形态变化——认识新媒介》,明安香译,北京:华夏出版社2000年版。
30. 罗紫初:《比较出版学》,武汉:武汉大学出版社2006年版。
31. 〔加〕马歇尔·麦克卢汉:《理解媒介——论人的延伸》,北京:商务印书馆2000年版。
32. 〔美〕曼纽尔·卡斯特:《网络社会的崛起》,夏铸九、王志弘等译,北京:社会科学文献出版社2001年版。
33. 闵大洪:《数字传媒概要》,上海:复旦大学出版社2003年版。
34. 明安香等:《信息高速公路与大众传播》,北京:华夏出版社1999年版。
35. 倪宁:《广告学教程》,北京:中国人民大学出版社2003年版。
36. 欧阳明:《书刊编辑学》,武汉:华中科技大学出版社2006年版。
37. 彭兰:《网络传播学》,北京:中国人民大学出版社2009年版。
38. 乔东亮等:《"十五"首都出版业发展状况研究》,北京:中国人民大学出版社2007年版。
39. 乔东亮:《首都出版业可持续发展模式研究》,北京:中国人民大学出版社2007年版。
40. 阙道隆、徐柏容、林穗芳:《书籍编辑学概论》,沈阳:辽海出版社2004年版。
41. 师曾志:《现代出版学》,北京:北京大学出版社2006年版。
42. 宋原放、李白坚:《中国出版史》,北京:中国书籍出版社1991年版。
43. 孙月沐主编:《中国书业年度报告:2007—2008》,北京:中国对外翻译出版社2008年版。
44. 〔美〕索思威克:《走向信息网络社会》,北京:中国广播电视出版社1999年版。
45. 〔美〕特伦斯·A.辛普:《整合营销传播——广告、促销与拓展》,廉晓红等译,北京:北京大学出版社2005年版。
46. 田胜利等:《电子出版物概论》,武昌:华中理工大学出版社1998年版。
47. 王菲:《媒介大融合:数字新媒体时代下的媒介融合论》,广州:南方日报出版社2007年版。
48. 王关义等:《北京建设国际出版产业中心》,北京:中国财政经济出版社2008年版。
49. 王建辉:《出版与近代文明》,开封:河南大学出版社2006年版。
50. 王京山:《网络出版运作》,北京:中国大百科全书出版社2005年版。
51. 王迁、〔荷〕Lucie Guibault:《中欧网络版权保护比较研究》,北京:法律出版社2008年版。
52. 魏永征:《新闻传播法教程》,北京:中国人民大学出版社2006年版。
53. 吴汉东:《知识产权基本问题研究》,北京:中国人民大学出版社2005年版。
54. 吴汉洪:《产业组织理论》,北京:中国人民大学出版社2007年版。
55. 吴玉宗:《服务型政府建设研究》,北京:经济日报出版社2007年版。
56. 肖峰:《技术发展的社会形成:一种关联中国实践的SST研究》,北京:人民出版社2002年版。
57. 谢新洲:《电子出版技术》,北京:北京大学出版社2006年版。
58. 新闻出版总署图书出版管理司:《中国图书出版产业报告(2004—2006)》,北京:中国人民大学出版社2008年版。

59. 徐建华、谭华苓、陈伟：《现代出版业资本运营》，北京：中国传媒大学出版社2006年版。
60. 薛红：《网络时代的知识产权法》，北京：法律出版社2000年版。
61. 姚海根、孔玲君、滕莉编著：《电子出版概论》，北京：印刷工业出版社2003年版。
62. 余敏主编：《出版集团研究》，北京：中国书籍出版社2001年版。
63. 〔德〕约格·莱因伯特、西尔克·冯·莱温斯基：《WIPO因特网条约评注》，万勇、相靖译，北京：中国人民大学出版社2008年版。
64. 张茹、杨榆、张啸：《数字版权管理》，北京：北京邮电大学出版社2008年版。
65. 张志刚主编：《网络出版技术概论》，北京：印刷工业出版社2004年版。
66. 赵东晓：《网络出版及其影响》，北京：中国人民大学出版社2008年版。
67. 中国互联网络信息中心发布，第21次中国互联网络发展状况统计报告，北京：2008。
68. 钟瑛、刘瑛：《中国互联网管理与体制创新》，广州，南方日报出版社2006年版。
69. 周鸿泽等：《媒介组合策略》，北京：经济管理出版社2005年版。
70. 周鸿泽、王文杰、陈鹏：《传媒集团运营机制》，北京：经济管理出版社2004年版。
71. 周荣庭：《网络出版》，北京：科学出版社2004年版。
72. 周蔚华：《出版产业研究》，北京：中国人民大学出版社2005年版。
73. 周新生：《产业分析与产业策划》，北京：经济管理出版社2005年版。
74. 诸葛蔚东：《媒介与社会变迁：战后日本出版物中变化着的价值观念》，北京：北京大学出版社2006年版。

论文

1. Lorenz Lorenz-Meyer、陈少华：《2008年欧洲数字出版发展概况和趋势》，《出版广角》2008年第12期。
2. 白阳、蔡京生：《对网络出版管理若干问题的探讨》，《中国出版》2007年第2期。
3. 北伐军、Amy：《书生之家：我们要做最大的中文数字信息供应商》，《中国电子与网络出版》2001年第1期。
4. 〔美〕布里恩·温斯顿：《技术发展的原因及其对传播内容的影响》，来丰译，《新闻大学》2001年第4期。
5. 蔡骐、谢湘莉：《电子杂志：网络空间的魔法书》，《出版广角》2007年第4期。
6. 曹胜玫：《当前数字出版产业链的相关问题及思考》，《编辑之友》2009年第3期。
7. 曹欣渊：《传统图书与网络的新媒体出版趋势》，《编辑学刊》2006年第6期。
8. 陈洁：《2008年数字出版新趋势与新思考》，《出版参考》2009年第1期。
9. 陈锦川：《网络环境下著作权纠纷的新发展》，《中国版权年会会刊》2008年，第26—29页。
10. 陈立强：《自动化出版印刷流程的发展趋势》，《中国科技信息》2005年第8期。
11. 陈铭：《网络教育出版的现状及发展策略》，《大学出版》2006年第3期。
12. 陈少华：《2008中国数字出版风云之新拐点新征程》，《出版广角》2008年第12期。
13. 陈婉莹：《传统报纸媒体如何应对网络媒体的新挑战》，《新闻记者》2007年第11期。
14. 陈艳：《网络期刊媒介演化与传播机制研究》，2007年西北大学硕士学位论文。

15. 陈燕:《中文在线中小学图书馆成品牌》,《出版参考》2006年11月下旬刊。
16. 程洁:《试论新旧媒体的划界》,《国际新闻界》2006年第5期。
17. 出版学科体系及教材建设研究课题组:《省思与探索——我国编辑出版学专业教育研究综述》,《出版科学》2007年第3期。
18. 丛立:《超星E-Book探析》,《现代情报》2006年第5期。
19. 崔保国:《技术创新与媒介变革》,《当代传播》1999年第6期。
20. 崔元和:《出版革命的第三次浪潮》,《中国图书商报》2008年1月4日。
21. 代杨、俞欣:《施普林格:从传统出版向数字出版跨越的策略分析》,《出版发行研究》2008年第10期。
22. 邓寒峰:《教育出版社应对数字出版浪潮的方法探讨》,《社科纵横》2007年第11期。
23. 丁菲菲:《数字音乐商业模式逐渐明朗,新浪联合五大唱片公司共同挖宝》,《IT时代周刊》2007年第4期。
24. 丁龙:《多媒体电子杂志——网络广告的新模式》,《新闻传播》2007年第2期。
25. 董铁鹰:《对专业出版社向数字出版转型的思考》,《科技与出版》2007年第7期。
26. 樊虎、宋南:《谈网络环境的道德建设》,《出版发行研究》2007年第6期。
27. 付玉辉:《试论数字媒体内容国家监管体系变革的现实可能性》,《国际新闻界》2007年第11期。
28. 傅苇:《数字出版的主要赢利模式及实现渠道》,《科技智囊》2007年第10期。
29. 傅苇:《数字出版的主要赢利模式及现渠道》,《科技智囊》2007年第10期。
30. 高朝阳:《对网络出版几个基本问题的探讨》,《出版发行研究》2001年第4期。
31. 耿晓华:《门户网站与数字出版——搜狐网的数字出版战略探析》,《出版发行研究》2008年第1期。
32. 韩蕾:《中国电子游戏产业链及赢利模式研究》,2007年北京工商大学硕士论文。
33. 韩素华:《网络环境下大众科技传播受众行为研究》,2003年北京印刷学院硕士学位论文。
34. 郝振省,《中国手机出版产业的现状及未来发展趋势》,《科技与出版》2008年第7期。
35. 何格夫:《当前我国数字出版面临的困境》,《大学出版》2008年1月。
36. 何格夫:《当前制约我国数字出版发展的六个因素》,《编辑之友》2008年第2期。
37. 何明:《中国大陆手机报纸研究》,西北大学2006年硕士论文。
38. 贺桂华:《试论网络环境下的著作权保护》,《宁夏大学学报(人文社会科学版)》2008年第3期,第114—118页。
39. 贺圣遂、李华:《复旦大学出版社数字出版经营策略》,《科技与出版》2007年第8期。
40. 胡其芬:《网络环境下著作权合理使用制度之完善——以〈信息网络传播权保护条例〉为视角》,2008年浙江工商大学硕士论文。
41. 胡翼青:《传播技术与文明变迁:传播学的永恒母题——基于传播学科创新的思考》,《新闻与传播研究》2007年第1期。
42. 化冰:《反盗版,中文"在线反盗版联盟"来了》,《出版参考》2005年7月下旬刊。
43. 黄凯健、高福安:《现代信息技术对大众传播的影响》,《北京广播学院学报》2003年第

4 期。

44. 黄先蓉：《我国编辑出版学教育的历史沿革及其创新走向》，《出版发行研究》2001 年第 10 期。
45. 〔日〕箕轮成男：《从西方出版史看出版兴盛的条件》，杨贵山译，《出版发行研究》1992 年第 4 期。
46. 家熔：《关于出版史、印刷史分期的不同观点介绍》，《编辑学刊》1997 年第 4 期。
47. 靳开川：《国内出版社网站建设研究》，2004 年河南大学硕士论文。
48. 康微：《解析"Google 图书搜索"的目标》，《江苏教育学院学报》2007 年第 9 期。
49. 匡文波：《论手机媒体的赢利模式》，《国际新闻界》2007 年第 6 期。
50. 匡文波：《论中国数字媒体内容监管体系的创新》，《国际新闻界》2007 年第 11 期。
51. 匡文波：《手机出版，21 世纪出版业的新机遇》，《出版工作》2005 年第 5 期。
52. 匡文波：《手机广告发展状况分析》，《传媒》2007 年第 1 期。
53. 匡文波：《在竞争中共同发展——论网络出版物与传统出版物的关系》，《图书馆》2001 年第 4 期。
54. 兰红：《童之磊的数字出版梦想》，《上海信息化》2007 年第 3 期。
55. 蓝格子：《低俗化背后是市场的那只手——冷观各大门户网站读书频道》，《出版广角》2008 年第 8 期。
56. 李舸、程国重：《传统出版社如何发展数字出版——易文网模式剖析》，《出版发行研究》2007 年第 10 期。
57. 李森：《原创文学网站十年回眸：当文学梦想照进商业现实》，《中国新闻出版报》2009 年 4 月 9 日。
58. 李明德：《网络环境中的版权保护》，《环球法律评论》2001 年春季刊，第 5—19 页。
59. 李鹏：《Xplus 的英雄末路》，《中国图书商报》2008 年 8 月 29 日。
60. 李潇堃：《新媒体出版研究》，2007 年中国人民大学硕士论文。
61. 李昕：《略论资源共享与版权保护的冲突与平衡》，《宿州教育学院学报》2007 年第 8 期，第 44—47 页。
62. 李颖：《网络环境下版权法的修改》，《情报杂志》1999 年第 5 期。
63. 李永明、钱炬雷：《我国网络环境下著作权许可模式研究》，《浙江大学学报（人文社会科学版）》2008 年第 6 期，第 93—102 页。
64. 梁春晓：《海量信息与自主选择》，《中国传媒科技》2003 年第 6 期。
65. 林建伟：《数字环境下版权保护的困境与出路》，《开放潮》2007 年第 2 期，第 52—54 页。
66. 林穗芳：《电子编辑和电子出版物：概念、起源和早期发展》，《出版科学》2005 年第 4 期。
67. 蔺海莹：《网络期刊出版的理论和市政探讨》，北京：中国人民大学，2006 年。
68. 刘灿姣、黄立雄：《论数字出版产业链的整合》，《中国出版》2009 年第 1 期。
69. 刘成勇：《传统出版社进入数字出版的主要途径》，《出版发行研究》2007 年第 9 期。
70. 刘成勇：《从"工具书在线"谈商务印书馆数字出版理念与实践》，《科技与出版》2006 年第 5 期。
71. 刘冬荣、刘颖：《技术进步作用的评价指标体系与分析》，《世界有色金属》2002 年第 5 期。

72. 刘观涛：《高校教材之营销"连环术"》，《中国图书商报》2006年4月28日。
73. 刘华：《美国〈1998数字千年版权法〉有关版权保护的新规定》，《中国图书馆学报》2001年第2期，第73—75页。
74. 刘慧：《无线音乐拯救唱片公司》，《中国新通信》2008年第2期。
75. 刘军、顾永才：《试论我国宏观出版管理创新》，《科技与出版》2008年第7期。
76. 《刘茂林：跨媒体出版——概念 流程 特征》，《出版发行研究》2005年第5期。
77. 刘婷婷：《中外图书评论比较》，《出版科学》2006年第4期。
78. 刘燕、厉春雷、钱永红：《浅谈数字出版中的版权保护》，《编辑之友》2007年第4期。
79. 刘燕、厉春雷、钱永红：《浅谈数字出版中的版权保护》，《编辑之友》2007年第4期，第95—96页。
80. 刘英华：《关于同方、维普、万方三种全文数据库的比较分析》，《图书馆学研究》2003年第5期。
81. 吕淑萍、王志庚：《中文电子期刊现状分析》，《图书情报工作》2007年第2期。
82. 吕志军：《数字出版对传统出版业务流程的影响》，《大学出版》2007年第2期。
83. 〔美〕罗伯特·E.艾文森：《数字时代的教育出版》，《出版科学》2007年第1期。
84. 马国仓：《出版社：向内容服务提供商转型》，《中国新闻出版报》2006年5月10日。
85. 马季：《文学网站和博客现象》，《红豆》2006年第7期。
86. 马雪芬：《编辑流程是技术更是艺术》，《中国图书商报》2005年11月25日。
87. 聂震宁：《数字出版：距离成熟还有长路要走》，《出版科学》2009年第1期。
88. 宁柯：《报业数字化转型时代下的电子报纸》，北京：中国人民大学，2007年。
89. 庞春燕：《电子纸是否领先数字出版》，《传媒》2007年第2期。
90. 庞春燕：《第五次国民阅读调查结果出炉 国民阅读步入数字时代》，《传媒》2008年第8期。
91. 裴永刚：《出版集团开展数字化出版应该注意的几个问题》，《编辑之友》2007年第6期。
92. 彭兰：《从新一代电子报刊看媒体融合走向》，《国际新闻界》2006年第7期。
93. 彭文波：《新媒体对我国出版业的影响及创新对策研究》，2007年北京印刷学院硕士学位论文。
94. 齐学进、周晓洲：《图书出版流程图的改造与时间》，《科技与出版》2007年第11期。
95. 秦绪军：《国外出版商发展数字出版的特点及给我们的启示》，《科技与出版》2007年第12期。
96. 屈辰晨：《进军新大陆：出版业的战略整合》，《编辑学刊》2007年第9期。
97. 屈辰晨：《搜索引擎：助数字出版驶入快车道》，《出版参考》2007年7月下旬刊。
98. 任殿顺：《八大趋势引领数字出版》，《中国图书商报》2007年7月20日。
99. 任殿顺：《07数字出版年度报告》，《中国图书商报》2008年1月4日。
100. 任殿顺：《数字大潮拍案 出版缘何彷徨》，《中国图书商报》2007年6月15日。
101. 任殿顺：《图书搜索或将引发书业地震》，《中国图书商报》2007年5月15日。
102. 任殿顺：《中国出版业数字转型的困境与出路》，2008年苏州大学硕士论文。
103. 尚莹莹：《数字出版赢利模式研究》，2008年中国人民大学硕士论文。

104. 邵培仁:《论人类传播史上的五次革命》,《中国广播电视学刊》1996 年第 7 期。
105. 沈颖雯:《名人电子杂志的特点及前景》,《青年记者》2007 年第 18 期。
106. 师曾志:《出版传播事业中把关人的地位和要求》,《编辑之友》1997 年第 5 期。
107. 师曾志:《网络环境下出版理念的变迁》,《北京大学学报》2001 年第 2 期。
108. 师曾志:《现代出版学的建立及其影响因素》,《出版发行研究》2001 年第 6 期。
109. 舒童:《按需出版在中国》,《出版参考》2006 年 11 月上旬刊。
110. 苏秦、谢金海:《论我国数字出版的发展》,《东北农业大学学报(社会科学版)》2007 年 8 月。
111. 苏哲:《美国互联网版权保护制度评析》,《天津大学学报(社会科学版)》2002 年第 12 期,第 377—380 页。
112. 孙海悦:《数字出版:迫使传统出版再造流程》,《中国新闻出版报》2007 年 12 月 18 日。
113. 汤鑫华:《整合:我国专业出版转制的必由之路》,《科技与出版》2007 年第 7 期。
114. 仝慧敏:《空中网:快手掘金移动互联网》,《经营者》2008 年第 3 期。
115. 汪曙华:《数字环境下出版传播的变迁研究》,2006 年北京印刷学院硕士学位论文。
116. 王波:《三种中文期刊全文数据库的现状与发展》,《通化师范学院学报》2006 年第 3 期。
117. 王会珍:《网络出版的版权保护》,《赣南师范学院学报》2007 年第 6 期。
118. 王京山:《从生态位原理看传统出版与网络出版的关系》,《河南大学学报》2007 年第 6 期。
119. 王坤宁:《方正阿帕比 缔造电子书产业链》,《中国新闻出版报》2007 年 4 月 11 日。
120. 王岚:《网络环境下著作权侵权及保护法律问题研究》,2006 年对外经济贸易大学硕士论文。
121. 王立平:《国外出版社编辑流程分析——以布莱克威尔出版有限公司接受作者投稿的程序为例》,《中国编辑学会第 12 届年会论文集》2007 年。
122. 王木春:《数字网络时代的版权保护》,《长白学刊》2003 年第 5 期。
123. 王强:《网络出版对我国传统出版的影响》,2006 年对外经济贸易大学硕士学位论文。
124. 王勤:《数字出版的十大发展趋势》,《出版参考》2007 年第 7 期。
125. 王威:《网络环境下版权保护之新探》,《改革与战略》2007 年第 6 期,第 135—137 页。
126. 王卫新、蔡伟:《数字报纸报业的现实与未来抉择》,《新闻记者》2007 年第 6 期。
127. 王小红:《数字期刊发展前景及发展趋势研究》,2007 年北京印刷学院硕士学位论文。
128. 王燕青:《手机出版产业链形成过程中的问题及其规范》,《中国出版》2007 年第 11 期。
129. 王莹:《内容是数字出版竞争力之本》,《中国新闻出版报》2007 年 7 月 18 日。
130. 温雅:《Google 阅读"搜"主意》,《新华书目报图书馆专刊》2007 年 9 月 5 日。
131. 翁昌寿:《数字转型进入实操期》,《出版人》2007 年第 8 期。
132. 吴化碧:《数字时代版权保护与信息资源共享的冲突与协调》,《云南师范大学学报(哲学社会科学版)》2006 年第 11 期。
133. 吴琳琳:《试水 ERP,高等教育出版社尽显英雄本色》,《电子商务》2003 年第 11 期。
134. 吴慰慈、杨沛超、李国新等:《解读〈信息网络传播权保护条例〉》,《中国图书商报》2006 年第 6 期。

135. 吴莹琰:《移动增值业务的现状与未来》,《科技信息》2007 年 30 期。
136. 吴永贵:《2000—2005 年中国出版史研究综述》,《出版科学》2006 年第 6 期。
137. 香江波:《美加大学出版社出版流程范例》,《出版参考》2003 年第 23 期。
138. 肖东发:《出版与社会:出版史研究中的基本问题》,《中国出版》2003 年第 8 期。
139. 肖东发、张文彦:《由传统出版走向跨媒体时代——探讨我国编辑出版学教育的发展之路》,《国际新闻界》2006 年第 11 期。
140. 肖峰:《论技术的社会形成》,《中国社会科学》2002 年第 6 期。
141. 谢鹏:《中文在线:从"延安"出发》,《商务周刊》2007 年第 11 期。
142. 新闻出版总署:《电子出版物出版管理规定》,2008 年 4 月。
143. 新闻出版总署:《新闻出版业十一五规划》,2006 年。
144. 新闻出版总署、信息产业部:《互联网出版管理暂行规定》,2002 年 6 月。
145. 熊艾华:《我国多媒体互动杂志电子发展研究》,2008 年华中师范大学硕士论文。
146. 徐丽芳:《产业背景变迁与网络出版的必要性》,《电子出版》2003 年第 4 期。
147. 徐丽芳:《数字出版:概念和形态》,《出版发行研究》2005 年第 7 期。
148. 许颖:《互动、整合、大融合——媒体融合的三个层次》,《国际新闻界》2006 年第 7 期。
149. 严大香:《超星、书生之家及方正 Apabi 比较分析》,《晋图书刊》2004 年第 4 期。
150. 阎晓宏:《我国数字出版产业的现状、问题及对策》,《在第二届中国数字出版博览会上的讲话》,2007 年 7 月 16 日,http://chinabook.gapp.gov.cn/O/Article.aspx?ArtID = 066727&CateID = P26。
151. 杨强:《网络时代版权保护法律问题研究》,2001 年中国政法大学硕士论文。
152. 杨蓉:《数字环境下的版权授权方式研究》,2008 年北京邮电大学文法经济学院硕士论文。
153. 杨小丽:《中国信用卡赢利模式的探讨》,2007 年南京理工大学硕士论文。
154. 杨业高:《浅谈电子出版的流程管理》,《电子出版》2003 年第 11 期。
155. 杨正义:《电子商务赢利模式研究》,2006 年西南财经大学硕士论文。
156. 叶新、赵勇:《按需出版在美国呈走高之势》,《出版参考》2006 年 5 月上旬刊。
157. 尹翔宇:《数字出版与业务流程管理》,《出版广角》2007 年第 5 期。
158. 尹云岚:《中美数字出版比较研究》,2003 年中国人民大学硕士论文。
159. 于春生:《美国专业出版的三大特征》,《出版广角》2003 年第 9 期。
160. 于国华:《图书出版流程与管理三要素》,《出版发行研究》1995 年第 1 期。
161. 余永海:《从形式到内容的创新——谈数字出版物的设计开发》,《包装工程》2007 年第 9 期。
162. 於朴:《我国电子图书发展研究》,2005 年北京印刷学院硕士学位论文。
163. 喻国明、吴文汐:《数字报业:从网络版的经营做起》,《新闻与写作》2007 年第 2 期。
164. 曾迪:《起点中文网:把网络文学商业化》,《经营者》2007 年第 23 期。
165. 曾凡斌:《多媒体互动电子杂志发展的瓶颈及出路》,《编辑之友》2007 年第 1 期。
166. 张惠:《数字作品版权保护对策研究》,《广州外语外贸大学学报》2007 年第 4 期,第 87—89 页。

167. 张建明：《论数字出版泛化的出版概念对出版产业的影响》，《出版发行研究》2009 年第 3 期。
168. 张健挺、邹夜：《值得关注的两种网络出版模式》，《出版发行研究》2005 年第 7 期。
169. 张炯：《网络图书出版研究》，2005 年华东师范大学硕士学位论文。
170. 张立：《数字内容管理与出版流程再造》，《出版参考》2007 年第 1 期。
171. 张立：《我国数字出版产业的发展趋势及对策分析》，《出版发行研究》2008 年第 10 期。
172. 张平：《网络环境下著作权许可模式的变革》，《华东政法大学学报》2007 年第 4 期，第 121—127 页。
173. 张倩影：《传统出版商与技术提供商的博弈》，《出版参考》2007 年第 30 期。
174. 张珊珊、严潮斌：《我国网络出版研究现状综述》，《印刷与出版》2006 年 1 月。
175. 张书卿：《我国数字出版标准化现状及对策》，《出版发行研究》2008 年第 11 期。
176. 张巍婷：《数字环境下我国版权保护利益平衡机制研究》，2007 年北京印刷学院硕士学位论文。
177. 张征：《手机出版，让数字图书大众化——访中文在线总裁童之磊》，《出版参考》2007 年 10 月下旬刊。
178. 张志强、唐舸：《网络出版研究综述》，《出版科学》2002 年第 1 期。
179. 赵东晓：《关于网络出版研究的比较分析》，《中国出版》2007 年第 9 期。
180. 赵东晓：《网络出版对出版伦理的解构与重建》，《出版发行研究》2007 年第 8 期。
181. 赵亮、何镇飚：《我国发展数字出版的策略分析》，《编辑之友》2008 年 5 月。
182. 赵振勇：《按需印刷在德国》，《出版参考》2006 年 5 月上旬刊。
183. 郑虹：《关于网络著作权的侵权及保护问题研究》，2007 年吉林大学法学院硕士论文。
184. 郑虹：《探讨媒介融合之路》，《东南传播》2007 年第 3 期。
185. 郑伟：《电子书领航数字出版》，《软件世界》2007 年第 7 期。
186. 郑宣陶：《信息时代出版管理流程的变革》，《中国图书商报》2007 年 9 月 8 日。
187. 郑永晓：《论网络出版与学术著作出版方式的转型》，《图书情报论坛》2006 年第 4 期。
188. 中国出版科学研究所：《2007—2008 中国数字出版产业年度报告》。
189. 钟智锦：《美国两大网络出版商赢利模式探寻》，《出版发行研究》2002 年第 7 期。
190. 周百义：《中小出版社如何进军数字出版》，《出版参考》2008 年第 31 期。
191. 周登平：《教育类出版社更具备从事数字出版的潜力》，《中国图书商报》2007 年 7 月 3 日。
192. 周建平：《传统出版物的数字化》，《中国信息导报》2001 年第 3 期。
193. 周婕：《新媒体时代的大众阅读方式研究》，2006 年暨南大学硕士学位论文。
194. 周菁：《图书流程与出版周期》，《科技与出版》2005 年第 5 期。
195. 周朗、李鹤、邓晓霞：《记者调查：国民阅读在路上》，《人民日报》2008 年 4 月 8 日。
196. 周荣庭：《网络出版的收费模式》，《出版发行研究》2000 年第 1 期。
197. 周婷：《网游免费模式前景可期》，《中国证券报》2007 年 5 月 24 日。
198. 邹益：《出版管理中的全流程控制》，《出版科学》2001 年第 1 期。

英文文献

1. Collier, *The Electronic Publishing Maze*: *Strategies in the electronic publishing industry*, Tetbury: Infonortics Ltd, 1998.
2. D. MacKenzie and J. Wajcman, eds., *The Social Shaping of Technology* (*2nd*), Buckingham: Open University Press, 1999.
3. D. M. Eisenhart, *Publishing in the Information Age*: *A new management framework for the digital era*, Westport, CT.: Praeger Publishers, 1994.
4. F. J. Romano, *Digital Media*: *Publishing Technologies for the 21st Century*, Torrance, CA.: Micro Publishing Press, 1996.
5. G. Ward, *Publishing in the Digital Age*, London: Bowerdean Publishing Company Ltd, 1998.
6. J. C. Linder and S. Cantrell, "Changing Business Models: Surveying the Landscape, Institute for Strategic Change", *Accenture*, 2001.
7. R. P. Peek, etc., *Scholarly Publishing*: *The Electronic Frontier*, Cambridge, MA.: The MIT Press, 1996.
8. V Govindarajan, *Management control systems*, Boston, MA.: McGrawHill/Irwin, 2004.

网站

1. 17K 文学网, http://www.17k.com
2. UDN 数位阅读网, http://reading.udn.com
3. 超星数字图书馆, http://www.ssreader.com
4. 德国贝塔斯曼, http://www.bertelsmann.com/
5. 方正爱读爱看网, http://www.idoican.com.cn
6. 国际数字出版论坛（International Digital Publishing Forum）, http://www.idpf.org/
7. 国家"十一五"时期文化发展规划纲要, http://news.xinhuanet.com/politics/2006-09/13/content_5087533.htm
8. 贺耀敏:数字化生存与网络出版——新经济下的出版产业发展思考, http://guide.ppsj.com.cn/art/6174/rdcbsschymskwlcbcy/http://guide.ppsj.com.cn/art/6174/rdcbsschymskwlcbcy/
9. 回眸 2007 营销 6 大趋势, http://www.cbbr.com.cn/info_14260_1.htm
10. 开创互联网的文学新天地, http://news.china.com.cn/chinanet/07news/china.cgi? docid =12514938341393643652,36166991798158160 59,0&server=192.168.9.114&port=5757
11. 空中网, http://www.kongzhong.com
12. 李顺德:TRIPS 与我国著作权, http://www.bjiplawyer.cn/fxyj/602.html
13. 柳斌杰:中国数字出版规模达 200 亿 将成出版主流, http://www.china.com.cn/book/zhuanti/blh/2007-08/28/content_8757822.html
14. 书生读吧, http://www.du8.com

后 记

汹涌澎湃的数字革命浪潮正在深深地改变着我们的社会,重塑着我们的生产方式、生活方式,同时也给我们传统的传播方式带来了根本性的冲击。出版业是受数字传播影响最大的行业之一,数字传播正在改变着出版方式、出版结构、出版流程、出版赢利模式、出版管理方式等等,出版业正处于一个人类历史上前所未有的巨大转型期。这场数字传播革命对出版转型的影响还处于不断的变化之中,因此持续跟踪和研究数字传播对出版转型的影响是每个出版产业从业者、研究者不得不时常面对的重要课题。

作为出版产业的从业者和研究者,我和我的研究团队多年来对数字传播与出版转型给予了高度关注,我近年招收的硕士、博士研究生的研究方向都定位于"数字传播与出版转型研究"。本书是在我所承担的"北京市数字传播与出版转型研究"结项成果的基础上修改完善而成的,也是我和我的研究团队近年来不断地对数字传播与出版转型进行跟踪、观察和研究的一个阶段性成果。我们深知,我们的研究仅仅是初步的、阶段性的,期盼本研究能够起到抛砖引玉的作用,希望更多的研究者参与其中,为促进中国出版产业在数字传播条件下的顺利转型贡献智慧。

本书的总体思路、基本框架以及统改定稿工作由我完成。参加本书初稿撰写的有:吴丹(第一章)、周蔚华(导言、第二章和结束语)、李浩涓(第三章)、王莉莉(第四章)、于庆浩(第五章)、尚莹莹(第六章)、徐屹然(第七章)、赵莹莹(第八章)。

本书在写作过程中得到了很多专家、学者和朋友的大力支持。在此,首先要感谢北京大学出版社王明舟社长、张黎明总编辑,是他们促成了本书的出版。感谢为本书的出版付出大量心血的策划编辑周丽锦、责任编辑谢佳丽,他们认真、严谨和负责的态度给我留下了极其深刻的印象。我还要感谢肖东发、于翠玲、高自龙三位专家在本研究成果的形成过程中所给予的肯定,感谢贺耀敏、郑红霞、陈文学、李东、蔡翔、李淑英、武京闽、郝捷、赵东晓等朋友从不同方面所给予的关心和帮助。感谢我的博士生闫伟华、任殿顺等为本书所作的贡献。要感谢的人总是很多很多,在此不能一一列举了。最后要感谢我的家人,她们在背后默默地支持我,我的每篇文章、每本书都是以牺牲陪伴她们的时间为代价换来的。从某种意义上说,这也是我不懂得享受生活的一个例证,看来我应该好好学一学平衡工作与生活的艺术了。

周蔚华